학교, 나비의
작은 날갯짓으로

학교, 나비의 작은 날갯짓으로

발행일	2022년 11월 21일		
지은이	조호규		
펴낸이	손형국		
펴낸곳	(주)북랩		
편집인	선일영	편집	정두철, 배진용, 김현아, 류휘석, 김가람
디자인	이현수, 김민하, 김영주, 안유경, 심혜림	제작	박기성, 황동현, 구성우, 권태련
마케팅	김회란, 박진관		
출판등록	2004. 12. 1(제2012-000051호)		
주소	서울특별시 금천구 가산디지털 1로 168, 우림라이온스밸리 B동 B113~114호, C동 B101호		
홈페이지	www.book.co.kr		
전화번호	(02)2026-5777	팩스	(02)3159-9637

ISBN   979-11-6836-590-2 03370 (종이책)   979-11-6836-591-9 05370 (전자책)

(주)북랩 성공출판의 파트너

북랩 홈페이지와 패밀리 사이트에서 다양한 출판 솔루션을 만나 보세요!

홈페이지 book.co.kr   •   **블로그** blog.naver.com/essaybook   •   **출판문의** book@book.co.kr

작가 연락처 문의 ▸ ask.book.co.kr

작가 연락처는 개인정보이므로 북랩에서 알려드릴 수 없습니다.

학교를 춤추게 하라

학교, 나비의
작은 날갯짓으로

조호규 지음

북랩

조호규 상봉중학교 교장이 소중한 책을 썼다. 조 교장은 대학교수 출신인 내게 초중등 교육에 대한 든든한 안내자가 돼 주었다. 조 교장이 교육 민주화 운동 속에서 벼려 낸 문제의식과 풍부한 현장 체험, 그리고 교육청에서 쌓은 정책 역량과 교장으로서의 리더십을 발휘한 경험을 두루 엮어 책으로 냈다. 기쁜 마음으로 원고를 읽고 추천의 글을 쓰게 됐다.

코로나 위기 당시의 경험과 고민을 담은 글은 특히 소중하다. 코로나 위기로 학교가 멈췄던 시간은 우리에게 교육의 본질을 다시 생각하는 계기가 됐다. 일상 속 풍경처럼 여겼던 학교가 실은 얼마나 많은 역할을 하고 있었는지, 우리 사회 전체가 깊이 깨달았다. 교사와 학생의 교감과 소통이 지닌 힘을 더욱 풍부하게 이해하는 시간이었다. 위기가 남긴 교훈을 바탕으로 미래교육의 길을 열어 가는 것은 나를 포함한 서울교육공동체의 과제다. 이 책은 이 같은 과제를 해결하는 데도 좋은 참고가 되리라 믿는다.

휴대폰, 태블릿 등 디지털 기기가 던지는 교육적 질문에 대한 고민도 인상적이었다. 우리는 인공지능 시대와 디지털 전환에 능동적으로 대응하는 동시에 온라인 중독을 막고 대면 소통을 더 강화해야 하는 이중의 과제를 안고 있다. 이 책에 담긴 고민은 서울교육공동체가 함께 머리를 맞대고 풀어야 한다.

4

교사는 지식인이며 전문가다. 실로 당연한 이 문장으로부터, 미래교육을 여는 길이 열린다. 교육행정은 교사의 전문성을 존중할 때만 제 역할을 할 수 있다. 교사들의 자발적 열정을 끌어내는 리더십은 교장의 가장 중요한 덕목이다. 새로 교장을 맡은 이들에게 이 책을 꼭 권하고 싶다.

조 교장은 서울시교육청에서 학교혁신 업무를 직접 담당했다. 혁신학교 운영을 비롯해 수업 혁신, 오디세이 학교, 민주시민교육 기본계획 등 주요 정책이 그의 지원을 거쳤다. 이들 정책을 가로지르는 문제의식은 현장 교사가 더 능동적으로 교육 활동을 할 수 있어야 한다는 것이다. 이는 조 교장이 오래전부터 품고 가꿔 왔던 생각이다.

나는 더 많은 교직원이 자기 경험과 생각을 글로 남겨야 한다고 믿는다. 글을 쓰는 과정에서 자기 생각을 객관적으로 돌아보게 된다. 또 현장 경험을 담은 글은 서울교육공동체 안에서 더 긴밀한 대화와 토론의 소재가 될 수 있다. 고민과 시행착오를 담은 글이 널리 읽힐 때마다, 학교 현장에선 새로운 아이디어가 샘솟는다. 이는 더 질 높은 공교육으로 나아가는 발판이 될 것이다.

조호규 교장의 책 출간을 진심으로 환영한다. 더 많은 이들이 이 책을 읽고 토론하기를 바란다. 아울러 교육 현장의 경험과 고민을 담은 책이 더 많이 나오기를 기대한다.

2022.10.

전 성공회대학교 교수 조희연

진보교육감이 내건 기치가 교육혁신, 학교혁신이다. 소위 진보교육 13년 세월이 혁신과정이다. 우리 서울교육에서도 혁신이라는 말이 본격적으로 쓰인 때는 곽노현 서울시 교육감 때였고 지금 조희연 교육감까지 면면히 이어져 오고 있다. 짧은 우여곡절의 시기가 있었지만, 진보교육감의 혁신교육 13년이 그 실적을 쌓으면서 무난히 지금에 이르고 있다.

내가 이 책에서 다루고 있는 주된 내용은 진보교육 13년과 무관하지 않다. 내가 서울시교육청에서 혁신정책을 담당할 때 줄곧 주장했던 것이 학교혁신과 학교혁신을 위한 방도였다.

수없이 좋은 정책이 만들어졌는데 이를 학교에서 교육활동으로 소화해 내는 사람은 교사다. 교사가 혁신교육에 확실하게 몸을 싣지 않으면 혁신은 불가능하다. 그래서 나는 어떻게 하면 혁신을 자연스럽게 학교에 뿌리내리게 할까에 대한 방법론을 고민하였고 지금까지도 이를 위해 노력하고 있다. 그 노력의 조각을 정리한 것이 이번에 출간하는 『학교, 나비의 작은 날갯짓으로』이다.

학교혁신은 학교자치와 학교민주주의, 혁신학교, 리더십 혁신으로 가능하다고 나는 믿고 있다. 학교장의 리더십은 혁신을 학교에 뿌리내리는 데 있어서 제일 중요하다.

나는 1부에서 학교혁신을 위해 교사를 움직이게 하는 리더십이 어떤 것인지에 대해서 나름의 경험과 고민을 정리했고, 2부에서는 내가 교육청 혁신 정책 담당 장학관, 혁신학교 교장 등으로 근무할 때 동료들과 함께 고민하고 나누었던 여러 생각을 정리했다.

3부에서는 북부교육지원청 교육장을 할 때 코로나19를 극복해 가는 과정에서 생각한 여러 처방을 정리하였는데, 코로나19가 우리에게 우연히 준 원격 교육 시대에 필요한 것은 무엇인지, 원격 교육과 혁신 교육은 어디서 만날 수 있는지 등을 정리했다.

4부에서는 고등학교 및 중학교 교장을 하면서 가졌던 문제의식을 정리해 보았다. 왜 아이들은 학교에서 휴대폰을 가지고 생활하면 안 되는지, 중학생 퇴학 불가에 대한 대책 등, 학교 교장으로서 생각한 고민거리들이다.

마지막 부록에서는 아이들, 선생님, 학부모님에게 당부하는 교육적 의미가 담긴 인사 글, 편지글을 실었다.

지금까지 교육에 대한 많은 상상력을 주신 조희연 서울시교육감님, 곽노현 전 서울시교육감님, 김성기 교육장님, 정인순 교육장님께 감사드린다.

아울러 현재의 나를 있게 하신 어머니 이수량, 누나 조기현에게 고개 숙여 감사드린다. 한편 교육 전문직 생활을 하면서 소홀히 했던 남편과 아빠의 자리를 잘 메꾸어 행복한 가정을 꾸려 준 아내 김춘여 선생과 나의 빈자리를 못 느낄 정도로 잘 성장해준 세 딸 조정은, 조은일, 조준희에게 축복과 사랑을 보낸다.

혹시 내가 소홀히 하여 나의 책 속에 원저자의 의도와 뜻을 왜곡한 인용이 있거나 인용되지 않은 부분이 있다면 내가 고의로 그런 것이 아님을 밝혀 둔다.

아무쪼록 이 글을 읽을 후배, 지인들에게 조금의 참고라도 되면 좋겠다.

2022.10.

비 내리는 망우산을 바라보며

교장실에서

목차

추천의 글   ··· 4

여는 글   ··· 6

I. 좋은 지도자(leader)와 함께

＊ 교사의 가슴에 설렘을 심어라   ··· 16

＊ 주인의식과 열정이 꽃피게 해야   ··· 20

＊ 누가 교사를 무기력하다고 하는가   ··· 23

＊ 부드러운 친밀함은 얼음장도 녹인다   ··· 28

＊ 교사를 행복하게 하는 은근함을 구사하라   ··· 32

＊ 감성을 무시하면 큰일 난다   ··· 36

＊ 교사의 행복, leader와 함께   ··· 39

＊ 관계성을 중시하라   ··· 44

＊ 진정(authenticity)하면 통한다   ··· 48

＊ 뒤를 따라 배운다   ··· 51

＊ 진짜 통하게 하자   ··· 55

＊ 대강 대강하되 철저히 하라   ··· 58

＊ 조직변화에는 몇 가지 원칙이 있다   ··· 61

• 서로 성장하는 교육이 되게 하라 ··· 64

• 시대를 이끄는 교사가 되게 하라 ··· 67

• 교사의 정체성을 자극하라 ··· 70

II. 학교혁신과 함께

＊ 혁신교육과 미래교육 ··· 74

＊ 학교혁신과 학교민주주의 ··· 79

＊ 학교혁신과 관계혁신 ··· 84

＊ 학교민주주의와 비전 만들기 ··· 90

＊ 학교혁신과 교사 전략 ··· 94

＊ 학교혁신과 생활교육 ··· 100

＊ 학교혁신, 관점 혁신 ··· 105

＊ 학교혁신, 교사는 변할 수 있다 ··· 109

＊ 학교혁신과 지식인다움 ··· 112

＊ 학교혁신과 지식인의 공동체성 ··· 115

＊ 혁신학교, 자율과 개입의 균형 ··· 118

＊ 혁신학교와 학부모 변화 ··· 121

＊ 학교혁신과 교무회의 의결기구화 ··· 126

＊ 교무회의 의결기구화의 대안 ··· 129

＊ 학교자치와 정책 ··· 132

﹡ 학교자치의 도전 과제 ⋯ 137

﹡ 학교자치, 협의 단위·방식의 문제 ⋯ 144

﹡ 학교자치, 주체의 문제 ⋯ 146

﹡ 학교자치, 역할·권한 범위의 문제 ⋯ 149

﹡ 학교자치, 이 정도는 하자 ⋯ 153

III. 코로나와 함께

﹡ 혁신교육과 원격수업 능력 ⋯ 158

﹡ 행정은 낮게, 교사는 높게 ⋯ 162

﹡ 뉴노멀과 수업 혁신 ⋯ 166

﹡ 원격교육 시대, 우리에게 필요한 것들 ⋯ 170

﹡ 코로나 불시착, 교육의 본질을 깨우다 ⋯ 173

﹡ 바보야 문제는 관계 복원이야 ...178

﹡ 중앙 정부가 알아야 할 학교가 원하는 것 ⋯ 184

﹡ 학습 격차, 심리 방역, 교사가 좀 더 나서야 한다 ⋯ 191

IV. 문제의식과 함께

﹡ 교육(지원)청이 이러면 좋겠다 ⋯ 194

＊ 진보 교육감의 방향성　　… 199

＊ 학교폭력에 교육 개입의 여지를 허(許)하라　　… 202

＊ 학급자치 활동, 민주시민교육의 핵심이다　　… 206

＊ 유·초·중등 교원의 선거직 출마 제한을 풀어라　　… 209

＊ 상담과 수업, 도토리 키 재기　　… 213

＊ 포노사피엔스(Phonosapiens)와 휴대폰　　… 215

＊ 이동의 자유를 허(許)하라　　… 218

＊ 소는 누가 키우나　　… 221

＊ 중학생 퇴학 불가, 그 대안은 있는가　　… 224

＊ 교과 중심 교육과정의 폭력성에 노출된 우리 아이들　　… 227

＊ 일반고 살리기 이 정도라도 하자　　… 231

＊ 학교 자율감사제, 문제 있다고 봐요　　… 233

＊ 교사 양성 유감　　… 237

＊ 장학사가 뭐길래　　… 240

＊ 정책을 잘 만들려면　　… 243

＊ 교육장 업무 20계명　　… 249

V. 편지, 인사 글 모음

＊ 더불어숲을 이루자　　… 254

＊ 조직 발전을 위한 4가지 원칙　　… 259

＊ 조직의 가는 방향에 합의해야   ⋯ 264

＊ 교사 행복하기, 뭐가 중헌디   ⋯ 269

＊ 뜻을 세우고 노력하기   ⋯ 271

＊ 긍정적으로 생각하고 노력하기   ⋯ 274

＊ 원칙을 세우고, 본질에 충실한 교육   ⋯ 277

＊ 청소년을 돕는 7가지 준칙과 교사 행복   ⋯ 281

＊ 학교민주주의, '민주주의 연습'으로 성숙한다   ⋯ 284

＊ 우리 학교 운영 전략은   ⋯ 286

＊ 영원히 살 것처럼 배우자   ⋯ 290

＊ 우리 아이들이 위험하다   ⋯ 292

＊ 오늘보다 좀 더 나은 내일을 위하여   ⋯ 295

＊ 마디에 마디를 더하여   ⋯ 299

＊ 책 읽기로 미래를 준비하기   ⋯ 301

＊ 독서하는 습관 기르기   ⋯ 303

＊ 내 인생의 책이 뭐지   ⋯ 305

＊ 꿈을 품으십시오   ⋯ 307

좋은 지도자(leader)와 함께

교사의 가슴에 설렘을 심어라

교사는 지식인이다. 지식인은 지식인답게 리더 해야 한다. 지식인은 자기 지시적이고 자기 규제적이며 스스로 일하는 능력과 의지를 갖고 있다. 또 사회의 가치를 성찰할 줄 알기 때문에 공동체의 가치를 존중하고 공동체의 비전을 만들 수 있는 능력을 갖추고 있다.

지식인은 내가 하는 일에 의미를 부여할 줄 알며 미래를 조망할 줄 알기 때문에 나아가야 할 구체적인 나의 미래상을 그릴 줄도 안다. 또 자신의 아레테(arete)를 구현할 수 있기 때문에 추상적 가치와 구체적 실천 의지를 녹여 낸 비전과 친숙하다. 관념상으로는 이런 존재다.

지식인의 특성이 이러할진대 지식인으로 구성된 학교 사회의 지도자(leader)는 이들을 리더 할 중요한 도구를 당연히 갖고 있어야 한다. 비전[1] 말이다. 비전에 관한 명확한 인식과 이에 대한 지식을 가져야 한다.

하지만 지식인으로 구성된 학교 사회라고 해도 실제로는 비전이라는

---

[1] 비전(vision)은 조직이 갖는 구체적 목표로 중장기적인 것이며, 조직이 가는 방향을 가리키므로 조직이 헤매지 않고 목적지에 도달하게 해 줌. 또, 비전은 구체적인 도달점 그림을 담고 있어야 하는데 거기에는 설렘이 있어야 함. 비전(vision)은 지도자(leader)에게 조직을 이끌어 가는 데 필요한 힘을 제공해 주는데 지도자(leader)는 이런 힘을 가져야 함.

것이 좀 어색하다. 지식인의 추상적 특성과 그들의 구체적 실천이 괴리가 있기 때문이다. 교사들은 비전에 대한 인식도 없고 공동체적 노력으로 이를 만들어 본 경험도 거의 없다. 그들은 조직 운영원리에 대한 지식과 관심 또한 없고 필요하다고 생각하지도 않는다.

나는 교육(지원)청과 학교에 근무하면서 학년(기) 초에 구성원에게 비전을 심어 주기 위한 노력을 해 왔다. 내가 비전 만들기 작업을 직접 하지 않았지만 —하지 않은 것이 아니라 못한 것이 맞다— 단기(중, 장)목표를 학기 초에 잘 그려보라고 자주 강조하였다. 특히 ○○고등학교 교장으로 재직할 때는 '5년 후 학교를 떠날 때는 수업 방법 하나 이상의 전문가 되기', '회복적 생활교육 전문가 되기'를 학교 비전에 구체적으로 설정하도록 한 경험이 있다. 아마 선생님들에게 도움이 되었을 것이다.

간혹 어떤 기관(학교)에서는 비전 만들기 전문가를 불러와서 직접 강의를 듣고 단기 또는 중·장기기 비전을 만들어 보기도 한다. 내가 몸담았던 조직은 공공 기관이라 조직의 생사가 걸린 긴박함이 없어서 그런지 이런 작업은 하지 않았다. 그래도 이런 작업은 꼭 필요하다.

회사 같은 조직이 공조직처럼 공동의 목표인 비전도 없이 구성원들을 근무하게 한다면 아마도 존립 자체가 힘들 것이다.

지금이라도 각 학교나 교육(지원)청에서는 비전 만들기 작업을 연말 워크숍 등에서 해야 한다. 그래야 그 조직이 가는 방향이 보일 것이다. 가슴에 언젠가 도달할 목표점을 담을 수 있음에서다.

그런데 학교는 비전을 만들더라도 교사의 공동 노력으로 만들지 않는다. 몇몇 부장이나 교장, 교감이 만들어서 형식적으로 내건다. 이런 비전은 의미 없다. 자신의 것이 아니기 때문에 교사에게 실행 의지와 도달 시의 설렘을 심어 주지 못한다. 비전은 교사들이 함께 논의한 후 공동 결의하여 채택한 공적 목표가 되도록 하는 것이 매우 중요하다. 자신의 것들이 총화 되어 도출된 것이기 때문이다.

"세계에서 가장 존경받는 기업의 경영자로 선정되셨는데 그 비결이 무엇입니까?"라는 한 경영자의 질문에 잭 웰치는 "딱 한 가지입니다. 나는 내가 어디로 가는지 알고 있고, 우리 회사 GE의 전 구성원도 자기들이 어디로 가는지 알고 있습니다."라고 말하면서 비전의 중요성을 일깨웠다.

또 "사람들은 시각 장애인으로 태어난 것보다 더 불행한 것이 무엇이냐고 나에게 물어 온다. 그럴 때마다 나는 '시력은 있으나 비전이 없는 것'이라고 대답한다."라는 헬렌 켈러의 비전에 대한 유명한 말이 있다.

대부분 학교는 비전을 미사여구로 포장된 슬로건 정도로 이해하고 있다. 그래서는 안 된다. 위의 두 예화처럼 비전은 우리의 가슴을 설레게 하는 목표점이다.

킹 목사의 감동적인 비전을 보면 더 명확해진다. "저에게는 꿈이 있습니다. 저의 네 자식이 피부색이 아니라 인격에 따라 평가받는 나라에서 살게 될 날이 언젠가는 오리라는 꿈입니다."

우리 선생님도 이런 비전을 그려보면 어떨까 싶다.

"교사인 나에게는 작은 꿈이 있습니다. 내가 이 학교를 떠날 때까지 새로운 수업 방법 하나를 습득하고, 아이들에 대한 이해를 돕는 청소년 뇌 과학 관련 전문 서적을 최소 5권을 읽는 것입니다."

"교사인 나에게는 꿈이 있습니다. 나의 수업에서 아이들의 두 눈이 늘 호기심으로 반짝이고, 수업 태도가 활기차며, 나와의 대화에서 행복해하며, 살갑게 나에게 다가오는 그런 모습을 볼 수 있는 것입니다."

이런 비전을 갖는 교사라면 정말 멋지지 않을까.

한홍진은 학교의 비전과 관련하여 구체성이 있는 이런 말을 했다. 우리가 참고할 만한 얘기다. "비전은 교사 각자가 학교 일원임을 자랑스럽게 생각하도록 만들어 간다. 매력적인 비전을 수립하고 이를 추구해 가는 과정에서 학교에 대한 신뢰감을 높일 수 있다. 반드시 관련 구성원 모두의 의견이 반영되는 비전을 만들어야 한다. 비전은 상세하며 구체적인 것으로 매우 정확한 진술이 되어야 한다. 따라서 비전 선언문, 실행 계획(중기 목표, 단기 전략, 개인의 실행 과제 등)을 만드는 게 좋다." 우리 모든 학교에서 이렇게 해보면 어떨까.

주인 의식과 열정이 꽃피게 해야

지식인들로 구성된 학교는 지시와 규율, 결과주의, 실적 보고 등이 잘 안 통하는 사회다. 교사들은 자존감(심)이 높(강하)기 때문이다. 그래서 지식인은 관료주의적 개입을 좋아하지 않는다.

교사는 상부에서 내려오는 정책을 마지못해 수행할 수밖에 없는 기능적 행정인 정도로 떨어진 지 오래다. 교사는 기계적 선택만을 하게 된다. 그들의 지적 능력 발현은 제약되고 있으며 변화를 가져오는데 필요한 정신 근육이 소진되어 있다. 이는 시사하는 바가 크다. 이에 대한 성찰이 필요하다.

크고 작은 조직의 leader가 조직의 에너지를 끌어올리기 위해서 아래로 많은 권한을 위임하고, 위임받은 단위에서 그 위임된 권한에 민주성[2]을 입히려는 노력을 펼친다면, 이는 정말 좋은 민주적 리더십을 발휘하는 것으로 볼 수 있다.

민주적 leader는 교사가 능력을 키우고 자기의 능력을 발휘하도록 주체로 세워내며 자발성에 의한 헌신을 끌어낸다. 또 자율통제와 내적 잠재력의 중요성을 인식하도록 도와준다.

---

2) 민주성은 구성원의 상호작용이 충분히 인격적이면서 주요 활동을 토론하고 협의하여 결정하는 양태임

민주적 leader는 교사에게 자신의 의견을 손쉽게 제출하게 하고 자기 결정권을 많이 주며 학교의 일을 진정으로 자기 일로 여기도록 주인의식을 북돋는다. 이는 교사가 적극적으로 참여하고 스스로 결정할 수 있는 여지를 넓혀주는 것이다.

민주적 leader는 끊임없이 권한을 위임하여 교사의 참여를 확대한다. 교사가 더 많이 참여하여 일을 스스로 결정·수행하며 그에 상응하는 책임을 지고 부담을 나누는 과정에서 그들은 끈끈해지고 교육활동은 활성화한다. 자신이 참여하여 결정한 것에 대해서는 그 실천에서도 적극적으로 된다.

민주적 leader는 교사 자신이 하는 일에 대해 의미를 부여할 수 있도록 한다. 자신이 하는 일이 가치 있다고 느끼게 하는 것이다. 교사 자신이 하는 일이 단순히 지식을 전수하는 것이 아니라 학생들의 미래를 바꾸어 놓을 수도 있는 아주 중요한 일임을 깨닫도록 하는 것이다. 이렇게 해야 일에 대한 몰입이 가능해지고 열정이 살아난다. 자신이 하는 일의 소중함을 알고 목적의식을 갖게 되기 때문이다.

따라서 교장은 이와 같은 민주적 leader의 자세를 항상 견지하고 학교를 운영해야 한다. 학교의 각 단위에서 민주성이 활성화하도록 교사에게 물리적 시간과 심리적 거리[3]와 같은 여유를 주어야 한다. 그래서 학교의 교육 활동에 대해 교사들이 주도적으로 고민하고 협의하여 결정하는 민주적 공동체를 운영하도록 하는 것이다. 이는 교사의 자존감을 높이고

---

3) 자신과 사물(학교 교육 활동)을 거리감 있게 떼어놓고 쉼을 가지면서 바라볼 수 있는 마음의 여건 같은 것. 물리적 시간과 함께 교사의 열정을 끌어내는 기본 인프라(infra)임

자발성과 열정을 끌어내기 위해서 매우 중요하다.

'칭기즈칸에게 열정이 없었다면 그는 양치기에 불과했을 것이다', '열정 없이 얻을 수 있는 위대한 것은 존재하지 않는다', 'leader가 갖추어야 할 덕목 중 첫째가 열정이다.'

이처럼 열정과 몰입은 매우 중요하다. 교육청의 관료와 학교의 leader 는 교사의 열정을 끌어내기 위한 민주적 리더십이 얼마나 중요한지를 유념해야 한다.

나는 교육(지원)청과 학교에서 크고 작은 장(長)을 할 때 불가피한 경우를 제외하고는 혼자서 독단으로 의사결정을 한 적이 거의 없다. 실무자와 토론하거나 작은 단위부터 논의하여 판단하라고 하는 등 과감하게 권한을 위임하되 책임을 지도록 하였다. 그러다 보니 장(長)이 지시하지 않은 일들도 자발적으로 하게 되는 경우를 많이 보았다.

특히 ○○고등학교에서 교장으로 근무할 때는 선생님들이 자발적으로 교육프로그램을 많이 시행하겠다고 하여 솔직히 좀 귀찮고 힘들었다. 지금 생각해 보면 그들에게 의사결정 권한을 많이 위임한 결과가 아닌가 싶다. 그들이 주인이 된 것이다. 주인이 되었으니 학교일이 자기들의 일이 아니겠는가.

"우리가 필요로 하는 이상적인 구성원의 전형은 자율적인 실행주의자다."라는 말이 있다. 스스로 의사결정을 하고 목적의식을 갖고 일하되 자신을 통제하며 일의 결과에 책임을 지는 것이 중요하다. 교사가 자율적 실행주의자로 새롭게 태어날 수 있도록 함께 노력해야 한다.

누가 교사를 무기력하다고 하는가

우리는 흔히 교육이 변하려면 교사가 변해야 한다는 당위적인 말을 많이 한다. 수십 년이 된 것 같은데 아직도 교육을 바꿀 만큼 교사들은 활력이 있어 보이지 않는다. 교사는 왜 변화에 적극적이지 않을까.

여러 요인으로 인해 교사가 학교 교육의 현실에 대해 절망하고 있고 무기력하게 되어 버렸다. 나의 가설일 뿐이지만 나는 확신하고 있다.

히스 형제의 『스위치』란 책에서 나의 이런 가설을 검증할 수 있는 단서를 얻었다.

책 『스위치』의 '쿠키와 무 실험'이 그것이다. 이 실험은 조건(특성)에 큰 차이가 없는 사람들을 A와 B, 두 집단으로 나눈다. A 집단에는 쿠키를 먹게 하고 B 집단에는 무를 먹게 했다. B 집단 사람은 A 집단의 쿠키 먹기가 부러웠지만 어쨌든 힘들게 무를 먹었다. 양 집단 사람이 쿠키와 무를 다 먹자 이어서 새로운 실험이 진행되었다.

두 집단의 모두에게 어려운 수학 문제를 풀게 한 것이다. 실험 결과는 아주 흥미로웠다. 똑같이 수학 문제를 풀기 시작했는데 B 집단 사람이 수학 문제 푸는 것을 훨씬 빨리 포기해 버린 것이다.

피실험자의 조건(특성)에서는 A, B 집단 모두 차이가 없는데 왜 무를 먹었던 B 집단 사람이 더 빨리 포기했을까.

이는 먹고 싶은 쿠키를 못 먹고 참으면서 억지로 무를 먹었기 때문이다. 다시 말해 B 집단 사람이 무를 먹으면서 자제력을 너무 많이 소진해 버려서 수학 문제를 풀 때 인내심이 바닥난 것이다. 에너지 탈진 현상이 일어난 것이다.

여기서 알 수 있는 것은 흔히 말하는 의지력, 자제력은 쓰면 쓸수록 고갈되는 소모성 심리 자원이라서 마치 핸드폰 배터리처럼 방전이 되어버린다는 것이다. 이는 사람의 문제가 아니라 그런 실험 조건에 따라 만들어지는 사람 심리 작용의 문제라고 한다.

흔히 교사들의 정신 근육이 소진되었다고 말한다. 정신 근육은 '창의적으로 사고하고, 무언가에 집중하며 좌절과 실패를 인내하는 힘'이다.

교사들의 인내심(의지력, 자제력)을 바닥나게 하는 방전 요인은 너무 많다. 아이들과 힘겨루기, 동료 간의 소모적 관계, 입시 시스템으로 인해 교육(수업)다운 교육(수업)을 못하는 것에 대한 화남과 자괴감, 입시에 찌들어 힘들게 생활하는 아이들을 바라보는 안타까움, 그런 상황의 아이들과의 관계에서 자주 고개를 내미는 짜증, 학교 환경의 열악함, 교장의 리더십 문제 등이 그것이다.

교사의 이러한 심리·정서와 관련한 현실이 그들의 정신 근육을 방전시켜 버렸다고 나는 생각한다. 특히 지식인으로 대접받지 못함에 따른 자존감 하락도 그중에서 심각한 방전 요소가 아닌가 싶다.

위에서 살펴본 실험은 방전된 교사들의 정신 근육을 다시 충전하지 않으면 학교의 변화가 어려울 수 있음을 시사한다. 그렇다면 우리는 어떻게 해야 할 것인가.

첫째, 학교 환경을 종합적으로 좋게 만들어야 한다.

특히 교사들을 지식인으로 대우하면서 그들의 전문성을 키워주고 책임교육을 할 수 있는 심리·정서적 환경을 만들어주어야 한다. 교사가 스스로 동기부여를 할 수 있도록 하는 것이 매우 중요하다.

시설이나 수업 도구와 같은 교육환경의 개선도 중요하다. 입시제도를 바꾸고, 민주적 학교운영 시스템을 구축하며 제대로 된 교육(수업)을 할 수 있도록 수업 시수 문제 등을 개선해 주어야 한다.

둘째, 아이들과 교사의 교육적 관계가 잘 영위될 수 있도록 해야 한다.

교사가 아이들을 위해 진심 어린 마음으로 헌신하고 아이들에게 관심을 기울이며 두려워하지 않고 아이들의 문제에 접근할 수 있는 전문성을 키우도록 집중적으로 지원해야 한다. 대화법, 감정코칭법, 간단한 심리치료법, 부모·자녀상호작용치료법, 분노조절법 등의 전문성이 그것이다.

그리하여 아이들 및 학부모들과의 관계, 동료들과의 관계에서 에너지를 소진하지 않도록 해야 한다.

하지만 이런 것도 시간이라는 물리적 인프라(infra)가 교사들에게 주어져야 가능하다. 그런데 우리의 현실에서 이런 조건은 매우 미흡하다.

내 경험에 의하면 교사가 학교에서 여유 시간을 갖는 것이 정신 근육 강화를 위해 가장 중요하다. 교장이 아무리 이런 시간을 만들어주려고 해도 불가능하다. 교육과정에 아이들이 이수해야 할 연간 시수와 단위 수가 정해져 있기 때문이다. 이것은 교장이 임의로 줄일 수 없다.

학교의 leader가 실행할 수 없는 정말 절실한 얘기가 바로 이와 관련한 것이다. 교사의 정신 근육을 강하게 하는 조치 중에서 정부에서 반드시 성찰해야 할 것이 있다. 제일 중요한 것일 수도 있다.

정부는 교사의 모든 활동을 경제 효율성의 논리로 보지 말고 교육 본질의 논리로 보라는 것이다. 효율성 관점은 초·중등 교육이 시작된 이래 한결같이 지속하고 있다. 특히 예산을 다루는 부서인 기획재정부나 교육부 관료들이 그렇다. 그들의 교육에 대한 관점 변화가 시급하다. 그들을 미래교육과 교육 본질의 관점에서 연수해야 한다.

분명히 인식하자. 교사들이 여유 시간을 갖는 것은 노는 것이 아님을 말이다. 수업 시수를 줄여 주고 교육 활동을 위한 여유 시간을 만들어주자. 아이들을 교육하는 것은 콩 볶는듯한 산란한 정신으로는 불가능하다. 교사의 스트레스는 고스란히 아이들에게 간다. 그래서 교사가 여유 있어야 아이들이 건강한 보살핌을 받을 수 있다. 가정에서 자녀를 키우는 것과 똑같다.

지금 정부는 교사 정원 감축을 위한 밑 작업을 하고 있는 것 같다. 이 것은 교사의 수업 시수를 현상 유지하거나 늘리고, 기간제교사를 늘리기 위한 작업이다. 각 학교의 교사 정원이 있음에도 정규직 배치를 계속 줄이고 있는 것이 증거다. 교육 본질 추구에 역행하는 이런 불필요한 노력을 당장 중단해야 한다. 현장의 교원들이 가진 심각한 문제의식이 이렇다. 교사의 정신 근육을 더는 소진하지 말자. 우리의 미래를 위해서다.

나는 상봉중학교에서 교장으로서 할 수 있는 것만 할 수밖에 없었다. 부임하여 첫해 2학기 초입부터 '오늘보다 좀 더 나은 내일!'을 구호로 선생님들이 압박을 많이 받지 않게 하면서 활력 있게 생활할 수 있도록 하는 방법을 찾고 있다.

하드웨어(hardware) 측면에서, 2021년에는 메이커스페이스 구축과 도서관 환경을 개선하였고, 또 선생님들과 아이들이 좀 편히 쉴 수 있는 공간 꾸미기에 노력하였다. 2022년 여름 방학 때에도 교무실 환경을 개선하여 조금 더 쾌적하게 생활할 수 있도록 하였다.

소프트웨어(software) 측면에서, 아이들과 선생님 간에 교육적으로 의미 있는 관계가 잘 작동하도록 하는 것에 신경을 많이 썼다. 좋은 수업을 하여 성취감을 느끼도록 하는 것과 생활 지도의 성공적 수행에서 행복감을 느끼도록 하는 것에 집중하였다.

과정중심평가 전문가가 되도록 교과별 과정중심평가 연수를 연중 실시하였고 올해 2022년에는 융합수업의 전문성을 높이기 위해 노력하고 있다. 내년에는 아이들과의 관계 전문성을 높이기 위해 PDC, 회복적생활교육, 평화교육, 감정코칭교육(연수)을 준비하고 있다.

지식인을 지식인답게, 교사를 교사답게 이끌면 그들은 정신 근육을 단련해 우리 교육을 희망의 미래로 솟구치게 할 수 있다.

부드러운 친밀함은 얼음장도 녹인다

조직에는 자신들의 처지를 이해하여 주고 마음을 잘 보듬어주는 부드럽고 따뜻한 리더십이 강력한 리더십만큼 필요하다. 학교에도 마찬가지다.

사람은 누구나 관심을 받고 싶어 한다. 단순한 기계적인 동료 관계가 아니라 자신을 한 인격체로 바라보고 자신의 어려움에 대해 신경을 써주는 리더십이 마음을 더 끌리게 한다.

leader가 보이는 친밀감은 교사들의 마음을 평화롭게 해주고 우호적인 에너지를 끌어낸다. 교사들 사이의 우호적 관계는 협력이 더 잘되게 하고 조직에 더 애정을 갖도록 만든다. 학교의 어려움도 쉽게 풀어주고 학교에 생기가 넘치고 안정된 분위기가 흐르게 한다. 또한, 교사들이 쉽게 말을 붙일 수 있게 하고 서로의 관계가 좋아지면서 조직의 에너지는 더 결집하게 한다.

교사들에게 보이는 leader의 정성은 자신들이 관심받고 있다는 느낌이 들게 하고 leader에게 호감을 갖게 하며 학교 일에 긍정적 자세로 임하게 한다.

정조대왕은 자신이 하고 싶은 말이나 다소 거북한 결정 등에 대해 신하들과 '편지 정치'를 함으로써 '솔직함과 친근함 리더십'을 발휘했다고 한다.

그는 자신의 마음을 솔직하게 표현하여 상대의 공감을 끌어내고, 마치 가족처럼 여기는 화목하고 화기애애한 분위기를 만들며, 배려하는 말투와 글로써 주변 사람들과 소통하였다고 한다.

한홍진은 『학교조직을 살리는 통합경영』에서 여러 얘기를 하고 있다. 교사들은 인간적이고 진솔하며 자신의 단점까지도 창피하게 여기지 않는 leader에게 마음을 더 연다. 이런 친근하고 편안함을 조성하기 위한 leader의 노력은 교육 성과로 이어진다.

좋은 leader는 자주 웃는 모습을 보인다. 일을 중시하지만, 인화를 결코 소홀히 하지 않으며 상대를 사려 깊게 배려하는 특성이 있다. 또 교사의 잘못된 행동에도 조심스럽게 개입하여 상대의 마음을 안 다치게 하려고 노력한다.

leader의 능력 중에 또 하나 중요한 것은 공감 능력이다. D. Goleman은 leader가 성공하는데 필수적인 역량이 감성 지능과 깊은 관련이 있다고 말하고 있다.

좋은 leader는 상대의 마음을 잘 읽고 헤아리며 이해해 주는 능력을 갖추고 있다. 이런 능력은 상대의 행동 변화를 가져오고 공감 전파력이 생기게 함으로써 조직에 긍정적 영향을 준다.

공감 능력이 있는 좋은 leader는 자신의 감정도 적절히 통제하는 능력을 갖추고 있다. 좋아하거나 싫어하는 감정을 잘 관리하고 열린 마음과 열린 생각, 열린 태도로 상대에 대해 부정적 감정을 노출하지 않는다. 부정적 감정은 쉽게 전파되어 조직의 에너지를 갉아먹기 때문이다.

한편 좋은 leader는 논리에만 집중하지 않으며 감성에도 호소하는 능력을 갖추고 있다. 사람은 논리보다는 감성에 더 잘 설득되기 때문이다. 논리(이성)와 감성의 균형 잡기에 늘 신경을 써야 한다.

상봉중학교와 ○○고등학교 때 내가 행한 택배 배달부 교장 얘기다. 내가 두 학교에 근무할 때 했던 많은 일 중에서 은근히 선생님들을 챙긴 일화다. 선생님들이 공·사적으로 물품을 많이 주문한다. 물품이 배달되면 일일이 찾아가는 게 불편할 수 있겠다 싶어서 내방에 운반 카트를 하나 가져다 놓고 시간이 되면 수시로 갖다주었다. 그들은 미안해하지만 싫지는 않은 것 같아서 이쪽저쪽 두 학교 교장 4년 동안 내리 이 일을 했다.

지인들은 하지 말라고 하지만 이것만큼 친절함과 따뜻함을 은근하게 보이는 게 어디 있겠나 싶어서 계속하고 있다.

나는 퇴직을 앞둔 나이임에도 수줍음이 많다. 선생님들이 머무는 교무실에서 살가운 대화를 하고 관심을 두는 그런 짓을 하고 싶지만 잘 안 된다. 마음만 있을 뿐이다. 그냥 웃는 정도가 전부다. 하지만 선생님이 아파서 결근할 때는 꼭 전화한다. 대면이 아니라서 조금 아쉽지만 이런 관심이 중요하다고 보기 때문이다.

나는 마음속의 다정다감은 넘치게 갖고 있지만 잘 표현하지는 못한다. 다정다감한 leader가 금상첨화겠지만 나의 별명처럼 '츤데레'[4]도 나쁘지 않다. 예전에 ○○교육지원청에서 교육지원국장으로 근무할 때 우리 교육협력복지과장님이 붙여준 별칭이 '츤데레'였다. 쑥스러워 잘 드러내지는 않지만, 은근히 구성원을 따뜻하게 챙기는 그런 태도의 사람을 일컫는 말

---

4) 쌀쌀맞고 인정이 없어 보이나 실제로는 따뜻하고 다정한 사람을 이르는 일본어이지만, 우리나라에서 자주 쓰는 말이기도 함

이다. 학교 leader는 적어도 '츤데레'는 되어야 한다. 특히 여선생님이 많은 학교에서는 교장의 이런 리더십은 매우 중요하다.

교사를 행복하게 하는 은근함을 구사하라

시중의 자기계발 책 중에서 가장 흔한 것이 리더십 관련일 것이다. 리더십에 관한 정의는 리더십을 연구하는 학자 수만큼 많다. 리더십은 '영향력의 행사, 설득의 형태, 권력관계, 목표 달성 수단, 역할 분담, 구조의 마련'등으로 다양하게 정의되고 있다. 이는 리더십이 무엇인가에 관해서 시공을 초월하여 관통하는 최고의 정답이 없다는 의미다. leader와 리더십의 대상에 따라 그 성공 여부가 달라질 뿐만 아니라 조직의 생산성과 효과성에서도 차이가 난다. 이는 성공한 리더십의 유형이 상대적이라는 것을 말한다.

즉 리더십은 leader의 위치, 행위, 개인적 특성에 의해서만 결정되는 것이 아니다. 상황의 특성에 따라서도 결정된다. 기업의 CEO로서 훌륭한 업적을 남긴 leader가 개방형 학교장으로 부임하여 실패한 경우를 보면 알 수 있다.

흔히 학교조직을 느슨한 이완 결합체라고 한다. 학교는 교사 개개인의 독자성이 강하면서도 위계적인 관료제의 특성도 갖고 있다. 이것은 명령도 잘 통해야 하지만 교사 개개인의 전문성도 존중받아야 하는 것을 말한다. 교사 개개인의 자기 결정성이 많이 유통되는 개인주의적 조직이면서 실은 그 반대도 성립한다는 것이다.

교육부(청)는 명령이 닿는 마지막 말단 조직으로 학교를 대하고 있다. 자유로운 지식인으로서의 본질적 특성과 말단 기능인으로서의 도구적 모습이 충돌하고 있는 곳이 우리네 학교다. 교사들은 상위의 명령이나 타자의 간섭을 싫어하는 배타적인 정서와 문화 속에 생활하면서도 어쩔 수 없이 지시와 명령을 따르기도 하는 이중성에 놓여 있다.

한편 교사들은 변화무쌍한 아이들의 행동 때문에 일과 중에는 정신없이 바쁘고 여유 시간이 별로 없다.

또한, 학교에는 템세츠의 말처럼 "지고의 완전한 상태를 염두에 두고서 매사를 비판하고 불평"하는 문화와 소극적 교육 활동에 임하는 냉소적인 문화 현상이 함께 있다.

자주적이면서 위계적인 특성의 학교에서 leader는 교사들을 어떻게 이끌어야 할까. 이러저러한 모순된 특성이 있는 학교의 구성원을 잘 리더할 리더십은 일반적인 조직과는 좀 다르지 않을까 싶다. 그래서 교장, 교감의 리더십 전문성이 중요하다고 말한다. 특히 교장 리더십이 그렇다.

실적을 중시하는 회사 CEO들의 기술적·전문적 능력이 학교의 leader에게도 필요하겠지만 그래도 놓치지 말아야 할 좀 다른 중요한 리더십이 분명히 있지 싶다.

학교 leader가 아무리 뛰어난 기술적 전문성 리더십을 갖고 있더라도 이것만으로 최선일까에 대한 물음이 남는다. 그래서 학교의 리더십에 대하여 끊임없는 얘기들이 있는 것이다.

자존심과 독자성이 강하며 관리자의 권위와 위계질서를 잘 인정하지 않으려는 독특한 특성의 지식인들이 생활하는 곳이 학교다. 우리는 그들을 이끄는 리더십의 핵심이 무엇인지에 대한 고민을 많이 하고 있다.

leader가 그들의 자존심을 다치게 한다든지, 개성과 자주성에 훼손을 가한다든지, leader가 잘난 척한다든지, 권위를 부린다든지 할 때, 이런 leader의 양태가 잘 용납되지 않는 현장이 학교다. 특히 교사들의 경우, 세상 천하에서 나보다 높은(위) 사람이 없는 곳이 학교다. 교사들은 이렇게 생각하고 느끼는 성향이 강하다.

leader가 다른 조직과 똑같이 해서는 리더십을 잘 발휘하기가 쉽지 않다. 어떻게 해야 할까. 교장, 교감의 고민 지점이 여기다. 참 독특한 조직인 학교의 leader는 힘들다.

수업 혁신을 독려할 때도, 새로운 생활교육[5]을 외칠 때도, 일단은 교장의 요구와 주장이 강하고 분명하게 드러나게 해서는 안 된다. 명령이 아니라 권유, 명료함이 아니라 모호함, 강압적 제안과 요구가 아니라 협의와 넛지(nudge)[6], 신속함이 아니라 기다림, 치밀함보다는 적당히 함 등의 리더십을 발휘해야 한다.

강한 주장, 명령, 명료함, 강압적 제안과 요구, 신속함, 치밀함의 리더십은 내가 보기에 딴 세상 얘기다. 학교에는 다른 리더십이 필요하다. 앞에서 말했지만, 조직의 독특성 때문이다. 우회해야 한다. 권유, 애매모호함,

---

5) 필자가 붙인 용어임. 아이들의 있는 그대로를 인정하고 존중하며 아이들의 말을 경청하고 기다릴 줄 알되, 잘못하는 경우에는 냉정하고 엄격하게 지적해 주는 생활지도 방식

6) 팔로 잡아당기는 것처럼 강제와 억압에 의한 지시보다는 팔꿈치로 툭 치는 것처럼 상대의 행동을 은근히 유도하는 부드러운 개입을 말함

협의와 넛지(nudge), 기다림, 적당히 함을 묶어서 한 단어로 '은근함'이라고 나는 표현하고 싶다. 정리하면 '은근함(우회함)'의 리더십이랄까. 뭐 그런 것이다.

교장이 도드라지게 뭔가를 강압적으로 추동하면 그들은 반발한다. 교장은 '은근한 지원 리더십'을 발휘해야 한다. 교사들을 실질적으로 리더하는 사례들이 있다. 당면 현안과 관련이 있는 책을 선정하여 월례 직원회의 등에서 선물처럼 나눠 준다든지, '교원학습 공동체' 학습에서 읽고 토론해 보라고 뭔가를 권유하는 방법 등을 택하는 게 좋다. 또 교사들이 모이는 전문 연구 커뮤니티를 소개해 주는 것도 한 방법이다.

교장이 자기 생각을 일장 연설 형태로 펼치는 것은 결코 교사들의 마음을 얻지 못한다. 강요로 느껴지기 때문이다. 교장은 똑똑하고 완전한 것처럼 보이면 안 된다. 교사들은 그런 교장을 싫어한다. 나는 이런 면에서 실패한 경험이 있다. 장황하게 말을 한다든지, 유식한척하면서 글을 써서 나눠주는 것을 교사들은 별로 좋아하지 않았다. 유의해야 한다.

단계적 접근 리더십이 더 적절한 표현이겠다. 우회와 직진의 순서로 리더십을 행사한다고 말하는 게 맞겠다.

위에서 언급한 리더십으로 교사들의 마음을 얻은 후에 일반적인 다른 조직의 리더십도 통할 수 있을 것으로 나는 경험상 확신하고 있다. 희망이 보이지 않는가.

감성을 무시하면 큰일 난다

히스 형제의 저서 『스위치』에 의하면 성공적인 변화에는 공통된 패턴이 있다. 저자는 버지니아대학 심리학자 헤이트의 『행복가설』을 인용하면서 코끼리(감성)와 거기에 올라탄 기수(이성)를 비유적으로 들고 있다. 감성(코끼리)과 이성(기수)의 관계에 대한 것이다.

"우리의 감성적 측면이 코끼리라면 우리의 이성적 측면은 거기에 올라탄 기수인 셈이다. 코끼리(감성)는 게으르고 변덕스러우며, 종종 장기적 이득보다는 단기적 이득에 매달린다."[7]

한편 "기수(이성)는 장기적으로 판단하고 계획을 세우며 순간을 뛰어넘어 사고하는 능력이다. 기수(이성) 역시 손해를 안기는 약점이 있는데 기수(이성)는 지나치게 분석하고 사고하는 경향이 있다는 것이다."[8]

"뭔가 변화를 가하고 싶다면 코끼리(감성)와 기수(이성) 모두에게 호소

---

7) 코끼리(감성)에게도 사랑, 동정, 공감, 충절 등의 큰 강점이 있으나, 변화를 위한 노력이 실패하는 경우는 대개 코끼리(감성)의 잘못이다.

8) 코끼리(감성)와 기수(이성)의 부정적 측면이 작동하면 변화는 실패함. 즉 지나치게 심사숙고하거나 부정적인 감성 즉 단기적 이익에 몰두하거나 맹목적일 때는 실패함

해야 한다. 기수(이성)는 방향과 계획을 제시할 것이고, 코끼리(감성)는 열정을 제공할 것이다."

　만약 조직의 코끼리(감성)들을 제쳐놓고 기수(이성)들에게만 다가선다면 조직원들은 이해는 하되, 동기부여는 받지 못한다. 또 반대로 기수(이성)들은 빼놓고 코끼리(감성)들에게만 다가선다면 그들은 열정만 드높고 방향 감각 없이 헤맬 것이다. 코끼리(감성)와 기수(이성)가 함께 움직일 때 변화가 찾아온다는 사실을 알아야 한다.

　내가 여러 기관의 장(長)을 해보면서 확실히 깨달은 것은 leader는 똑똑하다고 잘난 척을 하거나 논리적으로 마구 설득하여 이끌려고 하면 대체로 실패한다는 것이다. leader는 똑똑하되 게을러야 한다. leader는 다소 어리숙해 보여야 한다. 무슨 일이든 그렇게 시도, 접근해야 한다.

　구성원의 정서와 감정을 상하게 하면 아무리 옳고 타당한 일이라도 성과를 내기 어렵다.

　○○고등학교 교감할 때의 다소 서글픈 일화가 있다. 갓 부임하여서 살펴보니, 화단과 운동장에 종이 쓰레기가 나뒹구는 등 특별구역 청소가 거의 되어있지 않았다. 청소 담당 선생님에게 "왜 특별구역 청소 배정을 안 하느냐, 학급별로 배정한 외부 구역이나 특별실이 있는가?"라고 물어봤지만 돌아오는 대답은 "지금까지 10여 년간 배정하지 않은 것으로 안다."였다.

　그래서 나는 아연실색하며 속히 배당하고 결재를 득하라고 했다. 그런데 이게 어찌 된 일인가. 몇몇 선생님이 득달같이 와서는 소리를 치면서

"지금까지 안 한 것을 교감 선생님이 오자마자 왜 하느냐?"라는 항의를 하였고 그들을 설득하는 데 거의 1년이 걸렸다.

나는 당시 이렇게 했다. "교사들이 일이 하기 싫으니 의도적으로 특별 구역(실) 배정을 하지 않았고 이는 교사로서의 모럴해저드(moral hazard)다."라고 비판을 한 것이다.

기수(이성)에게만 의지한 것이다. 왜 안 했을까를 분석하고 따지기만 했다. 그들이 어떤 감정 상태인지는 고려하지 않았다. 소위 논리적으로만 비판하면서 이에 설득당하기를 바랐던 것이다. 이게 통할 리가 없었다.

나중에 그들과 좀 친해지고 난 후에 안 사실은 그들의 감정을 살피지 않은 소위 괘씸죄에 걸린 것이다.

초임 교감이 건방진 교감이었기 때문이다. 부임해서 자신들과 라포(rapport)를 형성하면서 이를 시행하지 않고 자신들을 무시했다는 것이다.

단기적 이득에 매달린 선생님들의 코끼리(감성)를 일단 인정하지 않고 무시한 것이다. 방향과 해결책만을 제시했지, 그들에게 코끼리(감성)의 강점인 동기를 부여하는 데 실패한 것이다.

'조직의 코끼리(감성)들을 제쳐놓고 기수(이성)들에게만 다가선다면 조직원들은 이해는 하되, 동기부여는 받지 못한다.'라는 것을 인식하지 못했기 때문이고, 또 '코끼리(감성)는 게으르고 변덕스러우며, 종종 장기적 이득보다는 단기적 이득에 매달린다.'라는 사실을 알고 접근하지 않았기 때문이다.

교사의 행복, leader와 함께

위에서도 말했듯이 요즈음 우리 교사들은 아이들과의 관계에서 많이 힘들어하고 있다. 교육 활동에서 '창의적으로 사고하고, 무언가에 집중하며 좌절과 실패를 인내하는 힘'인 교사의 정신 근육이 많이 소진되었다는 얘기도 한다. 정신 근육의 소진을 막아야 교사는 행복해질 수 있다.

수업 등의 영역에서 성공해야 한다. 그런데 그게 쉽지 않다. 정신 근육이 소진되고 있어서 일어서려고 해도 잘 안된다. 회복 탄력성[9]이 아주 많이 약해져 있는 것이다. 회복 탄력성을 높이는 노력을 leader와 교사 본인이 함께해야 한다. 어렵지만 한번 시도해 보자. 이를 위해 우리는 장애가 되는 환경 요인과 교사 요인을 극복해야 한다.

교사는 전문지식 영역, 수업을 이끄는 기술 영역, 마음가짐 영역, 생활 관계 영역 모두에서 유능해야 한다. 그래야 행복해진다. 아이들과의 관계에서 안 풀리는 것이 없을 것이기 때문이다.

『살아있는 학교 어떻게 만들 것인가』, 『학교란 무엇인가 1, 2』에서 교사의 행복과 직결되는 수업, 생활교육, 관계 만들기 등과 관련하여 중요한

---

9) 역경이나 고난, 실패에서 오는 절망과 무기력을 극복하는 힘

얘기를 많이 하고 있다.

수업에 대한 아이들의 동기부여를 위해 가장 좋은 방법은 교사가 아이에게 관심을 보이는 것임을 명심해야 한다. 수업에서는 결과가 아니라 '왜'라는 질문이 살아있는 수업을 적극적으로 해야 한다. 토론하는 능력을 갖추는 것도 중요하므로 토론 수업 등 토론 중심의 교육 활동을 해야 한다.

또 교사는 아이들의 감정을 받아주는 법, 아이들의 마음을 읽는 법을 익히고, 수업만큼 아이들과의 관계가 중요함을 알고 아이의 처지에서 자신의 행동을 변화시켜야 한다.

모르기 때문에 학생이므로 아이들은 실수할 권리가 있다는 것을 인정하는 열린 자세도 가져야 한다. 관심과 인정이 꽃피도록 해야 한다.

교사는 아이들에게 상처 주는 말을 하지 말아야 한다. 부정적인 커뮤니케이션이 1개 이루어졌다면, 호감과 존중을 보이는 커뮤니케이션을 5개 주어야 한다. 뇌 과학자들에 의하면 "경멸적인 대우를 받게 되면 뇌에서 스트레스 호르몬이 나와 스트레스 수치가 올라가는데 적어도 긍정적인 대우를 5번은 받아야 원상으로 돌릴 수 있다."라고 한다. 놀랍다. 아이들을 스트레스로부터 보호해야 한다.

정병태에 따르면 비난과 비방 섞인 말이나 경멸하는 의미가 담긴 말은 아이와의 사이를 멀어지게 한다. 또 지나치게 방어하거나 상황을 방관하는 교사의 자세도 아이의 마음을 닫히게 함으로 조심해야 한다.

교사는 아이들을 무시하는 태도를 버릴 때 지도력이 잘 먹히고 행복해진다. 가슴을 열고 아이들과 얘기하고, 기다리면서 아이들 마음의 문을 열게 해야 한다. 학교를 믿지 못하는 아이, 자신의 꿈을 찾지 못해 갈

팡질팡하는 아이에 대해 신뢰하고 기다려주어야 한다. 교사의 기다림은 선택이 아닌 필수다.

또 아이들의 뇌는 부정적 표현을 잘 처리하지 못하므로 긍정적 표현을 쓰도록 교사는 노력해야 하며, 아이의 감정은 무조건 다 받아주어야 한다. 아이들의 감정을 수용해 준다고 해서 감정에 따라 행동하도록 내버려 두라는 것은 아니다. 감정은 다 받아주되 행동은 제한해야 한다. 그래서 지난번보다는 바람직한 방향으로 행동할 수 있도록 도와주는 것이 중요하다.

교사는 아이가 건강한 인간으로 성장하는데 동일시 대상이 됨을 잊어서는 안 된다. 아이는 수업을 받아들이는 것이 아니라 교사인 사람을 받아들임을 명심해야 한다. 절망을 보이지 않도록 노력해야 한다. 교사가 아이들 앞에서 꿈과 희망을 말해야 한다. 아이도 따라 배운다는 사실을 잊지 말자.

교사는 또 아이의 불안을 제거해 주며, 아이들의 자아를 옹호해 주고, 때로는 부모가 되는 자애로운 사람이 되도록 노력해야 한다. 아이가 아니라 교사 자신이 아이들에게 먼저 다가가야 한다.

경쟁은 친구와 하는 것이 아니라 자신의 과거, 현재와 하는 것임을 상기시켜야 한다. 또 친구한테 배우게 해야 하는데 학생들이 공부한 자료를 탑재하게 하거나 또래 속에서 의견을 나누고 협동하며 경쟁하는 법을 배우게 해야 한다.

대중 앞에서 자기 생각을 말하고 자신과 의견이 다른 사람과 협상하는 능력, 나와 다른 사람의 문화를 받아들일 수 있는 능력, 질병이나 고통

받는 사람들을 이해하고 그들의 아픔에 동참할 줄 아는 소통 능력과 감수성을 키우도록 해야 한다.

연세대학교 서상훈 교수는 '체력은 곧 학력'이라고 했다. 운동에 많은 시간을 할애하도록 해야 한다. "운동하면 정서적으로 풍요로워져 BDNF라는 신경영양 인자가 증가하고 결과적으로 집중력, 창의성, 기억력 등의 뇌 기능도 높아진다고 한다."[10]

교사는 아이들이 친구들과 대화할 시간을 만들어 주고, 모르는 것을 스스로 발견하는 기회를 제공하거나 자유로운 생활을 할 수 있도록 많은 기회를 주되, 자유로운 만큼 책임을 묻는 시스템을 만들어 확실하게 실행하도록 해야 한다.

아이들이 자신들만의 꿈을 만들어 몰입할 때 교사는 행복하다. 우리 아이들이 행복한 꿈을 갖도록 도와주어야 한다. 아이들 마음 깊숙이 가라앉아 잘 보이지 않는 아이들의 꿈을 끌어내어 주어야 하는데, 적어도 꿈을 생각할 수 있는 계기를 만들어주어야 한다. 중학교 1학년의 경우에는 어느 정도 되고 있고 더 개선 가능하다고 본다.

우리는 한편 아이의 행복이 사회적 성공에 달려있다는 어른들의 잘못된 믿음을 버려야 한다. 사회적 성공에 집착하는 것은 아이의 잠재력을 사장하는 것이다. 아이의 처지를 이해해 주고 서서히 바른길로 이끄는 노력이 중요함을 인식하자. 서두르면 탈이 난다.

---

10) 인도의 마요칼리지고등학교 체력 훈련 사례, 민족사관고등학교 독서, 봉사, 심신 수련, 고전, 학술, 예술 등 6가지 분야의 일정 자격을 인증, 미국의 제퍼슨 고등학교는 '6시 30분 공부방'을 운영(스스로 시간 관리를 하게 하고 앉아서 공부하는 습관을 들이도록 하기 위함)

이처럼 환경 요인, 교사 요인을 잘 극복하여 아이들과의 관계에서 합리적이면서 교육적으로 타당한 방법을 적용할 때 교사들은 행복하지 않을까. 이 많은 지도 내용을 어떻게 실행해내느냐고 한숨을 쉬지 말자. 보통 정도의 마음만 먹으면 할 수 있다. 우리는 교사이기 때문이다. 이 정도는 교사가 갖추어야 할 상식으로 여기자.

아이들이 행복하면 교사도 행복하다. 그 역도 마찬가지다. 하지만 우리 교사의 행복으로 아이들의 행복을 만들어주자.

관계성을 중시하라

공동체성은 우리 사회, 우리 아이들이 가져야 할 사회 심리적 문화 요소다. 교육기본법의 교육 이념에도 공동체성은 매우 중요하게 언급되고 있다. 공동체성은 우리 사회가 지향해야 할 사회적 가치이자 학교가 추구할 교육목표다.

공동체 유지·발전을 위해 관계 능력을 키우는 것은 매우 중요하다. 우리는 서로의 존재를 거부감 없이 호명하고 인정할 수 있어야 한다. 나와 너의 공존이 통하고 존재와 가치의 상대성이 우리의 환경에 뿌리내려야 서로의 관계능력은 향상된다.

이를 가꿀 주체가 교사이므로 교사는 자기중심적이어서는 안 된다. 교사는 상호주의, 이타주의와 공동체성을 몸에 익혀서 진정성 있게 가르칠 수 있어야 한다.

"모든 어려움 뒤에는 인간관계에 따른 문제가 있다."라고 카네기는 말했다. 관계성의 중요함을 설파하고 있는 것이다.

관계능력 향상을 위해 중요한 것은 존중하고 인정하는 '더불어 공존하는 정신'이다. 상호성[11]의 철학이 필요하다. 관계능력은 이러한 기본 철학을 익히고 생활화하는 데서 키워진다. 관계능력이 어느 정도인지가 리더십에서 중요하다. 관계능력은 그냥 일상적으로 사람 간에 잘 지낸다는 그런 의미로 좁게 보면 안 된다.

이 관계성 리더십을 기르기 위해서는 기본 철학과 주요한 요소들을 몸에 익혀야 한다. 아래의 철학 요소가 leader의 사회적 DNA가 되면 좋겠다.

"남에게 대접을 받고자 하는 대로 너희도 남에게 대접하라."고 하는 마태복음 7장 12절, 누가복음 6장 31절의 '황금률'에서, "내가 하고 싶지 않은 것을 타인에게 베풀지 말라.(기소불욕己所不欲, 물시어인勿施於仁)", "내가 먼저 성공하고자 하면 타인을 먼저 그렇게 되게 하고, 내가 먼저 훌륭한 경지에 오르고자 하면 타인을 먼저 오르게 하라.(기욕입이입인己欲立而立人, 기욕달이달인己欲達而達人)"를 설파한 『논어』에서, 또 "윗사람에게서 싫다고 느꼈던 것을 아랫사람에게 시키지 않으며, 아랫사람에게서 싫다고 느꼈던 것으로 윗사람을 섬기지 않으며, 앞사람에게서 싫다고 느꼈던 것으로 뒷사람을 이끌지 않으며, 뒷사람에게서 싫다고 느꼈던 것으로 앞사람을 따라 하지 않으며, 오른쪽 사람에게서 싫다고 느꼈던 것을 왼쪽 사람에게 건네지 않는다.(혈구지도絜矩之道)"고 하는 『대학』에서 관계성의 기본 철학을 가져와서 일상생활에서 실천으로 세워내면 어떨까.

---

11) 상호성은 상호 존중과 호혜를 일컬음- 본문에서 인용한 문구에 고스란히 녹아있음. 이와 같은 중국의 상호성 철학을 서구 자유주의 정치철학에서는 너와 나의 공존 및 호혜성으로 해석함

구존동이求存同異[12], 역지사지易地思之[13], 老子의『도덕경道德經』22장 "자신의 관점으로 보지 않기 때문에 최고의 인식에 도달하고(부자견不自見 고명故明), 자신을 옳다고 하지 않으니 오히려 빛나게 되며(부자시不自是 고창故彰), 자기를 드러내지 않기 때문에 공이 있게 되고(부자벌不自伐 고유공故有功), 자기를 내세우지 않기 때문에 지도자가 된다(부자긍不自矜 고장故長)", 또 『老子의『도덕경道德經』2장 "대립면의 공존(유무상생有無相生)", 8장 "공평·돌봄·배려·겸손·유연(상선약수上善若水)[14]"도 '상호성' 철학의 의미가 있다.

이런 상호성 철학을 근간으로 하는 관계성 리더십이 교장, 교감은 물론이고 교사들의 self-leadership으로 자리 잡아야 한다. 이게 문화 현상이면 금상첨화다.

내가 크고 작은 조직의 장(長)으로 재직하면서 강조하는 것 중 하나가 관계성 강화다. 서로의 인격을 존중하고 상호 이익이 되도록 노력하며 서로 간에 혜택이 되는 교육 활동을 강조하는 것이다.

이를 위해 반복적인 연습이 필요하다. 그래서 많은 사람이 관계성 철학을 담고 있는 이와 같은 문구들을 몸에는 달고 마음에는 심도록 노력

----

12) 서로 다름을 인정하고 같은 점을 찾으려는 노력을 말함 (<書經>에 나오는'求大同存小異'를 중국 총리를 지낸 주은래가 인용하여 쓰면서 유명해진 말. 의견 차이가 큰 것은 뒤로 미루고 합의할 수 있는 것부터 시행하자는 실용적 의미가 있음)

13) 상대편의 처지에서 먼저 생각하고 이해하라는 뜻.(<孟子>에 나오는 성어인'易地則皆然'에서 따온 말로, 처지가 바뀌면 모두가 그러했을 것이라는 뜻임)

14) 상선약수는 '가장 위대한 선은 물과 같다'는 것으로, 물은 아래로 흘러 수평을 이루는 본성을 가지므로 공평에 비유되며, 물은 낮게 흐르면서 예외 없이 구석구석을 적셔줌으로써 만물을 키워주니, 이는 구성원 개개인에 대한 돌봄, 배려, 겸손에 비유됨. 또한, 물은 담기는 그릇이 달라도 겉으로 드러나는 몸은 저항하지 않고 언제든지 바뀌므로 유연함에 비유됨

해야 한다.

나는 새 임지로 전보 갈 때마다 그곳에서 위의 기본 철학을 담은 문장을 프린트하여 코팅하거나 작은 문서첩을 만들어서 나누어 주고 외워 보라고 권해보기도 한다.

또 갈등이 있는 핵심과제를 교장, 교감, 부장을 중심으로 추출하여 공론화해서 상호성을 공적 자원으로 승화하는 작업을 하기도 한다.

'이런 것은 하고 이런 것은 하지 말자'라는 약속을 해보는 것도 관계성 철학을 실행하는 한 방법이다.

상호 간에 주고받는 일종의 신사협정(양해각서) 같은 것을 맺는 것이다. 우리 정서에서는 좀 어색해 보이지만 괜찮은 방법이다. 문서로 관계성(상호성)을 확보하는 것이기 때문이다.

또 하나는 교육 전문직 선배가 한 말이 관계성과 관련이 있어 보여서 인용해 본다. 나는 '식음지정(食飮之情)'이라는 말을 자주 들었다. 그것은 조직 구성원들과 자주 식사도 하고 차도 마시는 것이다. 상호성(호혜성)의 가장 기초적인 것이 먹고 마시는 것인데, 서로 품앗이하면서 나눈다. 밥과 음료 및 정보라는 상호 이익을 서로 나누는 것이다. 그래서 나는 크고 작은 조직에서 leader로서 자주 식사도 하고 차도 마시려고 의도적으로 노력하고 있다.

하여튼 leader가 잊지 말아야 할 관계성의 핵심은 상대를 존중하고 배려하고 나보다 먼저 그들의 이익을 챙겨주는 것이다. 그들의 이익을 먼저 챙겨주면 내게도 그것이 돌아온다. 반복적으로 습관화하여 완전히 몸에 익혀야 한다. leader가 관계성 강화의 깃발을 높이 들어야 한다.

진정(authenticity)하면 통한다

관계성을 기본으로 하되 이를 좀 더 강화하는 요소로 삼을 수 있는 것에는 무엇이 있을까. 진정성 리더십이다.

진정성은 '자기 인식에 의한 내적 자아(private-self)와 타인에게 보이는 외적 자아(public-self)의 일치'를 말한다. 즉 자아를 명확히 인식하고 있는 사람들은 주위의 기대에 따라 행동하지 않고 자신의 정체성의 본질과 일치하는 삶을 산다. 눈치를 보며 행동하는 게 아니라 소신껏 자신의 가치와 신념에 따라 행동하면서 leader 자신의 안과 밖을 일치시켜 나간다.

leader의 진정성은 그 구성원에게 진실한 것으로 보인다. 그 사람의 행동이 진정으로 조직의 내재적 목표에 부합하는 것으로 드러날 때 구성원은 감동하고 자기 일에 동기부여를 하게 된다. '저런 leader를 믿고 어찌 따르지 않겠는가?'라는 동기가 발동하는 것이다. 또 이런 leader는 조직의 구성원이 leader의 행동과 철학 등에 공명하여 스스로 성장하려는 동기를 갖게 하는 역할도 한다.

직장의 일상에서 조직의 leader가 어떤 일을 열심히 하더라도 '저 사람이 열심히 하는 것은 분명히 어떤 저의가 있을 거야', '저 사람은 자신의 입신양명을 위해 일하는 사람이야.' 등으로 폄하하는 말들을 우리는 간혹 듣는다.

이런 경우에는 그 leader가 아무리 자기 일을 열심히 하더라도 구성원들은 'leader가 열심히 하니 나도 열심히 해야지'라는 식의 동기부여를 하면서 일하지 않는다. 구성원들은 그를 겉과 속이 다른 사람으로 보기 때문이다.

예를 들어 어떤 leader가 교사들을 설득하면서 열심히 교육 활동을 하는데도 그 과정과 결과가 교장 개인의 출세를 위한 어떤 과시성, 전시성 활동으로 보일 때를 우리는 간혹 보아왔다.

어떤 성과를 만들어 외부에 내보이는 문서를 작성하게 한다든지, 상급 기관의 장을 모시고 보이기 위한 과한 행사를 한다든지, 외부에 널리 알리는 활동을 주로 한다면, leader의 겉으로 보이는 행위가 일 본래의 본성과 내재적 목표에 안 맞는 것으로 보인다. 이런 경우 leader가 아무리 열심히 하더라도 진정성 리더십은 발휘되지 않는다.

교사들은 겉과 속이 다른 leader를 신뢰하지 않는다. 그들은 지식인으로서 양심과 도덕성으로 무장된 사람들이기 때문이다. 그들에게는 진정성만이 통한다.

내가 2013년 ○○고등학교 교감으로 근무할 때의 일화다. 지금도 일반고 아이들은 수업 시간에 많이들 잔다. 특히 수업 내용을 따라가기 어려운 아이들은 거의 그런 생활을 하면서 하루하루를 고통 속에서 보낸다. 10년 전에도 그랬다. 요즘은 대안(교양)교육과정으로 정책화되어 있지만, 당시에는 이런 교육과정은 꿈도 못 꾸었다. ○○고등학교에도 예외 없이 수업 시간에 꿈과 목표도 없이 고통스럽게 방황하는 아이들이 많았다.

학교와 선생님들은 이 아이들을 위한 어떤 대책도 갖고 있지 않았다. 또 선생님들은 새로운 일을 맡아서 하는 것을 힘들어했다. 그래서 당시 교감인 내가 나섰다. 보라매청소년수련관, 문래청소년수련관 관계자를 만나서 무기력하게 하루하루를 힘들게 생활하는 우리 학교 아이들의 실상을 말해주고, 대안(교양)교육과정을 만들어 보자는 제안을 하게 되었다. 그 기관의 전문가들도 흔쾌히 동의하고 지원해 줘서 새로운 교육과정을 짰다.

당시 필수 이수 단위가 있었기 때문에 필수 이수 단위를 이수하지 못한 1학년은 제외하였고, 3학년도 진로직업과정으로 대체하였다. 부족하지만 1, 3학년은 그렇게 보충하였고, 2학년은 오전에는 정규교육과정을 이수하고, 오후에는 대안교육과정을 이수하기 위해 자기 교실 밖으로 나와 새로운 학급에서 색다른 수업을 하게 하였다.

교육과정은 운동, 봉사, 체험, 학습 영역의 네 영역으로 나누어졌다. 아이들은 고1의 2학기가 되면 주요 교과 수업을 거의 포기한다. 그래서 나는 초기 단계에서는 학습 활동을 부차적으로 배치하였다. 학교생활에 행복감을 느끼도록 주로 운동, 체험 영역을 집중적으로 배치하였다.

아이들은 행복해했다. 아이들은 학교생활이 즐거우니 학습에도 어느 정도 흥미를 느꼈고 생활도 성실하게 하였다. 당시에는 이 일이 교감이 할 일이 아니어서 다소 어색했지만, 교감이 그렇게 헌신하는 모습이 좋아 보였는지 선생님들이 마음을 열고 교감하면서 적극적으로 소통했다. 그리하여 학교는 조금씩 변화의 동력을 찾아갔다. leader의 진정성과 솔선이 그만큼 중요하다는 것을 나는 느꼈다. 선생님의 어려움을 들어 줄 수 있는 것은 무조건 하는 게 좋다. 내 몸과 마음은 좀 고달프지만 그렇게 하면 그들에게는 leader의 노력이 교육을 사랑하는 진정성으로 느껴질 수 있다.

뒤를 따라 배운다

솔선수범은 남보다 앞장서서 먼저 행하는 것을 말한다. 우리는 솔선수범을 조직의 leader들이 갖추어야 할 리더십 덕목으로 많이 강조하고 있다.

솔선수범은 지시하는 것보다는 직접 손수 행함으로써 모범을 보이는 것이다. 이는 자기 일을 게을리하는 구성원들에게 현재 하는 일의 태도를 점검하게 한다. 또 솔선수범은 성찰적 노력으로 도덕적 강제를 스스로 하게 하는 심리 기제가 된다.

솔선수범은 leader가 구성원에 대한 존중심을 갖고 먼저 나서서 구성원을 도와주는 리더십이다. 이것은 구성원을 성장하게도 함으로써 구성원들에게 leader에 대한 신뢰를 준다. 이는 신뢰 관계망과 공동체를 구축하는 역할을 한다.

"leader는 큰 것을 약속하기에 앞서 작은 것부터 행동으로 증명해 보여야 한다. '하라'라고 하면 조직은 변화하기 힘들다. '하자'라고 하면 조금 변화할까 말까이고, leader가 내가 '할게'라고 해야 비로소 변화의 불씨가 옮겨붙기 시작한다."라고 김성회는 말하고 있다.

솔선수범은 leader가 지시하기보다는 몸소 먼저 움직이는 것이 구성원들에게 더 잘 통한다는 사실을 우리에게 알려준다. 특히 지식인으로 구성되어 있거나 moral hazard가 있는 조직에서는 잘 통한다.

강대성은 『논어(論語)』 자로편(子路編)을 인용하면서 솔선수범을 강조하고 있다. "자로가 정치에 대해 여쭈니 공자 가로되 '솔선수범하여 노력하라.' 자로가 더 말씀해 줄 것을 청하자, 공자 가로되 '게을리하여 싫증 내지 마라'라고 하였다." 이는 솔선수범이 그만큼 실천하기 어렵다는 것을 말해준다.

시경(詩經)에 "투아이도(投我以桃), 보지이리(報之以李), 복숭아를 던져주자, 오얏(자두)으로 보답한다."라는 말이 나온다. 이는 '윗사람이 먼저 베풀면 아랫사람이 보답한다'라는 뜻이다. 이 또한 솔선수범 정신을 말하고 있다.

학교에는 교사들과 아이들을 생각하여 그들의 불편함과 요구 사항을 먼저 나서서 해소하려는 leader가 많이 있다. 또 교사들의 능력을 키우기 위해 각종 연수나 연구 모임을 지원하는 leader도 있다. 이런 leader가 교사들과 아이들, 학부모에게서 두터운 신뢰를 받는 것을 본다. 이런 학교의 교사들은 leader가 솔선수범함에 따라 자신들도 아이들을 위해 먼저 솔선수범하게 된다. 신뢰문화는 각자 하는 일에 최선을 다하게 유도한다.

나는 성격상 조직이 해야 할 일을 두고 남을 시키거나 지켜보는 것에 좀 서툴다. 주로 내가 나서서 먼저 해버린다.

학교에서 구성원이 자기 일에 책임을 다하지 못하면 야단을 치거나 명령을 하는 것보다는 내가 나서서 먼저 한다. 그때는 그들이 함께하면서 일을 잘 마무리 한다. 혹자는 leader가 그렇게 하면 구성원이 불편하니까

하지 말라고 한다. 그러나 구성원의 마음속에는 미안함이 있으므로 이게 동력이 되어 자기 일에 책임을 다하는 자세를 취한다고 나는 생각한다.

예를 들어 우리 학교의 경우를 보자. 청소예산이 많이 들어감에도 학교 구석구석에 정리 정돈 등이 잘 안된다. 관련하여 어려움이 있다. 학교 예산 사정상 청소 인력을 무작정 늘릴 수도 없고 청소 업무에 대한 시시비비가 생기기도 해서 시설 주무관에게 그런 업무 지시를 내리기도 쉽지 않다.

그러니 교장이 나서서 정리 정돈 등의 청소를 하거나 벤치를 닦기도 한다. 심지어 운동장을 고르기도 한다. 또 요즘은 여선생님이 많아서 힘들게 힘을 쓰는 일에서 어려움이 더러 있다. 나는 이런 때에 몸을 사리지 않고 거들어준다. 대수롭잖게 보이지만 이런 솔선수범이 모여서 그만큼의 신뢰를 쌓게 된다.

이 신뢰 자본은 학교운영에 매우 중요하다. 교장은 교장실 내의 독거 교장이 아니라 어려운 일이 있는 곳에 늘 함께 있는 살가운 동거 교장이 되어야 한다.

상봉중학교에서의 에피소드 하나를 더 얘기하겠다. 코로나 상황이어서 아이들이 음수를 갖고 다니는 것으로 방침이 정해졌다. 하지만 아직 어린아이들이어서 텀블러에 물을 갖고 오지 않기도 하고 가져와도 모자라니 교무실에 찾아와서 교무실의 정수기 물을 달라고 하기도 했다. 그래서 선생님들이 힘들어했다.

이때 교장인 내가 나서서 교장실에서 아이들 음수를 보충해 주었다. 이런 것이 솔선수범이라고 생각한다. 선생님들에게 믿음을 주는 것 같고 아이들도 교장실에 와서 이런저런 얘기를 하면서 좋아했다. 도랑 치고 가재 잡는 형국이랄까. 나쁘지 않았다. 선생님들에게 교장의 신뢰가 얼마나 쌓였는지는 잘 모르겠지만 눈빛을 보니 그럭저럭 괜찮아 보인다. 아이들에게는 신뢰가 많이 쌓였음을 느낀다. 아이들은 내가 복도 등을 지나가면 내 이름을 부르면서 하트를 날린다.

내가 상봉중학교와 ○○고등학교에서 행한 은근하지만 중요한 일이 또 있다. 이는 선생님들의 노고를 덜어드린 경우다. 학교에서 하는 주요 교육 활동을 선생님들이 역사 기록으로 남기는 것은 공식적인 결재 활동을 통해서 가능하지만, 의도적으로 하지 않으면 잘 안되는 게 있다. 홍보 등으로 자료를 남기는 것이다.

주요 교육 활동을 홍보하면서 학교 자료로 남기는 것이 중요하다. 이는 의미가 있으나 선생님들의 품이 많이 들어 딱히 강요하기는 어렵다. 그래서 나는 '교장 기자'를 자처하며 학교의 주요한 행사나 특색 있는 프로그램의 경우에는 e-서울교육 소식에 탑재하여 널리 알리고 있다.

이는 그들의 노고를 아끼고 시간을 절약하게 하여 그 시간을 다른 곳에 쓰도록 하는 효과가 있다. 작은 일이지만 이로 인해 선생님들은 조금의 행복감과 신뢰감을 쌓았을 것으로 생각한다. 이 또한 은근히 돕는 솔선수범의 리더십인 것 같다. 선생님들이 작은 행복을 누릴 수 있으면 좋겠다.

진짜 통(通)하게 하자

'소통'의 사전적 정의는 '막히지 아니하고 잘 통함', '뜻이 통하여 오해가 없음'이다. 연구자들은 소통의 가장 기본 요소는 '말'이고, 소통은 이 기본 요소인 '말'과 몸짓 등 그 외의 수단을 서로 나누는 것이라고 본다.

소통은 단순하게 '말'에 의한 서로 간의 의사 전달과 피드백만을 말하지 않는다. 소통에는 가장 본질적으로 자리 잡아야 할 주요 요소들이 있다. 소통을 원활하게 하고 소통의 질을 높일 중요한 요소다.

입에 발린 '말'만이 무성하고 난무하는 소통이 아니라 서로를 존중하고 공감하며, 종횡으로 끈끈한 관계를 든든하게 지지하는 공동체성을 지향하는 소통이 진정한 소통이다.

소통에는 소극적 소통과 적극적 소통이 있다. 소극적 소통은 의례적인 말 등에 의한 아주 형식적 소통이다. 이는 성의와 정성, 공유된 비전, 진정성, 솔선수범, 따뜻함, 겸손, 경청, 성찰 등이 뿌리내리지 않은 소통이다. 조직의 유지에 가장 기초적인 도움을 주는 것으로 조직을 최소한으로 움직이게 하는 정도의 소통일 뿐이다.

한편 적극적 소통은 소극적 소통의 문제를 극복하는 것으로 조직 구성원이 서로 신뢰하고 존중하며 서로가 성장하기 위한 다양한 노력을 뒷받침하는 소통이다.

다시 말해 성의와 정성, 공통의 비전, 진정성, 솔선수범, 따뜻함, 겸손, 경청, 성찰 등이 기본으로 작동하는 소통이 적극적 소통이다.

토론을 일상화하되, 겸손하게 상대의 얘기를 경청하면서 생활하고, 함께 만들어낸 공통의 목표를 향해 성의와 정성을 다하여 따뜻한 협력을 하며, 진정성을 갖추고 내가 먼저 나서서 일을 해나가는 구성원들의 소통을 말한다.

이런 적극적 소통은 신뢰 문화를 구축하기 때문에 공동체성을 지향하는 소통이 가능하고 끈끈한 동지애가 흐르는 소통이다.

어떤 학교에 위의 적극적 소통의 요소들이 교사들 사이에 지속하여 흘러 튼튼한 그물 같은 관계망을 만든다면 얼마나 멋질까. 그런 그물망은 소극적 소통에서 야기된 어지간한 오해를 이겨내는 힘을 주면서 조직을 단단하게 만들 것이다.

적극적 소통이 잘 되는 조직의 leader는 앞의 여러 chapter에서 언급한 성의와 정성, 공통의 비전, 진정성, 솔선수범, 따뜻함 외에 겸손[15], 경청[16],

---

15) 『呂氏春秋』 "망국의 군주는 반드시 스스로 교만하고, 스스로 지혜롭다고 여기고, 스스로 사물을 경시한다." 『孟子』 "왕이 인자한 정치를 하면 백성들이 윗사람을 존경하고 그를 위해 목숨을 바친다" 『資治通鑑』 "스스로를 높이려고 하면 사람을 잃고 무너지게 되고, 스스로를 낮추면 사람을 얻게 된다."(조윤제)

16) 『資治通鑑』 겸청즉명(謙聽則明), 편신즉암(偏信則暗) "겸허히 여러 의견을 들으면 현명해지고, 편벽되게 한쪽의 말만 믿으면 아둔해진다."

성찰[17]의 중요성을 강조하고 있다.

아래 각주의 성현 말씀을 몸에 익히면 좋겠다. 나의 경험으로 볼 때 적극적 소통은 쉽지 않다. 성의와 정성, 공유된 비전, 진정성, 솔선수범, 따뜻함, 겸손, 경청, 성찰 등이 담기지 않은 건성 건성의 소통은 지식인 집단인 학교에서는 오히려 뿔뿔이 흩어짐과 불신을 낳는다.

그러므로 적극적 소통의 요소를 잘 익히고 실천해야 한다. 이런 교사들로 이루어진 조직에는 은은하면서도 도도한 늘 진짜 소통의 흐름이 만들어질 것이다. 학교라는 지식인 사회의 leader는 적극적 소통을 하기 위해 최선을 다해야 한다.

○○교육지원청 교육지원국장, ○○교육지원청 교육장, ○○고등학교 교장, 상봉중학교의 교장으로 있을 때 수시로 강조했던 것이 있다. 민주성, 자주성 등 몇 가지 가치의 공유와 이에 따른 전략의 확인이었다. 또 솔선수범하면서 정성을 다하여 직원을 대하는 것이었다. 특히 아이들과 교사들을 소중하게 대한 경험이 생생하다.

---

17) 『孟子』 "자신을 돌아보기(行有不得 反求諸己)"를 게을리하지 말라고 한다. 『論語』 "사람은 성인(聖人)이 아닌데 누가 잘못을 저지르지 않겠는가. 잘못을 저질렀어도 고칠 수 있다면 그보다 더 나을 수 없다. "잘못하거든 고치기를 꺼리지 마라. 過則勿憚改", "잘못을 알면서 고치지 않는 것 그것이 바로 잘못이다. 過而不改 是謂過矣"

대강대강 하되 철저히 하라

리더십에 대한 논의는 참으로 많다. 그중에서 우리가 취해야 할 중요한 리더십이 있다.

leader는 권한 위임을 최대화하고 그 위임 받은 권한의 행사에 대한 책임감을 확보(empowering)하는 것이 중요하다. leader가 일 하나하나에 개입하고 간섭하고 지시하는 것은 바람직하지 않다.

『韓非子』에 이런 말이 있다. "군주가 마음을 비우고 기다려 주면 신하들 스스로가 능력을 발휘한다."

leader는 대강화(大綱化) 리더십을 발휘해야 한다. 자신이 틀을 짜놓고 강요하거나 세세하게 건건이 개입하여 지시하지 않아야 한다. 방향만 제시하고 세부적인 것은 업무 담당자 본인들이 채워 넣도록 하면 된다.

믿고 맡기는 것이다. 구성원은 자신이 존중받고 있다는 느낌이 들기 때문에 일할 맛이 나고, 해보고 싶은 동기를 가지게 된다. 이때 구성원들은 자신의 능력을 발휘하면서 스스로 책임지고 일을 해낸다.

노자의 무위(無爲)의 리더십이 바로 이런 것이다. 구성원을 leader의 어떤 틀 속에 가둬두고 자기 생각과 의도대로 몰아가지 않는 리더십이다.

한편 leader는 이미 만들어진 조직의 방향과 비전이나 전략을 썩혀두지 말고 수시로 강조해야 한다. 이후에는 인내심을 갖고 기다리면 된다. 지켜보는 것이 정말 중요하다. 또 leader가 책임감(책무성)[18]을 먼저 거론하지 말아야 한다. 그러면 무서워서 일을 안 하려고 한다.

후지사와 구미는 "최고의 리더는 지시하지 않는다."라고 한다. 조직원 한 사람 한 사람이 가슴 뛰게 스스로 행동할 수 있도록 목표(비전)를 제시하고 권한을 위임하라는 것이다. 물론 leader는 비전을 잘 다룰 수 있어야 한다.

또 leader는 미래의 큰 흐름을 제시한 후 조직원에게는 구체적인 미래상을 그리게 하고 조직의 철학과 leader의 조직 운영철학을 조직원이 공유할 수 있도록 노력해야 한다.

나는 이 대강화 리더십의 효과에 확신이 있다. 교육(지원)청에 있을 때 다소 진지하게 실천해 봤다.

회계연도가 시작될 때는 반드시 내가 행해야 할 전략과 방침을 말하고 이를 월례 직원회의나 작은 단위 회의 때 반복하여 강조했다.

구체적인 업무 보고를 받거나 협의할 때는 주로 듣고 그들이 하고자 하는 대로 동의해 주었다. 심지어 기관장인 나의 전략과 방침을 토론하게 하였다. 전략과 방침이 아래에서 토의·토론되어 정해지면 더 좋다.

이 결과는 다소 놀라운 것이었다. 구성원이 전략과 방침을 외울 정도였다. 물론 나는 업무를 세세하게 알고 있었다. 그래야 과잉 자율성과 클

---

18) 책무성이 법령과 지침에 의한 책임을 지는 것이라면, 책임감은 책무성보다 더 강한 의미로 인간적, 도의적 책임을 지는 것을 말함

루지[19]가 있는지를 알 수 있기 때문이다.

leader는 전략과 방침은 철저히 함께 만든 후 이행하도록 하고 세세하게 위임받은 것은 그 전략과 방침 속에서 행하도록 해야 한다.

---

19) 여러 결정 중에서 타당하거나 합리적이지 않은 결정(조잡한 결론)

조직변화에는 몇 가지 원칙이 있다

명확한 비전을 갖고 교사를 지식인답게 대해 주며, 학교에 헌신적이고 업무처리가 투명하며, 열린 사람이라서 다가가기 쉽고, 교사를 신뢰하며 인간적 대우를 해 주는 leader가 있는 학교는 좋은 변화를 보인다고 한다. 교사들이 동기부여를 받고 동료들과 의미 있는 협력을 하여 효능감을 얻게 되기 때문이다.

반면에 교사들이 하는 일을 인정해 주지 않고, 지원을 못 받고 있다는 생각이 들게 하며, 괴롭힘을 당하고 있다거나 홀로 버려져 있다는 느낌이 들게 하고, 심지어 의심스러운 직원들을 배제하는 leader가 있는 학교의 교사들은 업무에 제대로 전념하지 못한다고 한다.

그렇다면 우리 학교의 leader는 어떻게 교사를 이끌어야 할까.

학교의 leader는 교사들에게 꿈과 비전을 명료하게 하고 이를 수시로 강조하여 조직이 가는 방향과 목표를 제시해야 한다. 아울러 권한 위임을 과감하게 하되 의사결정을 시스템화하고 '민주적 학교운영 규정'을 제정하며 leader의 결재량을 과감하게 줄이는 전결 규정을 만들어야 한다. 전결 규정이 정비되면 이를 반복하여 정착시켜야 한다.

leader는 합의하기 어려운 사항은 미결로 남겨두고 천천히 결정해야 하며, 또 교사들의 활동에 대해서 믿고 기다리면서 서두르지 않고 숙의

(熟議)하여 결정해야 한다.

leader는 대화를 많이 하되 가능한 한 말을 아끼고 섣부른 약속은 하지 않아야 한다. 교사에게는 자질구레한 얘기라도 많이 하게 하고 잘 들어야 한다. 어떤 것이든 가능한 한 교사들이 제안하도록 하고 leader가 지시하듯이 제안하지 않도록 한다. 교사들의 요구나 욕망의 표현은 최대한 반영하고 누구든 학교 행사를 끝내고 나면 크고 작은 일이라도 꼭 격려의 말 등을 전해야 한다.

leader는 일보다는 사람을 먼저 생각하는 자세로 임하고 고충을 잘 들어주어야 한다. 업무를 처리할 때 교사들의 일을 덜어주는 솔선수범을 보이면서 구성원에게 스트레스를 주거나 책임을 전가하는 행동은 절대로 하지 않아야 한다.

이외에 변화를 위해 leader가 추구할 몇 가지 원칙을 J.P.Kotter가 제시하고 있다. 참고할 만하다.

첫째, Model을 제시한다. leader는 자신의 가치관을 분명히 밝힘으로써 자신의 목소리를 내되, 공통의 가치를 교사들과 함께 만들고 이를 자기 행동과 일치시켜 보여야 한다.

둘째, 공통의 비전을 고취해야 한다. 새롭고 신나는 미래를 제시하면서 가능성을 상상하게 하고 공통의 열망을 담아 공통의 비전을 만들도록 한다.

셋째, 틀에 박힌 과정에 도전하도록 격려한다. 변화, 개선, 성장을 위한 혁신적 방법을 찾는 기회를 모색하도록 하고, 지속하여 작은 승리를 맛보도록 한다. 또 실패에 실망하지 않고 거기서 배우도록 한다.

넷째, 교사들이 행동하게 한다. 협력 가능한 목표 수립과 신뢰 구축으로 협동의 정신을 배양하도록 한다. 권한(력)과 재량권을 위임해 줌으로써 사람들의 힘을 길러준다.

다섯째, 사기를 높여줘야 한다. 개인의 성과를 칭찬함으로써 그 기여를 인정하고 공동체 의식을 창출하도록 한다.

여섯째, 모든 사람이 위기감을 가지도록 하고, 변화를 위한 '선도팀'을 구성한다. 이 선도팀은 영향력·전문성이 있는 교사, 평판이 좋은 교사, 여러 면에서 검증된 교사들로 구성하는 것이 좋다. 상봉중학교 '오늘보다 나은 내일 TF팀' 구성·운영은 참고할만하다.

나는 어떤 조직에 가든지 먼저 변화의 중심 인자를 세우는 작업부터 한다. 조직 전체 구성원이 변화의 동력이면 더 바랄 게 없겠지만, 실상은 그런 조직은 없다. 장학사 조직에 있을 때는 장학사들의 학습 조직을 의도적으로 만들었고 학교에는 교사들의 변화 선도팀을 만들어 본 적이 있다.

예컨대, ○○교육(지원)청에 근무할 때는 각 학교에 '우리 모이세(우모세)', '우리 만드세(우만세)', '우리 가르치세(우가세)' 조직을 만들어 이를 모델화하였다. 분명한 지향점을 만들어 학교 구성원이 공부하는 조직을 세우도록 독려하였다. 학교별 편차는 있었겠지만, 이 '3우 정책'이 학교의 변화 동력이 되었을 것으로 본다.

나는 각 학교에 이런 선도 조직을 만드는 게 매우 중요하다고 판단하여 ○○교육지원청 정책으로 시행하였는데 아직도 그곳 정책으로 시행되는 것 같아 보람이 있다. 더 나아가서 교원학습공동체의 모태가 되었다고 생각하니 자부심도 생긴다.

서로 성장하는 교육이 되게 하라

우리는 송나라 선종(禪宗)의 화두집인 『벽암록』에 나오는 줄탁동시(啐啄同時)를 교육 활동에서 매우 소중한 교육철학으로 받들어야 한다. 병아리가 21일이 지나 알을 깨고 나오려면 밖에서 어미가 껍질을 쪼아주고 안에서는 새끼가 알을 깨야 한다.

협동과 상생의 교육이 되어야 한다. 교사, 학생이 서로를 신뢰하고 사랑으로 배우고 가르쳐야 제대로 교육 목적을 달성할 수 있다. 특히 요즘같이 '교사는 있으나 스승은 없다'라는 시대적 냉소를 치유할 수 있는 대안적 사유 요소로써 줄탁동시를 중요하게 여겨야 한다.

알을 깨고 나오는 병아리의 생명을 향한 근원적 몸부림처럼 학생은 배움에 대한 열정을 가지고 선생님에게서 열심히 배우고, 선생님은 새 생명을 탄생시키려는 자식에 대한 무한한 사랑을 가진 병아리 어미처럼, 학생에 대한 사랑으로 학교 공동체를 만들 수 있는 교육환경의 조성을 위해 노력해야 한다.

'플라톤의 비유'처럼, 교사는 동굴 밖의 밝은 진리를 전하여 학생을 깨우치게 하는 선지자가 되어야 하고, 학생은 어두운 동굴에서 두려움을 떨치고 용기와 가상한 노력으로 새로움을 찾아내는 개화인이 되어야 하는 것이 줄탁동시다. 교사와 학생의 동굴 속의 줄탁동시 하모니, 멋지지 않은가.

　교육의 시장주의화가 진행되면서 진정한 사제동행이 점점 그 순수한 모습을 잃어가고 있다. 학생과 학부모는 배움을 사회적 지위획득과 부를 얻기 위한 수단으로 여기고, 교사는 교육 활동을 생활 영위의 직업 활동 정도로 여기는 도구적 가치가 지배하는 이때, 이런 서글픈 교육 현실을 극복할 수 있는 진정한 교육 사유 요소가 플라톤의 동굴이요, 줄탁동시라고 생각한다.

　교사의 올바른 역할 수행이 매우 중요하다. 우리 공교육이 올바로 자리매김하기 위해서는 우리를 둘러싸고 있는 교육환경과 조건이 아무리 어려울지라도 교육 활동의 중심에 있는 교사가 교사의 역할을 제대로 수행하면 올바른 교육은 가능하다.

　교사는 지식이나 기능만을 가르치는 것이 아니라 학생이 전인으로 성장할 수 있도록 도와주는 스승이어야 한다. "교육애는 학생에 대한 사랑이고, 진리 탐구에 대한 사랑이며, 가르치려는 열정이다. 또한, 계속 향상하려는 열망이다."라는 말처럼 이를 실천하는 실천가가 교사다.

　교직이 '인간의 행동을 변화시키고 사회발전에 중대한 역할을 하며 사회봉사직으로서 국가와 민족에 지대한 영향을 주는 특수한 직업'이라고 본다면, 교사는 전문직으로서 최선을 다하는 선도적인 존재여야 한다.

　leader가 교사들과의 공적인 자리에서 끊임없이 강조해야 하는 것이 있다. 시대가 아무리 교육을 폄훼하고 중요하게 여기지 않을지라도 우리는 늘 아이들과 교육을 염두에 두고 자기 연찬을 생활화할 것을 교사들에게 강조해야 한다. 교직 경력에서 일정 정도의 기간이 지나면 발전하기 위해 노력하는 교사들이 많지 않다. 아이들이 열심히 공부하도록 앞장서서 모범을 보이는 교사들의 자기 연찬이 매우 중요하다.

지극히 개인적인 얘기지만 나의 아내가 교사인데 정년을 얼마 남겨두지 않았는데도 쉼 없이 연수받으면서 자신의 전문성을 높여가고 있는 모습을 보면 존경심이 절로 솟아난다. 우리 모든 선생님이 존경받는 세상이 되었으면 좋겠다.

시대를 이끄는 교사가 되게 하라

우리는 온고이지신(溫故而知新), 가이위사의(可而爲師而)라는 공자의 말씀을 잘 실천해야 한다. 고여 있는 물은 썩는 법이다. 새로운 변화가 몰려오는데 옛것에만 안주해서는 안 된다. 늘 주변의 변화를 벗 삼아 함께 흘러야 한다. 옛것을 거울삼되 새것을 익히고 살필 줄 아는 그런 교육자가 되도록 노력해야 한다.

경쟁의 시대에 협동만을 교육철학으로 삼을 수 없고, 자유의 시대에 평등만을 화두로 고집할 수 없듯이, 또 평등의 시대에 자유만으로 퇴행할 수 없다. 21세기는 거친 파도처럼 폭우 후의 심한 격류와 같이, 우리를 여지없이 몰아가고 있는데 이는 우리 교육자들에게 많은 것을 요구하고 있다.

우리 교육자는 사고와 행동이 고여 있는 물처럼 정적이어서도 안 되겠지만 스스로 노도와 격류가 되어 혼돈과 무질서를 만들어서도 안 된다는 신념으로 교육 활동을 해야 한다.

'교육이 변해야 미래가 보인다.'라는 말처럼 이제 교육 주체들이 사고의 패러다임을 바꾸어야 한다.

20세기 아날로그 시대는 질서와 서열과 자기 생존을 중시하였지만, 21

세기 디지털 전환 시대는 창조적 파괴와 상생의 네트워크를 중시한다.

교사는 자기혁신을 부단히 추구하는 존재여야 한다. 우리는 자기혁신으로 정말 즐겁고 신바람 나는 교육 활동을 펼쳐 우리 학생들이 행복하게 자랄 수 있도록 해 주는 선생님, 즉 훌륭한 스승, 존경받는 스승으로서의 교육자가 되어야 한다.

우리는 교육 주체들의 '창의적 사고' 함양을 위한 노력을 중요하게 생각해야 한다. 창의적 능력은 인류발전을 위한 가장 중요한 자산이다. 영국의 역사가 아놀드 토인비는 '창조적 소수가 비창조적 다수를 이끌어 가는' 것을 역사발전이라고 했지만, 21세기 디지털 전환기에는 창조적 소수에게만 의존할 수 있는 그런 시대가 아니다. 우리 교사들은 창조적 다수의 협동적 네트워크에 의해 우리 삶의 질을 높이는 교육으로 만들어 가야 한다.

이를 위해 우리는 학교 수업을 변화시켜야 한다. 교사들은 협동 학습 등 수업 방법을 바꾸어야 하고, 학교와 교육(지원)청은 교재 내용을 재구성할 수 있도록 지원해야 하며, 학교 현장의 환경 개선으로 다양한 독서 활동과 체험 중심의 과학 활동을 적극적으로 지원하는 등 미래 학교를 구축하기 위한 노력을 소홀히 하지 않아야 한다.

교사들이 늘 하는 말이 시간이 없고 힘들어서 연수받기가 어렵다고 한다. 틀린 말은 아니다. 아이들과의 학교생활에서 교사들이 체감하는 노동 강도는 매우 세다. 그렇지만 교사들은 미래사회의 변화와 교육, 나의 변화를 위해 지속적인 노력을 해야 한다.

심지어 leader는 학교 수업의 최소한을 충족하는 교육과정을 편성하고 교사들이 시간 여유를 갖고 학습에 임하도록 노력해야 한다. 불가능하다고 말하지만 찾아봐야 한다. 교사들에게 일과 중 여유분 시간을 만들어줄 수 있는지를 살펴봐야 한다. 몇 사람의 선도적인 교사를 힘껏 지원하여 그들이 변화의 촉매가 되도록 지원하자. 이른바 소모임 운동을 지원하는 것이다.

작은 모임을 지속하여 만들어 가도록 독려해야 한다. 이 소모임 운동이 역사적으로는 교사 교육 운동의 모태가 되었고 최근에는 교원학습공동체 모임이라는 정책의 외피를 쓰고 있다. 이를 활성화하는 것이 매우 중요하다.

힘들고 지칠 때마다 교사로서의 나의 정체성과 사명을 확인하면서 마음을 다잡아야 한다.

교사의 정체성을 자극하라

인간관계가 급속히 원자화되고 정신적 피폐가 만연하는 디지털 전환 시대에 우리 교육자들에게 더욱 필요한 것은 교육 본질 추구에 대한 동경 이고, 협력과 상생, 창의적 인재 양성의 자세와 노력일 것이다.

우리가 교육자로서 늘 마음에 새기며 교육활동의 지표로 삼아야 하는 것이 있다. 그것은 교육의 본질을 추구하는 것이다. 교육은 자연적 인간 을 사회적, 도덕적, 인격적으로 완성하는 것이다. 칸트는 "인간은 교육을 통해서만 사람다운 사람이 될 수 있다."라고 하였다. 나는 내가 평교사일 때나 교장일 때나 '교육은 인격적으로 도덕적인 사람을 만드는 행위'라는 것을 늘 염두에 두고 실천하는 자세를 가지려고 노력하였다.

인격적, 도덕적 사람은 21세기가 요구하는 인재의 자질이기도 하다. 21 세기는 Human Capital로써 창의성과 문제 해결력, 네트워크를 함께 만 들 줄 아는 도덕적 인간을 필요로 한다. 아무리 뛰어난 인재도 선을 선택 하고 악을 버릴 줄 아는 도덕적 품성을 가지지 않으면 그 뛰어난 능력도 사회의 독이 되기 때문이다. 19세기 독일의 인문주의 교육학자 헤르바르 트도 교육의 목적을 '도덕적 품성을 도야하는 것'이라고 한 바 있다.

또 페스탈로치의 전인교육관을 우리는 늘 염두에 두고 교육 활동을 해야 한다. 페스탈로치는 지성, 정서, 기능을 고루 갖춘 인간을 만들어 내는 것이 교육이라고 생각하였다. 머리만 있고 가슴이 없는 인간, 가슴만 있고 머리와 기능적 능력이 없는 인간은 교육 목적에 부합하는 제대로 된 인간은 아닐 것이다.

특히 오늘 우리 교육의 위기는 사람을 사람답게 키우지 못하는 것에 있음을 늘 염두에 두고 페스탈로치를 스승으로 삼아 교육 활동을 해야 한다.

페스탈로치의 교육관을 제대로 실현하기 위해서는 학교는 인간 중심의 교육과정을 편성해야 한다. 또, 허용적인 교수학습 태도나 학습지도가 바로 생활교육으로 연결되도록 통합하는 노력과 함께 학부모에 대한 교육도 늘 중요하게 생각해야 한다.

또한, 우리는 『예기(禮記)』의 락기편(樂記篇)에 나오는 고지이소자소명(叩之以小者小鳴)이란 말을 염두에 두면 좋겠다. '종을 크게 치면 그 소리도 크게 울리고 작게 치면 작게 울리듯'이 교육자의 역할도 이러한 종 울리는 이치와 같아야 한다.

종의 크기와 형상이 여럿이듯이 학생들의 생긴 모습도 잠재능력도 다양하다. 교육자는 각기 다른 크기와 모양을 지닌 종을 제 음색에 맞도록 울려 주어야 한다. 유능한 교육자는 학생들을 각자의 능력과 개성에 알맞게 창의적으로 교육해 나간다. 소리가 크다고 하여 명품 종이 아니듯이 제자들의 소질과 능력을 다양하게 계발할 수 있도록 교육하여 사회에 이바지하는 일꾼이 되게 하는 것이 진정한 교육이라 할 것이다.

교사들은 대체로 학창 시절에 모범생이었기 때문에 그들에게 인격적,

도덕적 덕성을 굳이 강조할 필요는 없을 듯싶다. 그런데도 직원회의 등 교직원이 모일 때 교장 인사말로 자주 하는 말이 있다.

주지 교과인 국어, 영어, 수학 등의 교과 수업만큼 중요한 것이 아이들의 사회성과 공동체성, 창의성을 기르는 다양한 프로그램을 구안하는 것인데, 특히 감정코칭, 회복적생활교육, 학급긍정훈육법PDC 등을 교육과정에 편성하는 것임을 강조한다.

우리 상봉중학교도 2학년에는 감정코칭 수업을 10시간 편성하여 도덕과 선생님들이 강사를 도와 coteaching을 하고 있다. 점차 이를 전 학년으로 확대하고 학급 자치 시간을 좀 더 늘려갔으면 한다. 학급 자치 시간에는 토의·토론, 'circle 활동'[20]을 활발히 하여 민주 시민성과 공동체 지향적 인격을 키워 갔으면 좋겠다.

---

20) 나의 감정·생각을 말하고, 친구의 그것을 듣고 느끼고 이해하는 활동. 회복적생활교육, 학급긍정훈육법 등에서 주로 하고 있는데 친구들 간의 좋은 관계 형성에 도움이 많이 된다.

II

학교혁신과 함께

혁신교육과 미래교육

* 혁신학교 정체성과 미래교육

사물(상)의 정체성은 '상당 기간 비교적 일관되게 유지되는 그것의 고유한 실체'를 의미한다. 이에 정체성의 문제는 각 사물(상)을 그것이게 하는 '고유성'의 문제로 이해할 수 있으며 사람의 경우에는 '나는 누구인가'의 문제로 달리 말할 수 있다.

그리하여 혁신학교 정체성의 문제는 혁신학교의 고유성이 무엇인지를 살펴보면 될 것이다. 이 문제는 혁신학교를 혁신학교답게 하는 것은 무엇인가로 번역할 수 있겠다. 혁신학교를 혁신학교답게 하는 요인은 혁신의 교육 가치 즉, 교육목표(비전)와 구성원들의 실천적 자세와 노력에 의한 혁신 교육 활동이다.

교육은 현재성과 미래 지향성을 동시에 갖고 있으므로 혁신학교의 혁신 교육의 방향과 콘텐츠만으로도 현재 우리 교육의 문제와 미래교육을 모두 알 수 있다. 따라서 미래교육과 혁신학교 정체성은 혁신학교의 교육목표와 그 실천적 노력을 살펴보면 된다.

혁신교육과 미래교육을 담당하는 학교가 혁신학교라면 혁신학교를 알기 위해서는 혁신교육과 그 방향성을 알면 된다. 혁신 교육은 무엇이고 미래교육은 무엇인가? (서울시교육청의 '혁신 미래교육'에서 미래교육을 굳이 쓰지 않아도 됨)

혁신 교육은 우리 교육의 문제와 한계를 혁파하기 위해 새로운 모색을 하는 교육을 말하며, 미래사회의 변화에 대응하는 미래교육을 지향하는 교육을 함의하고 있다. 한기현에 의하면 혁신 교육은 "놀면서 성장해야 할 아이들을 놀 수 없게 구속하는 현실, 맹목적인 경쟁으로 내모는 현실, 과잉된 교육열로 부모와 아이 모두 불행한 현실—사교육비로 등골이 휘는 부모들, 암울하기만 한 아이들의 미래, 점점 낮아지는 윤리지수, 지독한 학벌 사회로 날로 심화하는 계층 간 격차—을 극복하기 위한 교육이다.

혁신학교는 혁신 교육을 공교육의 틀 내에서 실현하려고 노력하는 학교를 말한다. 전국 대부분의 혁신학교가 표현 방식은 다소 다르더라도 지향하는 교육 가치, 교육 방향, 교육목표(비전)는 같다고 봐도 무방하다.

일례로 서울의 혁신학교를 보자. 서울형혁신학교는 민주성, 공공성, 전문성, 개방성, 지속 가능성을 운영원리로 하고 있고, 삶을 가꾸는 교육과정·수업·평가, 교육 중심의 학교운영체제, 자율과 책임의 학교자치, 내일을 열어가는 미래교육을 운영체제로 하고 있다.

이 운영원리와 운영체제가 내포하는 가치들은 우리 시대와 미래사회가 요구하는 타당한 가치들이다. 그런데도 이 타당한(교육) 가치들은 시대적·공간적인 특수성을 갖는다. 이는 현재 우리 교육의 문제를 극복하는 데 있어 나침반이 될 수 있을지라도 예전에는 중요한 가치가 아니었을 수도 있다. 또한, 현재도 교육철학(관)에 따라 중점적인 가치가 될 수도 있고 안 될 수도 있다. 미래사회에서도 마찬가지일 것이다.

그런데 이런 가치들이 과연 4차 산업혁명 시대의 변화상을 모두 담아 낼 수 있을까. 미래교육의 측면에서 볼 때 혁신 교육 가치들이 타당하냐 는 것이다. 혁신학교가 주로 채택하는 기본이 되는 진보주의 교육철학과 혁신학교 운영원리 및 체제가 미래사회의 변화를 어떻게 담아내고 있는지 에 대해 문제의식을 가져 보자는 것이다.

어쩌면 교육철학(관)에 따라서는 미래사회와 미래교육을 혁신교육과 함께 논하는 것 자체가 의미 없을 수도 있다. 이렇게 주장하는 사람들도 있다. 하지만 나는 혁신교육과 미래사회, 미래교육을 함께 고민하는 것에 동의하고 있다.

4차 산업혁명 시대라고 칭하는 'AI 시대'에는 구체적으로 어떤 역량을 가진 인재가 필요할까. 2016년 1월 세계경제포럼이 제시한 10가지 인재상 (人才像)을 열거하면 다음과 같다.

복합 문제 해결 능력, 비판적 사고 능력, 창의력, 인적 자원 관리 능력, 협업 능력, 감성 능력, 판단과 의사결정 능력, 서비스 지향성, 협상 능력, 인지적 유연력(융통성)이다.

✻ 혁신학교는 미래교육과 만나고 있는가.

혁신학교가 추구하는 가치들이 위의 인재상(人才像)에 비추어볼 때 이 에 부응하는지, 우리 아이들이 미래사회에 제대로 적응하며 살아갈 수 있 도록 키우고 있는지를 점검해봐야 한다. 특히 실천의 영역에서다.

다시 말해 혁신학교 운영체제가 가진 교육 가치들을 지향해 혁신학교를 운영하면 즉 혁신학교가 실천하면 미래인재는 양성되는 것인가. 먼저 혁신학교의 교육목표와 교육과정이 얼마나 이런 인재를 키울 수 있는지를 우리는 검토해야 하지 않을까.

특히 혁신학교의 경우 혁신학교가 어떤 교육목표를 지향하느냐고 했을 때, 특히 현재 혁신학교가 추구하는 가치 묶음이 미래교육과 관련해서 과연 얼마나 타당한가에 대한 문제의식을 갖고 있는 사람은 많지 않아 보인다. 미래교육과 관련하여 서울형혁신학교는 어떤지에 대한 적극적인 검토가 필요하다는 생각이 있는 사람들 말이다.

지금의 혁신학교 운영체제를 보면 '내일을 열어가는 미래교육'이라는 방향이 한 영역으로 있어서 예전보다는 확인하기가 쉽다. 여기에 존엄 교육, 도전 교육, 상생 교육, 배움의 확장이 세부 항목으로 있어서다. 이 지면에서 하나하나를 엄밀하게 따져보기는 어렵지만 아마도 혁신학교 운영체제 전반에 미래사회의 인재상이 거의 내포되어 있을 것으로 보인다. 확인을 위한 자세한 연구는 학자의 몫으로 남겨두고 나는 여기서는 문제 제기하는 정도로 그치겠다.

그런데 현실에서 교육청의 혁신학교 가치 묶음과 미래교육의 각각의 가치들이 서로 잘 조응하느냐의 문제와 그것들이 학교의 가치 묶음 및 교육과정, 실천으로 자연스럽게 녹아들고 있느냐의 문제는 여전히 남아 있다.

서울시교육청의 혁신학교 운영원리와 방향, 운영체제에 혁신학교의 교육 방향, 비전, 교육과정이 정확히 부응하는 것 같지 않기 때문이다.

다음은 혁신학교 구성원들의 역량과 실천에 대한 것이다. 혁신학교의 교육목표가 미래 지향성을 —미래교육과 미래인재 함양— 충분하게 갖고 있다고 하더라도, 현재의 소속 교사와 교육청 지원 인력들의 인식 정도와 자세 및 실천적 노력이 미래교육과 관련하여 얼마나 적합하고 부응하는지에 대한 점검이 필요하지 않을까.

학교 교육과정을 혁신적이고 미래지향적으로 구성함에 있어서 과연 교사들과 지원 인력들이 전문성을 충분히 갖고 노력하고 있는지에 대한 점검이 필요하다는 것이다. 특히 혁신학교의 교육과정 프로그램들이 교육학적으로 검증 가능한 것이고, 실은 검증되고 있는지에 대한 검토도 필요하다. 비교육적이거나 비과학적이거나 학년별, 급별 연계성에서 비체계적이진 않은지에 대한 전문가 점검이 필요할 것이다.

특히 교육청에서 시달되는 좋은 정책들이 충분히 혁신적이고 미래의 교육 가치를 내장하고 있음에도 불구하고 이는 천덕꾸러기 신세가 되어 왜 컴퓨터에서 잠자고 있는지를 마음을 열고 성찰해 봐야 한다.

학교혁신과 학교민주주의

* 마음의 습관으로서의 민주주의

민주주의는 사전적으로 정의하면 크게 두 가지로 나뉜다. 제도로서의 민주주의와 생활양식으로서의 민주주의다. 제도로서의 민주주의는 우리의 대표를 뽑는 방식, 민주주의 제도 등으로 우리에게 익숙하다.

한편 생활양식으로서의 민주주의는 다수결 원리, 타협, 관용, 상호 존중 등이 생활 속에서 일상화되는 것이다. J.Dewey는 후자를 단순히 지식을 습득하는 것이 아니라 사람들의 공통의 '마음의 습관', '삶의 방식'이라고 했다.

이런 민주주의의 사전적 의미를 우리 학교에 대입해 보면 어떤 모습으로 구현되고 있을까. 제도로서의 민주주의는 형식적으로는 어느 정도 정착되어 있다고 볼 수 있다. 적어도 다수의 의견수렴 시스템의 구축과 그에 따른 의사결정은 이루어지고 있기 때문이다. 그러나 생활양식으로서의 민주주의는 아직도 잘 정착되어 있지 않다.

민주주의는 서로에 대한 호명(呼名)이 없이는 불가능하다. 상대가 있으니 내가 호명되는 것이고 내가 있으니 상대가 호명되는 것이다. 즉 민주주의는 상호성이 기본 전제로 깔려있다. 나만의 완고한 유아독존은 민주주의의 전제가 될 수 없다. 민주주의는 상호 인정하는 것에서 출발한다. 상호 인정은 개인의 자존감을 고양하는 중요한 기제로 작동한다. 따라서 학교, 기업 등 어떤 조직이든 민주적인 운영은 개인들의 자발성을 촉진하여 조직에 에너지가 넘치도록 한다.

또한, 민주주의는 상호성의 문화화에 의해 더욱 숙성된다. 이는 공감하는 능력을 각 개인의 몸에 익게 한다. 일방적으로 다수가 밀어붙이는 학교민주주의는 다수 독선의 구현체일 뿐이다. 학교는 소수의 학교 관리자와 다수 교사로 구성되어 있다. 그들 간의 상호 존중과 상호 보완성이 부족하거나 결핍되면 그 조직은 건강하게 민주적으로 성장할 수 없다.

2016년 어느 국제포럼에서 한 발제자가 "학교 민주성은 교장의 권한을 나누어 가지는 것이 아니라 구성원 간의 상호성 실현이다."라고 말한 것이 시사하는 바가 크다. 민주적 학교운영에서의 민주성 개념과 민주적 운영 방법을 빨리 확립해야 함을 강하게 권고하는 의미로 읽힌다. 학교 민주성이 교장과 교사가 권한을 나누는 것으로 주로 인식되고 있는 현실에서 말이다.

어느 조직이든 상호성을 전제로 하는 민주적 운영이 조직원의 자존감이 살아나게 하고 에너지가 많이 생기게 한다는 것은 우리의 경험적·합의적 진리 아닌가. 그런데 우리는 어떤 상태에 놓여 있는가. 이런 긍정적 측면을 잘 구현하고 있는가. 이는 절차의 문제도 아니고 당위적인 주장의 문제도 아니다. '몸'의 문제다. 실행자들의 몸에 붙어 있고 익어 있어야 한다. 과연 우리는 그런가.

* 민주적 자율성의 문제

민주적 논의와 결정을 우리는 집단지성으로 치환하기도 한다. 이는 교사들의 자율성과 자발성을 고양한다. 그런데도 교사들의 자율성과 자발성의 과잉화가 집단지성을 훼손하는 부정적 모습도 더러 있다. 교사 다수의 결정이 질 낮은 의사결정으로 귀결되는 것을 이름이다. 이런 경우에 극소수인 교장, 교감은 속수무책이다.

이런 식의 학교민주주의가 학교 교육력의 질을 떨어뜨리고 있다면 우리는 이를 어떻게 극복할 것인가. 우리는 이를 위한 현실적인 방안을 구체적으로 마련해야 한다.

학교민주주의가 활성화된 학교에서 과잉화된 교사 자율성에 의해 일어나는 보고와 협의 부재의 경우도 건강하지 못한 민주주의 문화다. 이런 문화를 가진 학교가 제법 많다. 이런 학교에서 교장, 교감과의 협의, 보고가 자주 생략된다. 물론 교사들이 수업하고 아이들을 지도하면서 힘들고 바쁘니까 그런 경우가 실제로 용인되기도 한다.

하지만 내가 가진 문제의식은 상당수의 학교에서 교사들이 보고, 협의의 생략을 민주적인 것으로 생각하고 있는 것이다.

보고, 협의는 조직 운영의 기본요소다. 교육 활동에 대한 정보가 조직의 장에게 보고되지 않고 협의가 되지 않는 것은 우리 인체에서 피가 돌지 않는 것과 같은 이치이고, 음식물이 소화되어 영양분이 공급되지 않는 것과 같다.

우리 인체에 음식이 소화되고 산소가 돌면서 생명이 유지되듯이 사회의 조직에도 정보(보고)가 돌고 그것이 적절한 과정의 협의를 거쳐서 운영된다. 새로운 정보도 만들어져서 돌아야 조직이 유지·존속된다.

보고와 협의의 질에 따라 민주, 비민주성의 구현을 말해야 한다. 일부 교사들이 보고, 협의의 생략을 민주주의 실제라고 보는 것은 문제가 있다. 보고와 협의 시 교장(감)이 일방적으로 지시하거나 교사를 무시한다면 이를 두고 비민주적이라고 할 수 있지만, 보고와 협의에 대해 상당량을 위임하거나 보고나 협의할 때 민주적 방식으로 한다면 이는 민주적이다.

다시 말해 보고와 협의에 대한 서로 간의 관계 방식을 두고 민주, 비민주를 말하는 것이 타당한 것이지, 이를 하지 않는 것을 민주적이라고 하는 것은 어불성설이다. 따라서 교사들은 보고와 협의를 생략하는 것을 민주적이라고 오해하거나 주장해서는 안 된다.

학교민주주의가 활성화된 학교에서 일어나는 또 다른 예를 들어보자. 교사 개개인들의 일방적인 판단과 결정에 따라서 시행되는 경우가 많다. 교장(감)의 결정을 견제하기 위한 것이라고 말할 수는 있겠지만 이런 방식은 비민주적이다. 그런 행동이 교사 개개인의 자존감과 자발성 고양의 의미는 있을지 몰라도 이를 민주주의 과정이라고 볼 수 없다. 이런 행태는 제한되어야 한다. 그런데도 민주주의의 이름으로 발생하고 있다면 어떻게 해야 하는가. 이 대목에서 민주적 학교운영의 어려움이 수반된다.

따라서 교장(감)을 견제한다는 명분으로 생겨나는 교사 개인들의 일방 결정 및 보고, 협의가 생략되면서 야기되는 교장(감)의 자존감 및 의욕 저하를 어떻게 할 것인지에 대한 숙고가 필요하다.

언제까지 교장만 변해야 한다고 주장할 것인가. 교장(감) 중에서 예전처럼 비민주적 인사는 많지 않다. 교사들의 비민주적 행태와 교장(감)의 비민주적 행태를 제어하면서 민주적 학교를 구현하기 위한 제도적 장치가 필요하다.

진보 교육 10년이 지났는데도 학교 자율성에만 지나치게 경도되어서는 안 된다. 교육청의 적절한 개입과 학교의 자율성이 조화롭게 가야 한다. 서구사회 몇몇 사례를 보면 알 수 있다.

몇몇 시·도에 학교자치조례가 있고 서울시교육청의 교무회의 운영 규정 예시(안) 등이 있지만, 이는 구체성과 적용 범위, 타당성에서 좀 부족하다. 민주적 학교운영 규정(안)을 예시로 만들어 학교가 토론하게 하고 이를 근거로 학교마다 '(가칭)민주적 학교운영 규정'을 만들게 하자. 아니면 각 학교에서 충분히 토론되어 올라온 민주적 학교운영에 관한 다양한 의견을 수렴하여 '(가칭)민주적 학교운영 조례'(법)를 제정하도록 하자.

모종의 시스템적인 대안을 내놓지 않으면 학교는 민주적 학교운영이라는 구호만 난무하고 실제로 학교민주주의는 공염불이 되고 만다. 학교민주주의는 길을 잃고 갈등이 잠재되거나 표면화하면서 학교의 에너지는 소진될 것이다.

학교혁신과 관계혁신

＊ 학교혁신은 관계혁신이다

학교와 교육계의 핵심적인 과제 중의 하나는 혁신이다. 이를 위해 그동안 우리의 교육 시스템과 운용 방식에 대해 진지한 문제 제기가 있으며, 우리 학교가 어떻게 바뀌면 교사가 본연의 업무에 집중할 수 있는지, 어떻게 가르쳐야 아이들에게 진정한 배움이 일어나는지, 교육적인 만남을 어떻게 만들어 가야 아이들이 행복할 수 있는지에 대한 성찰적 토론도 이루어지고 있다.

지금 우리는 이러한 성찰적 노력이 전체 학교로 확산하도록 하는 과제를 안고 있다. 이에 우리는 그동안의 학교혁신이라는 이름으로 진행된 노력을 돌아보게 된다.

지금까지의 학교혁신이 혁신학교 교사 일부 중심의 혁신이었고, 교육청(교육부) 주도, 프로그램(contents) 중심의 하향적인 것이었다면, 4.16 교육체제[21] 이후의 학교혁신은 유·초·중등학교 모든 교사의 학교혁신 노력과 새로운 형

---

21) 4.16 교육체제는 4.16 세월호 참사 이후 우리 교육의 시스템과 교육 콘텐츠의 변화에 대한 성찰에서 나온 것으로 향후 우리 교육의 혁신적 변화를 추진하는 동력이 되는 새로운 공교육을 말함

태의 학교혁신으로 확산하여야 한다고 생각한다.

이러한 학교혁신의 방법과 내용에서 다양한 견해가 있음에도 불구하고 무엇보다 중요한 것은 교육 공동체 구성원의 만남의 방식이 획기적으로 바뀌는 것이다.

만남의 방식이 획기적으로 바뀐다고 함은 관계혁신이 이루어지는 것이다. 관계혁신은 학교 문화의 변동으로 달리 표현할 수 있다. 학교의 문화가 혁신되어야 학교가 바뀐다는 의미다. 이는 새로운 형태와 개념의 혁신인데, 이의 기본 전제는 교사가 주체가 되어 의미 있는 능동적 변화를 추동할 수 있어야 한다는 것이다.

교육 공동체에서의 관계혁신은 크게 네 가지 범주로 나눌 수 있다. 교육부·교육청과 학교의 관계가 그 하나이고, 학교 관리자와 교사의 관계가 그 둘이며, 교사·학부모·지역사회와 교사의 관계가 그 셋이다. 교사·학생과 학생의 관계가 그 넷이다.

구성원들 간 기존의 관계는 그들의 자존감과 자기 효능감을 저해했다. 이런 관계에는 권위주의적·관료주의적·폐쇄적·일방적인 가치가 지배적이다.

관계혁신은 권위주의적·관료주의적·폐쇄적·일방적 관계를 민주적·자율적·쌍방적 그것으로 전환하는 것이다. 이는 학교를 지시와 통제가 지배하는 타율적 공간에서 교사의 자기 결정(성)이 넘치는 자율적 공간으로 돌려주는 것을 말한다.

Deci & Ryan에 의하면 "자기결정(성)은 똑같은 일이라도 자신이 선택·결정했다는 느낌이 들도록 하고", 그래서 "자신이 한 일에 흥미를 느끼고 만족도가 높아지도록"하며, 또 "자신이 주인공이라는 느낌이 확실하게 들도록"하는 것이다.

민주적·자율적·상호 소통적 관계로의 혁신은 교사 개개인의 자존감과 자기 효능감을 고양한다. 이런 관계혁신은 인정과 사랑과 자아실현의 욕구를 충족한다.

동서고금을 막론하고 아이, 어른 따질 여지없이 인간은 누구나 존중받고자 하는 욕구와 자아실현의 욕구가 있다. A. Maslow의 욕구 단계설을 보면 더 확실하다.

인간은 누구나 사랑받고 인정받고 싶고 이를 위해 어떤 형태로든 노력한다. 하물며 지식인인 교사들의 경우에는 자아실현의 욕구 충족이 더욱 중요하다.

이러한 인정, 사랑, 존중, 자아실현의 욕구 충족은 관계혁신의 핵심이다. 이런 욕구 충족을 위해 우리는 다양한 노력을 할 수 있는데 교사들이 자기 존중감을 더욱 고양할 수 있도록 많은 장치를 만들어야 한다.

교사들이 자신들의 의견을 제시하고 집단지성으로 자기 결정하며 이에 따른 작은 성취감을 지속해서 경험할 수 있도록 지원해야 한다. 토론이 있는 교직원 회의 운영, 다양한 전문학습공동체 운영, 회복적생활교육 능력 제고, 관계능력 함양, 교사 본연의 업무에 전념할 수 있는 여건 조성 등이 있다.

특히 교육 당국은 학교에 상벌의 기제보다는 내재적 가치에 집중할 수 있는 여건을 형성해 주어야 한다. 그 대표적인 것이 토론이 있는 교직원 회의다. 우리는 서로에 대한 인정이 바탕인 새로운 관계혁신의 민주적 토론 문화를 확립해 나가야 한다.

우리는 교사가 가진 교육에 대한 전문적 식견과 지식을 최대한 협력하여 나누고 활용하기 위해 노력해야 한다. 이런 교사들의 관계혁신에 의한 집단지성의 촉발은 교육 전반은 물론 학교 교육 활동에 대한 지혜를 모으는 중요한 촉매가 될 수 있다.

집단지성은 조직의 입장에서는 교육 공동체의 지혜를 모아 더 나은 교육 활동을 전개할 수 있는 중요한 모티브가 된다는 의미를 갖고, 교사 개인에게는 관계혁신으로 자기 존중감을 느끼게 하는 심리적 지원의 기능을 하게 된다.

교사들에게 적용하고 있는 행동주의적인 심리적 기제로는 교사들의 자존감과 교육적 에너지를 촉발하기 어렵다. 교사들에게는 행동주의적인 심리적 통제보다는 인본주의적인 지원이 더 적절한 방법이라고 봐야 한다.

✳ 관계혁신의 마스터키, 학교업무정상화[22]

학교는 자신들의 문제의식, 요구와 주장을 담아내는 민주적 논의 틀을 만들어 가고, 교육청은 교사들이 본연의 업무인 수업과 생활교육, 상담, 진로 교육 등에 집중할 수 있도록 다양한 지원 정책을 펼쳐야 한다.

---

22) 우리 학교 조직이 행정 업무의 효율화를 추구하는 행정 기능적인 조직의 성격이 강하고 교사 본연의 교육 활동(수업, 생활교육, 동아리 활동, 자치 활동, 체험활동, 상담, 진로지도 등)을 추진하는 조직으로서의 성격이 약함. 따라서 서울시교육청은 이런 본말전도의 행정 중심 학교 시스템을 교육 활동 중심 시스템으로 바꾸는 것을 정상화로 개념화하였음(2015)

이러한 민주적 논의구조 구축과 정책 정비, 공문서 감축, 학교 업무 재구조화 등의 '학교 업무 정상화(2015 서울교육청 명칭)'는 학교 구성원들의 단독 의지와 실천만으로는 불가능하다. 교육부와 교육청이 이를 뒷받침해야 가능하다.

　　근대 산업 사회의 대량생산, 대량소비 시대의 조직은 효율성을 추구했다. 기업 등은 물론 심지어 학교에서도 목표 달성에 최적인 효율적 조직을 추구해 왔다. 효율성을 추구하는 교장, 교감, 부장, 교사 체제로 이어지는 피라미드 행정 부서 시스템이 학교운영의 기본적인 조직이고 관료주의적 업무처리가 기본 운영원리로써 작동하고 있다.

　　이러한 조직과 운영원리는 교사를 행정 기능적 존재로 전락시켜 왔다. 그들은 상급 기관의 정책이나 명령을 이행하는 말단 조직원의 기능을 해오고 있다. 교육 정책 수립과 집행에서 대상화되어있는 것이다. 자신들의 교육 활동과 관련된 중요한 내용을 자신들이 결정하지 못하고 외부의 관료주의의 옷을 입혀서 반강제로 전달되고 있다.

　　이런 맥락에서 교육청은 온갖 공문서를 쏟아 내리고 있으며, 학교는 관성적으로 해오던 교육 활동을 지속하며 교사들이 본연의 업무에 몰두하기 어려운 조건을 쉼 없이 만들어 가고 있다.

　　이는 지식인인 교사들의 자존감을 훼손하고 자발성과 열정을 막아서는 현상을 초래하고 있다. 따라서 학교의 조직시스템과 운영원리를 혁신하는 것이 급선무다. 서울교육청은 이를 위해 학교 업무 정상화 종합계획을 2015년 하반기에 수립하여 추진하고 있다.

　　서울시교육청은 2014.7.1. 조희연 교육감 체제가 출범한 이후 선생님들이 정서적·물리적으로 여유를 갖고 본연의 업무에 전념할 수 있도록 적극적으로 지원하기 위해서 노력하고 있지만, 그 성과는 아직 확실하지 않다. 하려면 확실하게 해보자. 그런 후에도 교육 활동의 수준이 높아지지 않으면 교사에게 책임을 물어도 된다. 제대로 안 해보고 교사들이 안 움직인다고 해서는 안 된다.

학교민주주의와 비전 만들기

학교민주주의를 달리 표현하면 학교 구성원 자치권의 고양이다. 앞에서도 언급했듯이 득히 시식인으로서의 교사들의 선문석인 에너지를 가장 잘 끌어낼 방법은 그들의 자치 능력 함양과 자치권을 부여해 주는 것이다.

그동안 기능적·수동적 행정인으로 생활해 왔던 교사들의 역할을 삶의 맥락적 존재로서, 자신들의 본질적 존재 의미를 고민하는 지식인으로서의 정체성을 갖도록 그들의 역할을 대폭 혁신해야 한다.

학교민주주의는 그들의 자발성이 살아나게 해야 하는데 그들의 자발성을 살리기 위해서는 그들을 학교의 주인으로 만들어주는 것이다. 당연한 얘기다.

그리하여 학교민주주의에 의한 교사의 자율성과 자발성 고양이 학교교육력으로 자연스럽게 연결될 수 있도록 성찰적 노력을 해야 한다. 우리 사회의 어떤 조직보다도 학교는 지적 수준이 높은 지식인으로 구성된 비교적 균질적인 사회다.

이런 학교는 미래사회의 변화에 따라 우리 아이들에게 어떤 역량이 필요하고, 이를 기르기 위해서 우리는 무엇을 어떻게 해야 하는지에 대해 전문적인 학습과 논의를 활성화해야 한다.

적어도 단기적으로는 당해 연도에 학교가 수행하고 있는 교육 활동에 대한 진지한 성찰과 이에 따른 내년 교육 활동의 청사진이 되는 비전과 구체적 전략을 제대로 만들어야 한다. 그러나 이마저도 형식에 그치는 게 우리의 솔직한 모습인데 이는 문제가 있는 대목이다. 혁신학교에서조차도 그렇다.

본질적으로 우리 교원들은 '우리 학교는 왜 존재하고, 우리 교사들은 여기(학교)에 왜 있는 것인지'에 대해 진지하게 성찰할 수 있어야 한다. 이에 따라 교사인 내가 무엇을, 왜, 해야 하는지에 대한 이해를 공유하는 노력을 해야 한다는 것이다. 피터 드러커가 한 말이다.

이는 교사들의 자발성이 살아나야 가능한데 이의 전제는 민주적 학교 운영임을 우리는 명심하자.

우리 교사들은 교육 활동의 기준이 되고, 하루하루의 학교생활을 인도하며, 학교가 달성하길 바라는 것을 담고 있는 '목적의식', '사명'을 함께 만들어 가짐으로써 교육 공동체의 목표를 달성하게 되고 우리 아이들을 성장하게 한다.

목적의식과 사명은 우리 학교 또는 교육이 추구하는 핵심 가치와 연결되어 있는데, 미래 핵심 역량과도 관련이 있고 교육의 본질과도 관련이 있으며, 현재 우리 아이들에게 필요한 실용성과도 관련이 있다.

학교에는 학교 교육의 지향점을 안내하는 학교 교훈과 학교장 경영관, 학교 비전들이 혼재된 경우가 많다. 심지어는 학교장 경영관과 학교 교훈, 학교 비전이 의미체계에서 서로 어긋나는 경우도 많다. 학교 교훈은 뭐고, 학교장 경영관은 무엇이며, 학교 비전은 또 무엇인가. 이는 모두 우리 아이들을 일정한 방향성을 갖고 그렇게 키워가야 한다는 당위와 실천적 방향을 제시하는 것이 아니겠는가.

우리 교사들은 학교의 핵심 교육 가치와 이에 따른 우리의 사명, 각종 교육 활동 목표를 우리 스스로 토론을 통해 만들고 여기에서 우리의 교육 활동을 도출해야 한다.

또한, 우리는 일관된 학교 교육 활동을 하기 위해 학교 비전, 학교장 경영관, 학교 교훈을 학교가 추구할 핵심 교육 가치에 따라 조율하고 정돈해야 할 것이다. 그래야 교사들은 우리가 토의·토론으로 설정한 학교 교육 가치와 중·단기 목표인 학교 교육 목표를 자신의 것으로 인식하면서 애착을 갖고 책임감 있게 추진할 것이다.

이에 따라 교사들은 한 단계 더 약진하는 자발성과 자존감, 책무성을 확보할 수 있을 것이다.

교사의 교육 활동은 그 활동이 목표로 하는 학교의 독자적인 가치의 지시를 받아야 한다. 학교에서 이루어지고 있는 개개의 교육 활동이 학교가 지향하여 달성하고자 하는 교육 가치와 별개일 때는 무모하거나 위험할 수 있다. 나침반 없이 항해하는 배와 다를 바 없다.

우리는 학교 교육계획을 수립하기 전에 우리가 추구하는 학교 교육 가치를 설정하고 이에 따른 교육목표를 만들고 이를 구현하기 위한 학교 교육계획을 수립하려고 노력해야 할 것이다.

이렇게 함으로써 우리 학교 사회는 진정한 지식인 사회가 될 것이고 학교 교육의 질 또한 확보하게 될 것이다. 이렇게 하는 것이 민주적 학교 운영의 최대 장점이 아니겠는가. 따라서 민주적 학교운영의 최대 수혜는 학교 교육력 제고가 되어야 한다. 일반 학교는 말할 것도 없고 심지어 혁신학교에서조차 학교 교육력 제고를 위한 이런 관점이 잘 이행되고 있는지 점검해 볼 때다.

학교혁신과 교사의 전략

* 왜 학교혁신인가

우리 학교 교육이 변해야 한다는 것에는 교육 내·외부를 막론하고 누구나 동의하는 분위기다. 미래사회의 변화를 주도할 인재 양성 측면에서 그렇고, 현재 우리 학교 교육이 교육 본래의 역할을 하지 못한다는 측면에서 더욱더 그렇다.

환경친화적이며 네트워킹하고 배려하는 협동적 능력이 미래사회 인재가 갖추어야 할 중요한 것임에도 불구하고, 우리는 교과 지식 평가 위주의 대학 입시 준비 때문에 우리 아이들을 지식 경쟁 교육으로 내몰고 있다. 미래사회를 살아갈 힘은 제대로 못 키우고 있는 것이다.

또 복잡한 사회현상을 분석하고 해결점을 모색하는 문제 해결 능력, 다양하고 분절된 지식을 유용한 정보로 가공하는 정보 처리·생산 능력, 정보 생산 주체들 간의 소통 능력을 기르는데 우리 현 교육이 한계에 도달했다는 공감대가 무르익은 상태다.

오래전부터 이러한 우리 교육의 여러 문제에 천착해 온 새 학교 운동을 비롯한 다양한 교육 활동들이 전개되어 오던 중, 진보교육감이 취임하여 혁신 교육, 인권 교육, 책임 교육, 참여 교육을 정책 방향으로 설정하여 추진하게 된 것은 미래사회의 인재 양성이라는 측면에서 아주 의미 있는 출발이라고 볼 수 있다.

이처럼 다양한 측면의 노력이 있음에도 불구하고 나는 학교혁신을 성공시키기 위해서는 무엇보다 교사들의 변화를 강조하고 싶다. 지금까지 현실 탓만 하고 자신의 교육 활동에 대해서 진지한 반성과 실천을 했는지 점검하여 자신을 변화시켜야 한다. 바로 교사 혁신이 학교혁신 성공의 알파요 오메가임을 강조하고 싶다. 결국 교사(사람)의 문제다. 이런 인식은 필자인 나만의 인식은 아니다. 앞, 뒤의 여러 글에서 우리 교육 혁신의 지지부진은 교사 탓이 아니라고 분명히 말하고 있다. 그렇다고 하더라도 우리 교사들이 완전 자유로울 수 있는가. 외부요인을 제거하는 주체도 결국 우리 교사이고 혁신을 하는 주체도 우리 교사이니 말이다. 이를 위해 교사들은 어떤 마음가짐으로 임해야 할까.

＊ 학생들 이익의 관점에서

교육 활동의 기초가 되는 다양한 가치들은 '옳음과 그름', '좋음과 나쁨'처럼 이분법적 구분 대상이 아니다. 한편에서는 자유주의와 경쟁은 나쁜 것이고 평등주의 및 협동과 배려는 옳은 것이며, 또 다른 한쪽에서는 그 반대를 주장하며 이분법적인 '정·오답' 논쟁을 지금까지 하고 있다. 자신의 처지에서 상대의 주장은 '그름과 나쁨'이니 오답이고, 나의 주장은 '옳음과 좋음'이니 정답이라고 우긴다. John Rawls는 『A Theory of

Justice』에서 "현재 대립하고 있는 교육 가치들은 상호 보완적이며, 현실 정치사회에서는 서로 공존하고 있다."라고 주장하면서 정·오답 논쟁은 소모적이고 의미 없는 것으로 판정하고 있다.

현대의 지배적 정의관에서 보면 대립적 가치는 서로의 약점을 보완하면 되고, 화해 불가능한 포괄적 교리나 특정의 가치(진리)는 공존하면 되는 것으로 보인다. 이는 철학적 논의와 역사의 전개 과정에서 보면 분명한 사실이다.

하지만 갈등하는 각각의 가치 간의 갈등은 물론 비슷한 '가치군'간에서도 어느 하나는 어느 하나를 무시하고 배제해야 하는 것으로 일상화되어 있는 것이 우리의 안타까운 현실이다. 이는 우리 학교에도 그대로 온존하고 있다. 교육감의 교육 정책을 추진하는 그간의 교사들을 보면 알 수 있다.

'교육 권력'의 이념과 가치에 따라 교육 활동의 집중력에 차이를 드러내는 교육 행태를 버려야 한다. 진정으로 우리가 보듬어야 할 여러 교육활동을 교육 권력에 대한 호불호 또는 그 권력이 추구하는 이념 및 가치에 따라 교사 개인별로 선택적으로 하면 안 된다. 우리 모두 성찰해야 한다.

사례를 하나 들어보자. 대표적인 예가 '학습 부진학생 지도 책임제'다. 이 정책은 보수 교육감이 6년간 시행한 제도다. 그런데 과연 모든 교사가 호응하여 학교에서 제대로 추진해 왔을까. 그렇지 않다. 교육감의 교육관과 추구하는 가치에 따라 이것은 우리 것이 아니라 당신들 것이니 우리는 안 하겠다는 배타적이고 편향된 태도를 보인 것이다.

더욱 아이러니한 것은 그 당시 학습 부진 학생 지도에 소홀했던 교사들이 진보교육감 초기에 학습 부진 학생 지도가 책임교육 정책이므로 이를 열심히 해야 한다는 태도를 보인 것이었다. 그마저도 지금은 기초(본) 학습 부진 학생 지도를 안 하려는 분위기다. 말도 안 되는 말이지만 이는 어쩌면 진보, 보수 양 진영에 공평한 것일지도 모른다. 서글픈 현실이다.

우리 교사는 교육 권력이 가진 이념과 가치에 따라 자신들의 교육 활동을 귀결시키는 절대주의적·일원론적 사고를 버려야 한다. 오로지 우리는 아이들이라는 대상에 교육 활동의 초점을 두어야 한다. 다양한 가치를 존중하는 다원론적 열린 사고를 해야 한다. 이런 사고와 실천력이 학교 교육 활동에서 전제될 때 모든 교사의 에너지를 모을 수 있다. 그래야 학교혁신의 성공 가능성은 커진다.

∗ 관계의 윤리를 회복해야

'너'가 없이 '나'라는 명칭이 호명될 수 없고 '나'가 없이 '너'라는 이름은 불릴 수 없다. 배려 이전에 우리는 서로의 존재를 호명하고 인정할 수 있어야 한다. 아울러 우리는 배려의 마음을 갖도록 노력해야 한다. 자연의 이치가 그렇고 선현의 말씀이 또한 그렇지 않은가.

나와 너의 공존이 통하고, 존재와 가치의 상대성이 지배하며, 가치 합리성과 교육의 내재적 가치 추구가 당연시되는 그런 학교 사회, 열정과 사랑의 공동체 속에서 상생하는 그런 교육을 해야 한다.

자신의 속살을 밟히면서도 의연히 생명을 유지하는 등산길 나무에서, 다양한 생명이 공존하는 자연에서 우리는 존중하고 인정하는 '더불어 정신'을 배워야 한다. 관계의 윤리가 회복되고 지배하는 학교 사회를 만들고 그것을 학교 문화로 정착시키려 애쓰는 교사가 많아야 한다.

* 열정을 더 북돋아야

처음 우리가 교직에 몸담을 적에 가졌던 아이들에 대한 사랑과 교직에 대한 사명감, 교육에 대한 애정을 열정으로 모으는 노력을 해야 한다. 새 생명을 위해 자신을 화려하게 불사르는 자연의 섭리에서 우리는 사명을 배우고 헌신과 열정을 익혀야 한다.

이는 자신에게 맡겨진 직분을 다해야 하는 것을 말한다. 교사는 진정으로 아이를 사랑하고 열정으로 가르쳐야 하며 교육 본래의 내재적 가치에 전념하여 최선을 다해야 함을 의미한다.

열정을 가진 교사, 사랑이 넘치는 가르침이 어느 때보다 필요한 이 시대에 다음을 우리의 교육적 좌표로 삼아 노력해야 한다.

차동엽 신부는 『무지개 원리』라는 책에서 아래와 같이 설파하고 있다. "요새도 유대인들이 매일 아침, 저녁 최소 두 번 낭송하는 것이 있다. 탈무드의 '셰마 이스라엘(이스라엘아, 들어라)'이다."

"너희는 마음을 다하고, 목숨을 다하고, 힘을 다하여 주 너희 하느님을 사랑해야 한다. 너희는 이 말을 너희 자녀에게 거듭 들려주고 일러 주어라."

어릴 때부터 평소 마음과 목숨과 힘을 다하여 하느님을 사랑하는 습관을 들이면 이 아이들이 커서 무슨 일을 하던지 자신의 소임에 최선을 다하게 되리라는 것이다.

우리 교육자들은 이런 열정을 배워야 한다. 온 마음, 온 목숨, 온 힘을 다하여 노력하는 자세가 지금 절실히 필요하다. 관리자의 처지에 있든, 아이들을 가르치는 처지에 있든 우리는 열정을 다해 교육 활동을 해야 한다.

"교육이 변해야 미래가 보인다."라는 말처럼 이제 교육 주체들이 사고와 행동에서 교육 본질을 추구해야 한다.

너와 나의 공존이 중하지 않은 사회가 언제, 어디에 있었으며, 무엇에 대한 열정이 역사를 움직이지 않은 사회가 언제, 어디에 있었던가를 곱씹어야 한다. 특히 교육에서는 더 그렇다. 열정으로 가르치고 공존과 배려, 관심·인정 정신으로 관계 윤리를 회복해야 한다. 이것이 최우선의 가치가 되어야 한다. 그래야 우리 교육이 바로 설 것이고 혁신학교도 성공할 것이다.

✳ 자발성을 끌어내야

모든 교육 활동의 성공 요인은 교사가 교육 활동에 적극성을 가지는 것이다. 적극성은 교사의 마음에서 우러나는 자발성이 있을 때 가능하다. 자발성은 자존감에서 나온다. 자존감을 키우기 위해 학교민주주의를 강화하자. 또 구체적으로 접근하자. 앞에서도 얘기했듯이 변화선도팀을 만들어야 한다. 학교에서 자발성을 촉진하기 위한 추진체계를 구축하여 운영하는 것이다. 자발성을 촉진하기 위한 추진체로는 아래와 같이 학교별로 「자발성촉진팀(가칭)」, 「희망교육회의지원단(가칭)」, 「희망교육회의(가칭)」를 두어 교사의 자발성을 끌어내야 한다.

학교혁신과 생활교육

생활교육(지도)은 건강한 민주시민을 길러내는 공식적·잠재적 교육과정이다. 따라서 우리 선생님들의 직접의 생활교육(지도)은 물론이고 행동과 말투, 마음가짐까지 아이들에게 영향을 준다. 아이들 지도는 아이들을 어떻게 바라보느냐에 따라 확연히 달라진다.

아이들을 미성숙한 훈육 대상으로 보는 입장에 있는 교사는 '아이들은 미성숙하므로 야단치면서 강압적으로 지적하고 못 하도록 통제하며 나쁜 길로 빠지지 않도록 철저히 안내'하는 관점을 취한다. 영국의 사립학교와 진보교육감 등장 전의 우리의 학교가 대표적이다.

반면에 또 하나의 입장은 '아이들을 성숙을 향해 나아가는 과정에 있는 인격체로 보는 것으로, 아이들을 가능성의 존재로 보고, 자기 결정권을 보장하며 그 가능성을 잘 지원하고 기다리며 경청하고 존중하는 관점'을 보인다. 썸머스쿨 등 대안 교육 기관이 대표적이다.

전적으로 두 입장이 틀렸다고 볼 수는 없다. 아이들이 완전히 성숙한 존재가 아니라는 것쯤은 누구나 알고 있다. 다만 미성숙체인 아이들을 바라보는 관점과 지도하는 구체적 방법에서 입장이 달라진다. 우리의 혁신교육에서는 후자의 지도 방법을 지향한다. 선생님들도 대체로 여기에 동의하고 그렇게 지도하고 있다. 그렇지만 문제는 있다.

혁신 생활교육에서 우리가 당면한 첫 번째 문제가 있다. 우리 학교 공동체가 토론하여 약속한 규칙에 대한 아이들의 엄격한 준수의 미흡과 이를 적용하는 교사의 지도가 일관되게 지속해서 통일성을 갖고 있지 않다는 것이다.

학교생활 속에서의 인정·존중·경청·지원의 지도와 정해진 규칙을 엄격히 지키도록 아이들을 지도하는 것은 별개의 문제다. 엄격히 규칙을 지키도록 한다고 해서 이것이 아이들에 대한 인정, 존중, 경청, 지원을 훼손하지 않는다.

그런데도 혁신학교 교사들 중 일부는 인정·존중·경청·지원에만 치중하면서 아이들이 정한 규칙 준수에 대해서는 별 관심을 두지 않는다.

민주주의 사회에서 우리(대표)가 정한 법령을 지켜야 하는 것이 우리 국(시)민의 의무이듯이 우리 아이들이 자신들이 정한 교칙[23]을 지키는 것은 당연한 의무다. 우리 선생님들도 이런 준수의 힘을 불어넣어 주는 것이 중요한 교육 활동이고 민주 시민교육이다.

따라서 우리는 이 대목에서 다시 한번 우리들의 의견을 모으고 의지를 다듬어야 한다. 교사 각자의 교육관, 생활지도관에 따른 따로국밥은 곤란하지 않을까. 교사 각자의 다른 지도는 아이들의 기회주의적 성격을 키우게 되기 때문이다. 위 후자의 관점을 가지면서 아이들을 일관되게 지도하는 것이 필요하다. 교사들의 지도에서 인정·존중·경청·지원과 엄격한

---

23) 참고로 대부분 혁신학교에서는 학교생활 규칙을 아이들이 토론해서 정한다.

지적이 동행해야 한다.

뇌 과학의 발달로 밝혀진 바에 따르면 아이들의 잘못된 행동에 대해 교사가 흥분하여 소리 지르거나 윽박지르거나 하지 않고, 차분히 이성적으로 따져주면 아이들의 전전두엽이 발달한다고 한다. 이에 따라 아이들은 건강한 에고(ego)를 가진 사회적 인격체로 성장한다는 것이다.

당면한 두 번째 문제는 우리 주변을 둘러싸고 있는 시민들과 학부모들의 생활교육(지도)에 대한 인식 환경으로 학생 생활 태도, 교사의 지도 방식에 대한 보수적 입장이다. 이것은 위 관점의 전자 입장에 가까운 주민들의 인식인데, 혁신학교의 학생 생활교육(지도)을 부정적으로 바라보는 원천이 되고 있다.

예컨대, 아이들의 단정하지 않은 머리 길이(모양), 물들인 머리카락, 귀걸이, 민망한 짧은 치마 길이, 슬리퍼 등교, 교복 미착용 등이 눈에 거슬리고 꼴 보기 싫다는 것이다. 주로 항의성 전화와 수군 수군거림, 비아냥거림으로 표출하고 있는데 우리를 에워싸고 있는 넘어야 할 현실의 벽이다.

이는 선진 외국의 경우에는 생각할 수조차 없는 인식 환경인데 우리 혁신학교 선생님들은 적어도 위와 같은 인식을 하고 있지 않다. 그러나 우리 주변의 인식 환경은 저런 보수적 인식들로 가득 차 있다. 이를 어쩔 것인가. 우리의 혁신 생활교육(지도) 방식은 그래도 my way를 외치며 갈 것인가.

그런데 우리 사회에는 왜 이런 차별 짓기 인식이 팽배할까. 아마도 우리의 오랜 경험에 의한 것일 것이다. 공부 외에는 자신을 표현하고 드러낼 방법이 없는 아이들에게 그런 모양새 표출은 당연한 것 아닌가. 특히 공부 못하는 아이들에게는 그런 모양새 표출이 살아있다는 존재론적 몸부림이니까. 그런데 우리 사회는 이런 아픈 현실을 외면한 채 이렇게, 저렇게 낙인찍기가 고착해 있다. 심지어 우리의 일반 학교를 에워싸고 있는 인식 환경도 이에 못지않다.

일반인들의 이러한 보수적 인식에 포위된 혁신 생활교육(지도)은 어떻게 가야 하는가. 아이들의 머리 길이(모양), 머리 색깔, 귀걸이, 민망한 복장(치마 길이), 슬리퍼 등교, 교복 미착용 등에 대해 어떤 현실적 지도 입장을 가져야 할지.

나는 개인적으로는 위 관점, 후자의 입장을 갖고 있다. 아마도 혁신학교 선생님들도 같을 것이다. 위에서 보았듯이 우리를 둘러싸고 있는 주변 현실이 보수적일 뿐이다. 우리는 이런 보수적 현실을 무시하고 혁신 생활교육이 아이들을 건강한 민주시민으로 잘 키울 거라는 희망의 노래만을 부르면서 갈 것인가.

주변의 인식 여건이 이런데도 혁신 교육은 이를 이겨내기 위해 노력하고 있다. 이런 현실을 우리는 돌파해야 한다. 그 방법은 무엇일까. 우리 혁신 교육의 생활교육(지도) 방식을 굳건히 견지하며 자유롭고 싶은 아이들이 모두 모두 모이게 해서 그런 아이들을 힘겹게 지도할 것인지. 아니면 자신들이 정한 교칙은 철저히 지키도록 지도하고, 현실에 뿌리를 둔 적절한 조화로운 방식으로 지도하여 현실 속에 우뚝 서는 혁신학교를 만들 것인지를 진지하게 검토해야 한다.

아이들은 많은 시행착오와 다양한 경험으로 성장하기 때문에 자기결정권을 부여하는 것이 옳다. 하물며 그들의 머리 길이(모양), 머리 색깔, 진한 화장, 귀걸이, 민망한 복장(치마 길이), 슬리퍼 등교, 교복 미착용이 타인의 권리를 침해하지 않는 한 이를 통제할 필요는 없을 것이다. J.S.Mill의 'harm principle'[24]을 참고하자. 하지만 위에서 언급했듯이 우리는 우리를 에워싸고 있는 학교 밖의 보수적인 인식 환경을 무시하고 나아가기는 어렵다. 또한, 토론과 협의를 통해 만들어 세운 우리들의 교칙을 지키지 않는 현실을 지켜보아야 하는 것도 안타까운 일이다.

우리 모두의 강력한 지도 의지와 현실적 타협 자세가 중요하다고 본다. 반걸음씩만 앞서가자. 위와 같은 생활교육에 대한 고민은 혁신학교만의 문제는 아니다. 일반고도 그렇다. 요즘은 거의 포기한 듯한 분위기지만 말이다.

---

24) "해악의 원리"로 번역되는데 각 개인의 자유 행사가 타인의 권리나 이익을 침해해서는 안 된다는 것

학교혁신, 관점 혁신

무엇이 학교혁신을 가로막고 있는가에 대한 견해는 학자들에 따라 여러 의견이 있다. 김인희는 "전문가 대접을 받지 못하는 교사의 자괴감, 교사들을 거대한 관료조직의 말단으로 생각하는 권위주의적 문화, 교사의 자율성을 옥죄는 낡은 제도 및 법령, 성과에 집착하는 실증주의적 관점, 무기력한 무사안일, 소명인(召命人)이 아닌 직업인의 생활 등이 학교혁신을 가로막고 있다."라고 말한다.

그중에서 혁신을 추진하는 사람들의 기본 가정과 접근법의 문제, 혁신 내용보다는 혁신 추진 관점 및 방법의 문제가 더 문제다. 이에 대한 김인희의 분류가 흥미로운데 여기에 내 생각까지 덧붙여 보겠다.

첫째, 교육관료, 학교 관리자가 교사의 인지모형(문화 모형)[25]을 무시하고 있는데, 그들의 역사적·상황적·문화적 맥락에 따른 가치, 욕구, 신념, 정서 등을 잘 이해하지 못하고 있는 것이다.

역사적·상황적·문화적 맥락으로 들어가 보면, 교육청에서 제공하는 혁

---

25) 인지모형은 사물에 대해 지각하고, 해석하며, 판단하는 인지구조로 사실에 대한 지식, 신념, 태도, 가치, 선호, 정서들의 복합체임, 공통으로 경험한 경우 비슷한 인지모형을 가짐, 실패한 교육 경험을 가진 교사들은 부정적 인지모형을 갖고 있음

신과제들이 교사들의 주어진 현실에서 볼 때, 무슨 의미가 있겠냐는 거다. '지금까지도 제대로 된 것이 없는데 뭐 별수 있겠어?'라는 열패감 같은 정서를 예로 들 수 있겠다. 4.19 교원노조 이후 교사들의 교육 정책(혁신과제) 참여에의 열망이 지속해서 좌절됨에 따라 생겨난 좌절감, 분노, 무관심, 냉소 등의 부정적 감정이 학교 동료들 간의 교류 과정에서 면면히 흐르고 있는 것이다.

교사들은 자신의 '본질 자아(정체성)'[26]를 포기하고 생활하는듯하지만, 한편으로는 그것으로 돌아가기 위한 다양한 몸부림을 하고 있다. 혁신의 갈망과 절망이 막 섞여서 학교 문화에 녹아있는 것이다.

교육정책을 만들어가는 그룹에 속한 사람들은 교사들의 이런 처지를 알고 있을까.

둘째, 교육계에도 합리적·구조적 패러다임이 지배하고(실증주의, 도구주의)[27] 있다. 당국은 교사를 행정의 말단 업무 처리자로 대상화하면서 지식인의 정체성을 무시하고 있으며, 외재적 기준의 교사 평가와 외재적 보상과 제재에 의한 교사 통제 장치를 온존시키고 있다. 이리하여 교사의 자존감은 떨어지고 혁신의 동력은 약해지고 있는 것이다.

---

26) 교사는 지식인이고 아이들의 전인적 인격을 위해 노력하는 주체이면서 이런 교육 본질에 충실해야 하는 소명을 가진 존재(필자의 조작적 정의)

27) 사람은 적절한 상벌로 통제됨, 사람의 행동은 힘의 조작으로 통제 가능, 인간 자체보다는 기능, 과업(성과 중심), 역할, 규칙, 외부적 보상과 처벌에 관심, 개혁 아이디어들은 대부분 학교 체제 밖에서 주도되고, 위에서 아래로 흐름, 관리와 통제가 학교 행정의 가장 중요한 기능임. 교사는 상부로부터 시달된 명령과 규칙을 따르도록 요구되며 외재적 상벌 체제로 통제됨(과학적관리론과 의미를 같이함)

셋째, 위와 비슷한 관점이다. 과학적 관리론과 X 이론[28] 중심의 제도와 문화가 학교 사회에 지배적이다. 역시 경제적 인간인 교사도 인센티브, 지시와 통제 중심의 관리가 필요하다는 견해가 강하게 자리 잡고 있다. 교원성과급이라는 수당 지급을 보면 알 수 있다.

넷째, 관료주의·형식주의 행정 체제의 문제다. 교사가 참여하여 만든 정책보다는 관료 중심으로 만들어진 것이 내리매겨진다. 그리하여 교사가 자신들의 교육 활동 결정에서 소외된다. 그들은 공직자로서의 최소한의 의무 정도를 이행하는 소극적 주체로 자리매김 되어 버렸다. 자신의 신분 안전을 위해 마지못해 일하는 존재가 된 것이다. 이는 교사의 '본질 자아'에서 우러나오는 내재적 가치인 성취감, 보람을 얻기 위해 노력하는 교사의 수를 줄이고 있다. 일개 직업인으로 만들고 있는 것이다.

다섯째, 비슷한 맥락에서 혁신 정책(아이디어)이 외부와 상급 단위에서 지속해서 들어오는 것의 문제다. 교사의 당면 현실과의 연계성이 부족하거나, 절실하지 않은 정책이 많이 내려오는 것이다. 이는 교사의 내재적 동기, 주인의식, 책임감을 높이는 데 실패하고 있다. 이 실패는 교사들이 치열하게 생각을 짜내고 실질적으로 선택하는 것을 방해하는 요소가 되고 있다고 보면 된다. J·Dewey는 이를 '기계적 선택'과 '사고의 제약'으로 설명하고 있다.

여섯째, 자신이 전념하고 싶은 일과 외부에서 부과되는 일의 불일치, 교사로서 추구하는 가치와 교사 평가 기준과의 불일치 등이 지속하면서

---

28) 과학적관리론 - 생산성에 중점을 두고 사람을 기계적 도구로 바라보는 이론. X 이론 - 조직의 목표 달성을 위해 인간을 강제, 명령, 처벌로써 다스려야 한다는 조직 이론

혁신에 대한 부정적 태도가 오랜 기간 형성되고 있는 것의 문제다. 따라서 혁신의 실천 주체인 교사들의 자발성이 떨어지고 그들의 가슴 깊이 교육청, 관리자에 대한 부정적 정서·감정·태도가 두텁게 형성되어 있다.

교육 당국과 학교의 leader는 교사들의 이런 정서, 욕구, 신념, 여기서 솟아나는 기대 등 복잡다단한 맥락을 읽어내고, 교사들을 경제적 유인책으로 작동하려는 자세를 속히 폐기하며, 교사를 지식인으로 대우하여 교사가 주인의식과 책임감을 가지고 교육에 전념할 수 있도록 관점의 획기적인 전환을 위해 노력해야 한다.

학교혁신은 교사들의 자주성에 맡기되 교육청이 적절히 지원 개입함으로써 가능하다고 Michael Fullan은 말하고 있다. 새겨서 들을 일이다.

학교혁신, 교사는 변할 수 있다

학교혁신에 대한 정답은 없으나 혁신의 주체인 교사들이 그들의 내재적 동기와 주체성을 회복할 때 가능하다는 얘기는 귀담아들어야 한다. 특히 진보교육감들은 그래야 한다. 교사들을 피동적인 존재로 보는 도구주의적, 실증주의적 관점에 매몰되어 있는 보수주의자들과 같아서 되겠는가.

학교혁신은 지식인으로서의 교사직에 본질적으로 장착된 내재적 가치를 추구하는 '본질 자아'를 살려내어 구성원 간의 관계혁신, 문화혁신으로 수렴해내야 한다.

조직관리 이론 중에서도 인간관계론[29], Y 이론[30]을 적용하면 그렇게 될 여지가 있다. 휴머니즘에 입각한 상호협동의 원만한 인간관계, 소외감 극복, 민주적 리더십, 의사소통, 자생적 비공식적 조직 활성화, 주인의식

---

29) 조직 관리에서 과학적 관리론에 대한 비판으로 등장한 것으로 생산성에 중점을 두고 사람을 기계적 도구로 바라보는 것이 아니라, 구성원이 처한 인격적 조건과 소속감, 자기 존재의 중요성에 비중을 두는 조직관리론임

30) Y 이론은 맥그리거의 X, Y이론 중 하나로, 조직의 목표 달성을 위해 인간을 강제, 명령, 처벌로써 다스려야 한다는 X이론에 반해, 인간을 긍정적으로 보고 자발적 동기 유발을 강조하며, 자기 통제가 가능한 존재로 보는 이론

을 회복하게 해 주어야 한다.

특히 교사는 지식 노동자이므로 자기 통제와 자기 지시, 높은 수준의 상상력과 창의력을 가지도록 북돋아야 한다. 지식인은 스스로 정한 목표를 향해 나아가는 특성이 있으므로 이를 쉼 없이 자극해주어야 한다. 비전을 갖도록 해야 한다. 교사는 가르치는 과정에서 유능하고 중요한 존재라는 사실을 인식하게 하고 사람다운 대접을 받도록 해야 한다. 교사들이 자기 효능감을 가지고 지속해서 작은 성취감을 느끼도록 해야 한다.

교사들은 자아 존중(사랑) 욕구와 자아실현의 욕구가 어떤 직종의 종사자보다 강하므로 이를 위한 물리적 정서적 지원을 아끼지 말아야 한다.

교사와 학생 관계, 수업 활동의 재구조화, 학생 중심 수업, 교사 간의 전문적인 협력, 수업에 대한 구성주의적 신념을 지속해서 자극하여 자기 효능감[31]을 만들어 가도록 해줘야 한다.

학교는 교사들의 실천의식, 전문적 자기 효능감, 전문적 공동체 의식을 형성하는 사회적·심리적 장소이므로 동료 관계, 공유된 목적, 협력의 기회, 상호지원과 상호의무를 중시하도록 자극해야 한다. 또 교사들의 역량과 주인의식을 구축하면서 좋은 아이디어를 지속해서 만들어 가도록 격려해야 한다.

특히 문화혁신을 위해서는 교사들의 자존감 고양이 매우 중요하므로 최우선으로 관계혁신을 위해 노력해야 한다. 관계혁신의 축적은 문화혁신으로 나타난다. 즉 학교는 권위적 관계에서 탈권위적인 민주적 관계로 지

---

31) 자신이 조직 내에서 특정한 문제를 자신의 능력으로 성공적으로 해결할 수 있다는 자기 자신에 대한 신념이나 기대감

속해서 전환해야 한다.

leader가 솔선수범하면서 교사들이 주체로서 당당하게 설 수 있도록 해야 한다. 의미 있는 상호작용을 하도록 하며, 중요한 결정을 leader 혼자서 내리지 말고 교사 다수가 결정하도록 해야 한다. 그래서 자신에게 중요한 것은 자신들이 결정하여 자기 결정에 따른 존중감과 만족감을 느끼도록 해야 한다.

다른 신념체계와 가치들이 공존할 수 있도록 상호 존중의 문화를 만들어 가야 한다. 교사가 살아나지 않으면 어떤 교육 활동도 불가능하다.

그리하여 학교 사회에 만연한 부정적 정서와 감정을 긍정적 정서와 감정으로 돌려세워야 한다. 교사의 어려움(아픔)에 대해서 비판과 질책보다는 신뢰·애정·이해 중심의 지원 정책을 펼쳐야 한다.

민주성·자율성, 자존감·자발성, 책임감을 높여서 열정과 몰입을 만들어 내고, 이해·존중, 공감·배려의 실질화로 우정·사랑·행복감을 느끼도록 해야 한다. 또 개방·나눔, 협력·성장의 강화로 자신감·가능성·희망을 쏘아 올려야 한다.

이런 노력은 민주적 교원 공동체 구현, 학생 생활 공동체 구축, 교원학습 공동체로 진화할 것이다.

관계혁신, 문화혁신이 답이다. 학교혁신은 교사의 존재론적 성찰 없이 불가능하다. 따라서 물질적 보상, 복지, 인사 승진 등 외재적 가치 추구를 지양하고, 명예, 보람, 긍지, 성취감 등의 내재적 가치를 추구하도록 지원하는 노력을 해야 한다. 이러면 교사는 변한다.

학교혁신과 지식인다움

선생님은 지식인이다. 지식인은 지식인답게 self-leadership을 발휘해야 한다. self-leadership이 추구할 대목은 무엇일까?

우리 아이들이 살아갈 사회는 어떤 사회인지, 그들이 그 사회를 잘 살아 내도록 하기 위해서는 '어떤 가치'(교육적, 사회)를 교육 활동으로 녹여내어 가르칠 것인가에 대해 지식인답게 공동체적인 고민을 해야 한다.

우리 아이들의 영혼을 다루는 사람으로서 어떤 교육 가치에 기반하여 더 깊이 성찰하고 명상하면서 다음 연도의 교육 활동을 준비해 왔는가. 하지 않았거나 못했다면 왜 그랬을까를 점검하자.

위 교육 가치에서 발로한 우리의 교육과정, 나의 수업과 아이들에 대한 생활교육은 '어떤 방법과 기법' 아래에서 진행되고 있는지, 그래서 내가 도달해야 할 목표는 무엇이고 아이들이 갖게 될 핵심역량은 무엇인지에 대해 진지한 성찰도 해야 한다.

더 나아가 어떤 방법과 기법에 나의 가슴을 뛰게 할 그런 것은 있는지, 그렇게 할 나의 것과 우리 공동체의 것은 무엇이 되어야 하는지를 솔직하게 토론해 보자.

교장실에 걸려있는 연구부장 선생님의 노고가 담긴 학교 교육 방향과 학교 비전·공동체 운영 철학·학교상·운영 중점은 누구의 것인지, 교장의 것인지 여러 선생님의 것인지, 우리는 이것을 왜 만들어 놓았는지를 살펴야 한다.

매우 중요하다. 이제는 공동체의 성찰이 필요할 때다. 언제나 지속해서 고민하고 토론해야 한다. 특히 학년 초에는 더 절실하다. 나와 공동체의 비전을 만들자.

⇨ 좀 더 알아보기 <한홍진, 후지사와 구미 참조>

비전은 확고한 가치와 철학에 바탕을 둔 비전이어야 하고 우리는 공감하고 스스로 일하게끔 하는 매력적인 비전을 만들도록 노력해야 한다.

우리는 조직의 철학과 가치관을 서로가 공유할 수 있도록 노력해야 한다. 차분하게 생각하고 미래를 바라보며 변화에 대비하면서 미래의 큰 흐름을 공부하고 서로가 함께 구체적인 학교 미래상을 그려야 한다.

self-leader는 나아가야 할 방향, 비전을 만드는 사람이어야 한다. 새로운 과제를 스스로 발견하여 그 해결책을 생각하고 실행할만한 선생님이 되어야 한다. 지식인들의 경우에는 각자 개인의 비전과 공통의 비전을 함께 만들어 공유하는 것이 그들의 속성에도 맞다. 조직 구성원 모두가 자신의 탁월성을 최대로 발휘한다는 개념의 arete를 구현하도록 해주는 셀프 리더십이면 어떨까 싶다. 우리는 각자가 성공하도록 해야 한다. 그 성공은 각자의 탁월성을 이루는 성공이다. 비전을 함께 만들면서 공동체적 동지애가 생기고 이는 각자에게 힘을 불어넣게 된다. 함께 해보자는 의지가 발로한다.

대부분 학교는 비전을 미사여구로 포장된 슬로건 정도로 이해하고 있으나 비전은 우리에게 조직을 이끌어가는 데 필요한 힘을 제공해주고 구성원들의 사고와 행동에 영향을 미쳐 꿈이 현실로 나타나게 해준다. 또한, 헤매지 않고 목적지에 도달하게 해 준다. 비전은 변화에 대한 두려움을 덜어주고 자신감을 느끼게 함은 물론 헌신하고자 하는 마음이 고갈되지 않도록 해 주는 데 중요하다.

비전은 학교조직이 보유하고 있는 각 구성 요소들을 통합하는 역할도 하며 어떤 업무를 추진하는 데 일체감을 느끼게 한다. 비전은 학교 내 단위 부서나 교사 개개인에게 비전이 각인되어 스스로 어떤 일을 어떻게 해야 할지를 터득하게 하는 아주 중요한 기능을 한다. 비전을 내 몸에 담아 두면 관리자나 동료에게서 계속된 지시나 도움을 받지 않고서도 일을 자율적으로 할 수 있다.

학교혁신과 지식인의 공동체성

D.C Lortie는 학교조직을 '달걀 상자'라고 한다. 달걀이 한 꾸러미 안에 담겨있지만 서로 부딪히지 않게 나뉘어 떨어져 있는 모습을 말한다. 이는 교사 사이에 칸막이가 처져 있는 상태를 비유한 것이다. 이는 교사들의 전문성과 교육 활동의 비협력이 학교혁신의 걸림돌이 됨을 비유할 때 자주 쓰는 개념이다. 학교가 '이완 결합체' 칸막이 조직이라는 것도 비슷한 의미다. 학교는 공동체적이지 않다는 의미로 해석할 수 있다.

교사들의 고립적인 실제 모습도 이럴진대, 하물며 지식인인 교사가 껴안고 있는 교육의 본질인 공동체적 정체성을 확인하는 것조차 거의 하고 있지 않다면 이는 문제다. 현상과 본질 추구 둘 다에서 문제인 것이다.

이 공동체적 정체성을 가장 잘 드러내는 것이 '토론이 있는 교직원 회의'가 아니겠는가. 이게 잘되지 않고 있다는 얘기를 많이 듣는다. 지식인들의 공동체성이 친목 모임, 스포츠 모임으로 강화되는 것은 아니라고 한다. 학교조직이 공동체성을 갖는 것은 매우 중요하다. 학교 교육력은 여기서 나온다. 공동체성 강화를 위하여 어찌할 것인가.

최근 혁신학교의 공동체 문화를 위한 노력에서 배울 것이 있다. 특히 교사가 본연의 업무인 수업 등에 충실할 수 있는 여건인 학교 업무 정상화와 교원학습공동체 운영으로 인해 공동체성은 물론 수업 전문성까지 높아지고 있다는 것이다.

지식인이 주로 머무는 학교, 이 학교의 공동체성을 확보하기 위한 노력에는 어떤 것이 있을까. 진지한 고민이 필요하다. 공동체성을 위한 가장 중요한 우리의 노력에는 어떤 것이 있는지 찾아야 한다. 이를 위해 우리는 구체적으로 무엇을 할 수 있는지 말이다.

⇨ 솜 너 알아보기 <백벙부 이외, 참조>

지식인으로서의 self-leadership에서 관심을 가져야 할 것에는 공동체적 규범, 전문가적 이상, 일 자체에의 몰입, 동료 의식 등이 있다. 이 중에서 가장 중요한 것은 공동체적 규범인데 학교는 상급 기관이 정한 지침에 따라 움직이는 행정조직이 아니라 가치와 정서, 신념을 공유하는 공동체가 되어야 한다. 앞에서 얘기한 적극적 소통을 하는 조직은 공동체성이 높을 것이다.

상급 단위의 지시가 아니라 자신의 판단에 따라 자율적으로 교육 활동을 하고 그 결과에 책임을 지는 윤리 의식을 지닌 교사가 진정한 교육 전문가다.

이런 학교에선 누가 시키지 않아도 스스로 자기가 해야 할 일을 찾아서 하게 된다. 그때 일 자체에 대한 몰입이 생긴다. 몰입은 어떤 활동에 몰입한 경험 자체가 소중하여 다른 대가를 치르더라도 그것을 하려는 상태를 말한다. 다음으로 동료 의식은 학교 구성원들이 공동의 헌신을 하도록 결속하는 공동체 규범과 가치에 의해 형성된다.

학교혁신을 위한 공동체성은 공동체적 규범, 전문가적 이상, 일 자체에의 몰입, 동료 의식 등으로 강화됨을 기억하자.

혁신학교, 자율과 개입의 균형

현재의 혁신학교가 뭔가 새롭게 도약해야 한다는 것은 맞지만 서울의 경우, 혁신학교가 10여 년 지나온 지금에는 조급함을 갖지 않았으면 한다.

새로운 뭔가를 들여와야 한다는 생각보다는 지금까지 하고 있는 운영 체제를 실질화하는 작업이 더 중요하다. 현시점, 현 조건에서 가능한 만큼의 최대치에 접근하는 완성(결) 작업이 필요하다.

내 판단으로는 지금 혁신학교 역량이 초기 혁신학교와 거의 같다고 본다. 교사의 역량 등과 같은 교사의 상태, 교원 간의 의사소통·토론 등의 학교 문화 조건 등에서다. 왜냐하면, 교원의 인사이동 등에 의해 혁신학교의 지적·문화적 자산이 지속적이고 체계적으로 축적되지 않았기 때문이다.

혁신학교에 대한 평가는 많이 나와 있지만 학교와 교사의 변화 정도에 대한 평가는 혁신학교 자체 내에서는 거의 없다고 볼 수 있다. 외부의 평가도 주로 긍정적이다. 초기에 비해 새로운 변화가 두드러지지 않고 있다.

혁신학교에 대한 워크숍, 연구 발표회 등에서 나오는 발제와 토론 내용을 보면 해마다 거의 같은 맥락과 수준이다. 잘되고 있는 것으로 발표되고 있다. 하지만 그동안 드러난 문제와 부족한 부분들을 개선 보완하는 실질화 작업도 중요하고, 혁신학교를 본질에서 그것이게 하는 인프라 구축 작업도 필요하다. 여기서는 후자에 대해 살펴본다.

첫째, 교육과정, 인사, 예산 등에서 그간 옥죄고 있던 각종 법령을 중앙 정부 차원에서 과감하게 풀어주면서 학교자치를 강화해야 한다.

자율성 강화를 위해 교사의 수업 시수 경감과 행정 업무 경감을 과감하게 시행하고 교사 인사권, 예산 편성·운영권, 교육과정 편성·운영권 중 일부라도 과감하게 학교장에게 위임해야 한다.

둘째, 교육청은 혁신학교에 요구할 것은 책임 행정 차원에서 자신 있게 요구해야 한다.

자율성만 최대한 주어진다고 혁신이 성공하지 않는다. 서구 사회의 교육혁신이 그 증거다. 책무성이 아닌 책임성(감) 확보 장치를 투입해야 한다. 그래서 불균등한 혁신학교의 질을 높이면서 시민사회에 신뢰를 주어야 한다.

하나, 혁신학교 교육과정은 어떤 것이어야 하는지다. 혁신학교 교육과정이 구성원의 협의 속에서 표준화된 수준 있는 모종의 그 무엇이어야 함을 교육청에서 예시 안으로 줄 필요가 있다. 교육청이 제시한 이런 공통 예시안의 기초위에 학교의 자율성에 의한 교육과정이 자리해야 하는 게 아닌가 싶다. 혁신학교 교사들 일부와 혁신학교 운동가들 상당수는 이를 반대하고 있다. 이것은 학교 자율성에 지나치게 경도된 편향성 때문이다. 혁신학교의 자율성을 침해하지 말라고 외치고 있는 것이다. 자율성이 금과옥조로 여겨지고 있다.

다시 말해 교육과정의 질을 확보하는 게 중요하다. 교육과정의 진화가 필요한 것이다. 이렇게 해야 학부모들과 일반 시민들의 혁신학교에 대한 막연한 불안감과 불신을 해소할 수 있을 것이다. 그리하여 혁신학교는 시민 지지의 보금자리를 틀어야 한다.

예컨대 혁신학교용 IBDP 교육과정과 같은 혁신학교 'X 교육과정'을 도입하여 국민에게 신뢰의 메시지를 보내야 한다. 그나마 다행인 것은 한국형 바칼로레아 도입을 서울시교육청도 검토하고 있는 점이다.

둘, 수업과 생활교육의 변화를 위한 체계적인 관리가 교육청 차원에서 이루어져야 한다. 혁신학교 교사들의 역량 강화를 위한 대대적인 재원 투입이 필요하다. 혁신학교 교육과정 운영 및 학생 평가가 과학적일 수 있도록 교사의 교육과정·평가 전문성과 생활교육 및 상담의 전문성을 심화해 주어야 한다. 교사의 열정도 중요하지만, 그 열정에 과학적, 교육학적 근거가 있는 전문성이 입혀지면 금상첨화다.

셋, 혁신학교 교사들은 혁신학교가 미래역량을 기르는 우수 프로그램을 많이 갖고 있다고 자랑하지만, 이는 교육학적으로 과학적 검증을 받은 바가 거의 없다. 그러니 이를 체계적, 과학적으로 측정할 도구 개발도 필요하다고 본다.

자율성의 실질적 강화와 교육청의 적절한 개입에 의한 표준안들이 결합한 교육과정을 가진 제3기 혁신학교면 좋겠다. 어설프게 주어진 자율성이 아니라 제대로 주어진 자율성의 울타리에서 교육청의 최소한의 요구가 관철되는 즉 자율성과 책임성이 동시에 혁신학교를 밀고 가는 힘이 되어야 한다고 본다.

혁신학교와 학부모 변화

나는 이번 ○○중학교에 대한 혁신학교 지정, 지정 취소 사태를 보면서 많이 우울했다. 내 눈에는 시·도교육감은 혁신(학교)교육을 위해 고군분투하고 있는데 중앙 정부는 뒷짐을 지고 있는 것으로 보였고 혁신학교에 대한 인식이 왜 이렇게 되었는지에 대한 아픔이 느껴졌기 때문이다.

첫째, 정부는 혁신교육 담론 형성과 전파, 법제화·제도화에 적극적으로 나서야 한다.

혁신 교육은 시·도 교육감에게만 맡기고 뒷짐질 일이 아니다. 정부는 혁신 교육의 전국민적 담론 형성과 전파, 이의 법제화와 제도화에 나서야 한다. 혁신 교육을 위해 중앙 정부는 무엇을 했는지를 일선 교육 담당자로서 잘 모르겠다. 뭔가 논의를 잔뜩 많이 하고 있다고 풍문으로 들어서 알고 있다.

그런데 이번 사태에서 보듯이 혁신 교육은 아직도 반대자들에게 포위되어 있다. 강남 현상으로만 보아서는 안 된다. 전국 현상이다. 혁신 교육이 널리 확산하고 있는 것으로 보이지만 학교 현장에서 뿌리를 내려 잘 자라고 있다고 확언하기 어렵다.

박근혜 정부의 자유학기제 도입이 완벽하게 준비되어 시행되었는가.

그렇지 않다. 혁신 교육에 대해 시·도 차원에서 10년간 축적한 많은 경험과 자료가 있는데도 정부는 왜 망설이는가. 혁신 교육은 어느 정도 준비되어 있다. 국가교육회의는 출범한 지가 언젠데 아직도 무엇을 그리 좌고우면하고 있는가. 시도교육청의 10년간의 눈물겨운 혁신 교육 노력은 제도와 법이 뒷받침되지 않아 아직도 지지부진한 것이 너무 많다. 특히 시·도가 혁신(학교) 교육 담론 형성과 전파, 제도화를 감당하기에는 너무 힘에 부친다.

정부는 하루 속히 혁신 교육에 관한 법과 제도의 보장을 위해 논의하고, 가능한 것부터 실행해야 한다. 법과 제도가 의식을 규정해 나가는 방법론도 있음을 꼭 기억하자. 위에서 말한 자유학기제가 좋은 사례다.

정부는 자유학기제처럼 전국의 모든 학교가 혁신 교육을 하지 않을 수 없도록 만들어야 한다. ○○중 사태처럼 일개 학교가 부닥친 어려움에 삼자적 자세로 정부가 관망만 해서는 안 된다. 굳이 혁신학교가 아니라도 혁신 교육 전반을 구체화하여 진작 법과 제도로 보장했으면 이런 사태가 발생하지는 않았을 것이다.

수업 혁신, 학교의 민주적 운영, 생활교육 혁신, 민주 시민교육 혁신, 지역사회 결합 혁신, 학교 공동체 구현 등을 구체화한 방안을 담은 '법'을 보장했으면 말이다.

나는 이런 사태는 정부의 뜨뜻미지근한 혁신 교육 추진 결과라고 본다. 많은 학자가 미래사회와 4차 산업 혁명, 미래인재를 논하고 외치면 뭐 하나.

상당수의 국민과 일부 특정 지역주민들은 아직도 산업화 시대의 인재관, 수업관, 지식관, 이를 위한 교육과정을 그대로 신봉하고 있지 않은가. 그들은 왜 아직도 그런 인식의 틀을 못 벗어나고 있는가. 그들의 탓으로만 돌리기에는 정부의 혁신 교육 담론 형성, 확산, 강화가 너무 빈약했다. 문재인 정부 들어서 교육 혁신을 한 것이 없으니 말이다. 학교정책실을 학교혁신정책실로 바꾼 것 정도만 기억난다.

상당수의 국민은 아직도 아래와 같은 신화적 명제에 빠져있다. 하나, 열심히 외우고 풀고 해서 높은 점수를 받아 명문 대학 가면 연애도 할 수 있고 그때부터 행복 시작이라는 것이고,

둘, 시험을 잘 보고 점수 잘 받아 좋은 대학 간 아이들이 재능도 있고 인성 또한 훌륭하다는 것이며,

셋, 좋은 대학에 가면 좋은 직장을 구하고 직장생활, 사회생활에서 성공한다는 것이다.

수십 년을 지배하고 있는 이런 비과학적·반교육적·맹목적 인식의 개선을 위해 우리 정부는 무엇을 했는가. 명색이 진보 정권이라고 하지 않는가. 속히 서둘러서 혁신 교육 담론의 전파를 강화해야 한다.

또 우리 아이들을 어떻게 키워야 하는지에 대한 미래 지향적인 충분한 논거와 자료들이 있음에도 이는 국민에게 제대로 전달되지 않고 있다. 참으로 안타까운 일이다.

다른 아이들과 협력할 줄 알고 잘 도울 줄 알던 아이들이 그렇지 못한 아이들에 비해 더 높은 수준의 교육과 임금을 받고 있다는 발달심리학자들의 연구들, 행복한 학교생활을 하는 아이들이 공부도 잘한다는 미국의 실증 자료들, 학교 성적, 표준화 시험의 성적(SAT)과 직업 생활의 성공 사

이의 상호 연관성이 약하다는 신경과학자들의 연구들, 청소년에게 협력 능력을 키워주면 자존감이 높아지고 호기심이 자극되며 창의성과 성취도가 커지고 긍정적인 사회적 행동이 촉진된다는 연구들을 우리 국민은 잘 모르고 있다. 이를 전파할 책임이 교사에게 있는가. 정부에 있는가.

둘째, 우리는 혁신교육, 혁신학교에 대한 이상주의에서 내려와야 한다.

나는 혁신 교육에 대한 국민의 일반적 인식이 미흡하긴 해도 몹시 나쁘다고 생각하지 않는다. 우리 교육에 대한 문제의식과 우리 아이들을 어떻게 기를지에 대한 교육 방향에서는 대체로 동의하고 있다고 본다.

아울러 혁신 교육이 추구하는 방향과 교육과정들이 충분하지는 않지만, 미래 핵심역량과 미래사회를 준비하는데 상당 정도 부응하는 면이 있다. 이를 제대로 이해하지 못하고 있는 국민이 많이 있다. 그들의 무지 탓으로만 돌려서는 안 된다. 우리가 그들의 계몽을 위해 노력해야 할 부분이 있음을 상기하자. 솔직하게 토론하고 검토하자.

혁신 교육의 대표적 라벨인 혁신학교를 기획하고 운영해온 혁신학교 운동가와 정책 기획자의 눈물겨운 노력을 인정하자. 그런데도 이상주의적 지향 때문에 현실에서 국민에게 불안감과 불신을 준 측면이 없는지 살펴야 한다. 반걸음만 앞서가자고 하면서도 한 걸음 이상을 앞서가고 있지 않은지에 대해서 성찰하자. 이제는 혁신 교육 전반에 대해 전면적으로 드러내 놓고 진지하고 솔직하게 검토할 때가 되었다.

좀 더 들어가 보자면 혁신학교의 초기 이상주의적 운영이 국민의 현실적인 불안을 초래한 측면은 없는지, 민주성은 제대로 구현되고 있는지, 학업 성적 중심으로 치닫게 하는 우리 입시 현실로 인해 죄수의 딜레

마에 놓인 학부모들의 딱한 사정을 사정없이 무시한 적은 없는지, 국민을 안심하게 할 교육과정은 충분히 준비되었는지, 학생 생활교육에 대한 이상주의적 운영 측면은 없었는지, 혁신학교를 만들어 온 교육 당사자들과 연구진들이 너무 자화자찬하고 있지 않은지 등에 대해 혁신학교 관계자와 교육 공동체 구성원들은 교육 본질 지향의 입장에서 정말 진지하게 검토하자.

이제는 혁신학교의 있는 그대로의 속살을 드러내어 새롭게 리빌딩(rebuilding)하자. 일부 국민의 인식 미흡 탓으로 돌릴 문제만도 아니다. 그래서 그들을 과도하게 비난하지 말자. 혁신 교육 관계자들의 자족적인 게으름의 탓일 수도 있음을 인정해야 한다. 앞에서 말했듯이 특히 중앙 정부의 소극성에도 문제가 있고 혁신학교에 대한 우리 모두의 성찰적 노력의 미흡에도 문제가 있다. (글을 작성한 시점이 현재가 아니라서 서술 내용이 적절하지 않은 부분이 있을 수 있음)

학교혁신과 교무회의[32] 의결기구화

권한의 지배력 측면에서 보면 교무회의 의결과 중등교육법 20조 ①항의 '교장의 지도·감독권'이 충돌한다.

교무회의 의결권과 '교장의 지도·감독권'의 우열 문제가 생기는 것이다. 교무회의 의결 내용이 효력을 발생하기 위해서 교장의 결재가 있어야 한다면, 교장의 결재가 교무회의 의결보다 힘이 더 강한 상황이 되므로 교장의 지도·감독권이 우위에 선다고 볼 수 있다. 여기서는 교무회의 의결사항을 교장이 변경할 수 있는 여지가 있다.

반면에 교장의 결재가 교무회의 의결을 반드시 따라야 한다면, 교무회의 의결이 교장의 결재권보다 힘이 더 센 상황이 되므로 교무회의 의결권이 우위에 있다고 볼 수 있다. 교장이 교무회의 의결사항을 반드시 이행해야 하므로 교장의 지도·감독권은 유명무실하게 된다.

위의 2가지 해석은 교무회의 의결의 성격을 어떻게 규정하느냐에 크게 좌우된다고 볼 수 있는데, 어떻든 두 권한이 갈등할 여지가 매우 높다.

이런 충돌(갈등) 상황에서는 조직의 혼란을 가져올 가능성이 상당히 높다. 특히 교무회의 결정 내용의 수준에서 문제가 있을 때다. 위의 전자 입장으로 정리가 되면 우월권의 다툼이 그래도 정리가 되겠지만, 후자의

---

32) 전 교직원(교사)이 참석하여 의사 결정을 하는 회의 단위

입장이 될 때는 조직은 어려움에 부닥치게 될 것이다. 따라서 이런 제도를 채택하기에는 위험 부담이 따른다.

한편 학교경영의 측면에서 첫째, 교무회의 의결에 대해 교사 다수가 책임을 질 것인가의 문제가 생긴다.

논리적으로 보자면 교무회의 의결기구화는 교사 다수가 결정하는 것이므로 그들이 책임지는 게 맞다. 하지만 현실과 조직 작동원리에서 보면 말도 안 된다. 교무회의 구성원 모두가 책임을 진다는 말은 아무도 책임을 지지 않는다는 말과 같기 때문에 책임질 주체가 없다는 것이다. 책임질 주체가 없는 조직은 위험하다.

현실적으로는 구성원 다수가 의결하고 교장이 책임을 지게 된다. 논리적으로 보면 이는 말이 안 된다. 결정은 다수 교사가 해놓고 어떻게 교장이 책임질 수 있겠는가. 교장의 생각과 다르게 결정될 수도 있는데 말이다.

따라서 의결과 책임의 주체는 동일인이어야 한다. 조직을 합리적으로 운영하기 위해서는 민주적 방식을 전제하면서 조직의 장에게 의사결정권을 주고 결과에 대한 책임을 묻는 것이 맞다.

둘째, 의사결정 과정은 생산적이어야 한다. 다수가 모여서 의결하는 것은 현실적으로 불가능하다.

교무회의에서 모든 안건을 다루면 구성원들의 다양한 의견을 수렴하고 학교경영에 관심과 책임 의식을 높여 참여도를 높일 수 있으며, 학교장의 독단적인 의사결정을 제어할 수 있는 장점이 있다.

그러나 업무량이 과다하고 조직이 소규모가 아니며 교사들의 일과 중 시간이 부족한 상황에서, 다수 참여에 의한 다수의 결정은 거의 불가능하면서 비효율적이다.

그래서 학교 시스템은 대부분 교감과 부서장들이 검토하고 교장이 검토·협의에 따라 의사결정을 내리는 구조로 운영되고 있다.

셋째, 의결기구화된 교무회의는 학부모·학생과 교사 간의 이해 상충을 조정할 수 없다. 교사 이익을 우선에 둔 결정을 할 때 어떻게 할 것인가.

교사들은 오직 학생들을 바라보며 교육에 헌신하고 있다. 그런데도 사안에 따라서는 학부모·학생보다는 교사 자신들의 이익을 앞세운 의사결정을 내릴 소지가 있다. 이럴 때 학생과 교육 이익의 견지에서 중심을 잡아줄 세력이나 개인이 필요하다. 교장이 그 일을 하는 게 맞다.

사회 환경 변화의 측면에서 보면 교무회의 의결기구화는 시대 변화에 뒤떨어진다.

어떤 정책과 주장은 그 시대 상황을 반영할 때 타당성을 가질 수 있다. 80년대처럼 교장의 강고한 권위주의가 지배할 때는 교육과 학교의 민주적 혁신을 위해서 교사들이 교장의 권력을 통제할 필요가 있었다. 그 수단이 교무회의 의결기구화였다.

지금의 시점에서 보자면 얘기는 달라진다. 민주화 과정을 거치면서 사회 구성원의 민주 의식과 민주적 노력이 많이 고양되었다. 교장, 관료들을 타도 대상으로 봤던 30년 전과 지금의 학교 조건(상황)이 분명히 다르다.

따라서 특정 노조 활동을 하는 혁신학교 일부 교사들은 이제 비민주적인 교무회의 의결기구화(다모임 등 활용)를 계속 주장하지 말자. 이를 이루기 위한 힘든 노력을 멈추고 합리적이고 민주적인 교사 의견 표출 방식과 반영 절차가 무엇인지를 찾아야 한다.

교무회의 의결기구화의 대안

학교민주주의는 상호 존중과 자존감의 고양에 의해 교사의 집단지성의 최대화와 교장의 자존감의 최대화가 공존하도록 해야 하는 중요한 장치다. 이에 따라 초중등교육법 20조 ①항의 교장의 지도·감독권과 교사 다수의 의사결정 방식이 충돌하지 않고 상생의 얼굴을 하도록 해야 하고 구성원의 공동체성을 높이는 방식으로 가야 한다.

그런데도 교무회의 의결기구화는 이런 취지에 잘 부응하지 못한다는 얘기들이 많다. 많은 관심과 논란에도 불구하고 학교에 전혀 도입되고 있지 않다. 관련 구성원의 이해관계가 걸려있기 때문이다. 따라서 조직 구성원 모두의 상생·공존과 공동체성의 유지·강화를 위해 우리가 수용할 수 있는 가능한 대안이 무엇인지 찾아야 한다.

첫째, 교무회의를 '의결적 심의 기구화'하고 교장의 재심의 요청권을 부여하는 방안이다. 이를 위해 학교운영위원회(이하 학운위라고 함) 규정을 준용하되 일부 보완하는 것이다.

초·중등교육법 시행령 60조를 보면 학운위가 사실상 의결하는 것으로 볼 수 있는데, 이를 '의결적 심의'로 이해할 수 있다. 교장이 학운위의 심의 결과와 다르게 시행하거나, 심의를 거치지 않는 경우에 학운위는 견제 장치를 발동할 수 있다. 학운위와 관할청에 서면으로 보고하도록 한 것이다.

교무회의도 이와 유사하게 운영하면 어떨까 싶다. 학운위와 달리 교무회의 의결의 경우에는 교장이 재심의에 붙일 수 있는 내용을 추가하는 것이다. 보고를 재심의로 대체하는 것이다.

※ 초중등교육법 시행령

제60조(심의결과의 시행 등) ①국·공립학교의 장은 운영위원회의 심의결과를 최대한 존중하여야 하며, 그 심의 결과와 다르게 시행하고자 하는 경우에는 이를 운영위원회와 관할청에 서면으로 보고하여야 한다. ③국·공립학교의 장은 제2항의 규정에 의하여 운영위원회의 심의를 거치지 아니하고 시행한 때에는 관련 사항과 그 사유를 지체 없이 운영위원회와 관할청에 서면으로 보고하여야 한다.[제목개정 2011.3.18.]

학운위의 경우에는 교장이 학운위 심의 사항을 '최대한 존중하되' 부득이하게 달리 시행하려면 '보고'만 하도록 하고 있지만, 교장이 교무회의 의결의 내용과 다르게 시행하려는 경우 그 시행 전에 '재심의'를 요청하는 장치를 넣는 것이다. 즉 교무회의(교사회의, 직원회의)에서 결정된 내용을 교장이 수용하기 어려울 때는 재심의'절차를 거치도록 한다는 것이다. 이게 합리적이다.

둘째, 부장회의를 '의결적 심의기구화'하는 방안이 있다. 모든 교사가 심의에 참여하는 첫째 안은 실행하기 곤란하다. 모든 학교 교육 활동을 전체 회의에 부의하기 어려운 게 현실이고 교사들이 시간을 많이 낼 수도 없다. 회의운영의 비효율성 문제가 생긴다.

따라서 부장 교사 회의를 교사들의 대의기구로써 규정하여 이를 '의결적 심의기구화'하면 되는 것이다. 부장회의가 매주 열리고 참여 교사 수가 10여 명이 되며 교장, 교감도 참여하므로 대표성 등에서 충분히 현실적이다.

셋째, 학교운영위원회, 교사협의회 등 제3의 회의체를 활용하는 것이다.

학교운영과 관련된 주요 의사결정에서 최종 결정은 지금처럼 학교장이 하되 학교운영위원회에서 논의하고 결정하는 안건의 범위를 늘리는 방법이 그 하나다.

또는 교사협의회(평의회)를 구성하여 학교운영진과 정기적인 회의를 열어 주요 안건을 심의하여 부장회의에 상정하는 방식이 그 둘이다. 후자는 부장회의와 별 차이가 없지만, 또 다른 형태의 교사 대표체라는 것은 의미가 있다.

또 다른 방식이 있을 수 있겠지만 적어도 이 정도의 안을 가지고 토론해야 한다. 그래서 학교민주주의가 연착륙하도록 해보자.

학교자치와 정책

　학교는 교육기본법 2조에[33] 의거하여 민주주의 정치체제의 축소판이
다. 학교는 기본적인 수준에서 민주주의의 가치, 원리 및 생활 방식이 관
철될 수 있어야 한다. 이를 위한 장치가 학교민주주의이고 학교자치[34]다.
　이는 궁극적으로는 학교혁신을 목표로 삼아야 한다. 아래의 정책들도
모두 학교혁신을 겨냥하고 있는 것이다.
　학교자치, 학교혁신을 위한 정책은 시도별로 약간의 차이는 있으나 대
체로 아래와 같다.

* 학교자치 조례 제정

　경기도·전라북도·광주광역시교육청의 학교자치 조례는 내용에서 조금

---

33) "교육은 ~자주적 생활능력과 민주시민으로서의 필요한 자질을 갖추게 함으로써~"

34) (백병부) 학교자치는 외부의 간섭없이 학교 구성원들의 참여로 학교운영에 관한 사항을 결정
　　하는 것임. 학교자치는 학교민주주의의 전제가 되고 학교민주주의는 학교자치의 실행 방법이
　　되는 것임. 학교자치는 학교민주주의가 실행되기 위한 조건이며, 학교민주주의는 학교자치의
　　방법과 목표를 결정하는 것임. 정책의 종류에서는 홍섭근, 김혁동의 분류를 다소 차용함

씩 차이가 있으나 학교의 민주적 운영 원칙 명시, 학생회, 학부모회, 교사회[35] 등 각각의 자치 기구를 두어 학교자치를 실제로 할 수 있는 틀을 만들어 놓았다.

* 학교자율감사제 운영

학교자율감사는 많은 시·도교육청에서 실시하고 있는 제도로 감사대상인 학교가 미리 자체감사를 함으로써 감사받는 것에 대한 부담을 덜어주는 제도다. 이는 자율에 따른 책무성을 높여 학교를 더 잘 운영하게 하려는 정책 목적이 있다. 자율의 의미에서 드러나듯이 학교 교육활동과 관련하여 자체 정화기능을 사전에 작동하는 것으로 학교자치의 또 다른 장치를 하나 더 만든 것이라고 볼 수 있다.

* 학교민주주의 지수 활용

경기도교육청에서 실시하고 있는 정책으로 자율과 자치의 학교문화를 구현하기 위해 단위학교의 학교문화, 학교구조, 민주시민교육 실천 영역을 총체적으로 진단하는 정책이다. 학교가 민주적 가치를 공유하고 삶의 양식으로서의 민주주의를 제대로 실천하고 있는지를 확인하고, 구성원들의 참여가 활발하게 이루어질 수 있는 민주적 의사결정체계를 구축하여, 민

---

35) 교직원회의, 교무회의 등 시·도에 따라 용어는 차이가 있음

주시민교육을 실천하고 있는지를 보는 도구다. 이는 학교민주주의 구현 상황이 학교자치의 첨경임을 확인하고자 하는 제도다.

＊ 교장 공모제 및 교원학습공동체 운영

교장공모제는 혁신 마인드를 지닌 공모교장이 학교민주주의의 지지자로서 학교를 혁신하길 기대하는 제도다. 교장 공모제는 학교를 혁신할 가능성이 다른 임용 형태의 교상보나 더 높고 실제 학교 구성원의 만족도도 높게 나타나고 있다.

교원학습 공동체는 학교자치와의 정적(+) 상관이 높다는 연구는 없지만, 교사들이 전문성을 신장할 수 있는 제도다. 이에 따라 교사의 전문성 신장은 학교에 대한 신뢰를 높이고 학교자치를 더 앞당길 수 있는 지렛대가 될 수 있는 것이다.

＊ 학교운영위원회 및 인사자문위원회 운영

학교운영위원회가 1996년 출범한 이래 이의 성과에 대한 부정적 여론이 더러 있다. 그런데도 이 정책은 교원 중심의 학교 의사결정 구조를 벗어나서 학부모, 지역사회가 학교 교육활동에 참여할 수 있는 시스템을 갖춘 것에 의의가 있는 제도다. 특히 학교자치의 시발점이 된 제도이기 때문에 학교민주주의 측면에서는 매우 의미 있는 것이다.

인사자문위원회의 경우에도 자문성 심의가 아닌 의결성 심의로 가야 한다는 비판이 있지만, 그래도 교장의 인사 권한을 일정 부분 견제하는 장치로써 학교민주주의의 진전으로 보고 있는 견해도 많이 있다. 학교자치가 교장자치에서 교사자치로 갈 수 있는 중요한 계기가 되고 있다고 볼 수 있다.

＊ 학교업무정상화 정책 추진

내실있게 한다면, 학교자치를 가능하게 하는 가장 결정적인 정책이 학교업무정상화 정책이다. 전국의 모든 시·도교육청이 추진하고 있다. 이것은 교사들이 본연의 업무인 수업과 생활교육에 충실하도록 하기 위해 물리적, 심리적 여유를 주고자 하는 정책이다. 이 정책에는 교사들이 여유시간으로 교육과정, 수업 등에 대한 연구와 고민을 하면서 전문성을 신장하고, 학교의 각종 교육활동에 대해 숙의함으로써, 학교자치와 학교 교육력 제고라는 두 마리 토끼를 잡을 수 있을 것이라는 믿음이 깔려있다.

＊ 학교자체평가제 운영

학교자체평가제는 서울 등에서 실시하고 있는 제도로 학교가 당해 연도의 교육활동에 대해 교육청의 경쟁·통제적인 관리 없이 학교 자율로 학교교육활동을 평가하는 정책이다. 학교자체평가는 학교가 교육계획을 수립하고 자체평가지표를 만들어서 이에 따라 평가하고 피드백함으로써 교사의 주인의식과 책임감을 고양하게 된다. 그 성공 여부는 우리의 학교자치 성공의 중요한 지렛대다.

* 토론이 있는 교직원회의 운영

토론이 있는 교직원회의는 학교 주요 교육활동에 대해 교직원들이 크고 작은 단위에서 주인의식을 갖고 책임 있게 토의·토론하여 의사 결정하는 민주주의 양식이다. 이 또한 학교자체 평가처럼 학교민주주의로 학교자치를 앞당길 수 있는 유력한 장치다.

* 교사초빙제 운영

일부 학자들은 비판적으로 보기도 하지만 대상 교사가 학교자치에 대한 역량이 있고, 교원학습공동체에 의해 그들이 수업과 생활교육에 전문성을 갖추고 있다면, 이런 교사를 초빙하는 제도다. 특히 학교자치에서는 학교장의 인사 자율성이 매우 중요하므로 이는 적극적으로 권장될 필요가 있다. 더욱이 교사 초빙은 학교운영위원회에서 심의하고 있기 때문에 일각에서 걱정하는 교장의 인사 독단을 막을 수도 있다. 더 나아가 초빙교사제의 긍정적 논리에 의거 전입 요청, 전보 유예제도도 적극적으로 활용해야 학교인사자치를 더 강화할 수 있다.

학교자치의 도전과제

학교 자치는 외부의 간섭과 통제를 받지 않는다는 전제가 매우 중요하다. 학교자치를 말할 때 자치의 수준을 간섭과 통제의 수준으로 치환할 수 있을 것이다. 아래의 얘기들은 이런 수준을 가늠하기는 쉽지 않다. 다만 간섭과 통제의 방향성 정도는 확인할 수 있다.

첫째, 학교 구성원의 인식과 교육청의 사업 방식의 문제다.

학교를 관리와 통제 대상으로 인식하는 중앙정부, 지역교육청의 관료 행정이 학교자치를 방해하고 있다는 의견이 지배적이다. 또 학교 구성원의 학교자치에 대한 인식도 낮고 그것의 실현 가능성에 대한 부정적인 시각도 많다. 심지어 교사들 중에는 학교민주주의를 귀찮아하는 분위기도 있다.

특히 학교자치를 위해 해결해야 할 제도 및 법령상의 세부적인 과제들은 너무 많은데 이게 제대로 잘 이행되지도 않으니 그로 인한 기대치도 낮다. 그게 '잘 되겠어'라는 자조적인 말도 흔하게 들리고 있다.

또한, 학교자치를 위한 실질적인 주체의 문제가 있다. 진보교육감 이후 많은 혁신 정책들이 나오고 있다. 내용 측면에서 혁신적이다. 내용이 혁신적일지라도 정책은 이를 실행할 주체가 움직이지 않으면 실현되기 어렵다. 실제 실행할 교사가 자율적으로 교육활동을 결정할 여지를 많이 주는 시스템 확립이 그만큼 중요하다. 그런데 이게 상당히 미흡하다. 이는 기본적으로 학교와 교사를 신뢰하지 않고 아직도 5.31 교육개혁의 신자유주의적 효율성, 과학적 관리론 관점을 그대로 온존시키기 때문이다. 교사에게 학교자치를 위한 자율성을 주어야 한다.

다음은 혁신방식의 문제다. 교사들을 학교의 주인으로 세우는데 미흡한 것이다. 학교혁신이 아래에서의 혁신이 아니라 중앙정부, 교육청 중심의 top-down 방식의 혁신이 됨으로써 교원들의 자발성과 열정을 끌어내는 데 실패하고 있다. 학교자치를 할 수 있는 토대의 구축이 아직 미흡하다는 것이다.

김혁동, 백병부, 조호규는 학교자치를 위해 해결해야 할 과제를 부가하여 아래와 같이 논의하고 있다.

둘째, 교육법령과 지침 등에 의한 관료주의 행정의 문제다.

교육법령체계와 관료주의적 행정체계는 외부의 통제와 간섭에 의한 것으로 자치를 가로막는 대표적인 장애 요소다. 현행 교육법 체계는 교육기본법과 교육기본법에서 규정하고 있지 않은 영역을 법률로 제정하여 학교 운영을 하도록 강제하는 시스템이다.

이 법령체계에 의해 교육부가 관리하는 법령에는 대략 72개 법 2,068

개 조항, 61개 시행령 1,391 조항이 있다. 이러한 법령체계에 의해 하향식으로 학교를 옥죄고 있는 중앙집권적 시스템을 해체하지 않으면 학교자치는 불가능하다. 이를 해체하고 교사의 전문성에 의한 집단지성에 맡겨야 한다.

셋째, 학교자치에 대한 형식적 권한 배분의 문제다.

김혁동은 형식적 권한 배분에 대해 다음과 같이 말하고 있다. "학교 회계의 경우 특별 교부금과 목적 사업비가 차츰 축소되고 학교기본운영비가 학교 여건에 따라 차등 교부되고 있어서 통제 지양과 평등 기조를 유지"하는 등, 어느 정도 학교 재정자치로 향하고 있으나 아직은 재정자치에의 길은 순탄하지 않은 것 같다.

또 학교평가의 경우, 서울은 평가권에서 거의 100%가 교육청에서 학교로 이양되어 있어서 상당히 실질적인 학교자치를 구현하고 있으나, 그런데도 여전히 형식적으로 운영하는 학교들이 있다.

학교자치의 대표적인 것이 교육과정 편성·운영권의 자율성 부여인데 여기에도 아직 갈 길이 멀다. 단위학교 교육과정 편성·운영 및 평가권의 경우를 보면 교육부 장관 및 교육감은 여전히 학교에 대해 교육과정 운영, 교수학습 방법 등 학사운영에 대한 포괄적 장학권을 활용함으로써 지도 감독권을 행사하고 있다.

교원 인사의 경우는 더 형식적이다. 교장공모제로 약간의 돌파구는 열려있지만, 교사인사권의 경우는 학교장에게 이양된 것이 거의 없다.

넷째, 경쟁과 효율성 중심의 신자유주의 정책이 지속하고 있는 문제다.

교원능력개발평가에서의 상호 다면평가, 단위 학교 교원 간의 경쟁 기조의 성과금 지급 등 신자유주의 요소를 여전히 채택하고 있다. 그 결과 학교는 구성원 간의 협력이 당연함에도 오히려 그것이 어색한 문화를 만들었고, 더하여 이 인사제도가 아주 형식적으로 운영되면서 인사 정책에 대한 신뢰만 떨어뜨리고 있다. 신자유주의의 환경 속에서 교원 개개인의 전문성 역량은 늘어날 수도 있겠지만(순전히 신자유주의 입장) 결과의 공유는 잘 되지 않음으로써 학교 전체의 역량 향상은 한계를 가질 수밖에 없다. 그리하여 혁신학교 등 일부 학교의 구성원들은 노골적으로 교육부와 교육청의 이런 정책과 개입에 불편해하고 있다.

다섯째, 학교운영위원회 역할과 기능 강화를 위한 제도 미비의 문제다.

초중등교육법 31조에서 적시하고 있듯이, 학교운영위원회는 1995.5.31. 교육개혁 이후 학교운영의 자율성을 높이고, 지역 실정과 특색에 맞는 다양하고 창의적인 교육을 하도록 만들어졌다. 특히 의사결정 구조에서 교장 중심의 소수 교원에 의한 학교운영 사항에 대해 교사, 학부모, 지역사회의 참여가 가능해졌다는 것은 긍정적인 측면이다. 즉 학교자치를 위한 형식적인 틀을 갖추는 데 이바지했다고 볼 수 있다.

하지만 본래 설치 취지에 부합하는 심의기구로서의 실질적인 역할이 미흡한 게 문제다. 이는 학교운영위원회 산하 기구인 학부모회, 교사회,

학생회 등의 역할 미흡으로 인해 의사결정의 대표성과 책임성이 약하다. 학교운영위원회가 제반 학교운영에 대한 실질적인 논의로 민주적인 의사결정에 제대로 기여하지 못하고 있는 것이다. 학교장 중심의 의사결정, 학교운영위원회 위원의 비전문성, 행정업무 중심의 보고와 설명 위주 등에서 더 진전이 있어야 한다. 또 학교운영위원회에 참여하는 각 주체인 학부모회, 교사회, 학생회의 안정적인 실현 가능한 법제화가 필요하다.

여섯째, 학교 공동체성의 미흡 문제다.

앞에서도 많이 얘기했듯이 학교의 공동체성이 약하다. 최근 혁신학교의 공동체 문화가 시사하는 바가 있다. 일부이긴 하지만 혁신학교에서 교사가 본연의 업무인 수업 등에 충실할 수 있는 여건이 조성되어 있다. 학교업무정상화와 교원학습공동체 운영으로 인해 공동체성은 물론 수업 전문성까지 높아지고 있는 것은 학교자치를 위한 매우 중요한 진전이다. 학교업무 정상화 정책과 교원학습공동체 정책을 보다 강화해야 한다.

인사 부문에서도 공동체성을 강화하기 위한 정책적 노력이 필요하다. 공립의 경우 학교자치를 위해 5년 교사 전보 제도의 개선을 검토해야 한다. 예컨대 공립의 경우 교사들이 10년 정도 한 학교에 근무하게 하여 학교에 대한 관심과 애정이 생기도록 해야 한다. 사립학교를 참고하자. 거기는 인사이동이 거의 없지 않은가. 사립의 공동체성이 공립보다 강하다.

일곱째, 의사결정 참여자의 대표성과 교장 역할의 문제다.

일부학자들은 초중등교육법 20조 1항(교장의 지도·감독권)을 적시하면서 학교자치가 자칫 교장자치로 전락할 것이라고 우려하고 있다.

각 구성원 자치회의 법제화로 교장의 권한에 일정부분 관여하지 않는 한, 현행법으로는 교장의 민주성 수준에 학교자치가 종속될 여지는 다분하다. 교장의 민주적 리더십이 그만큼 중요하다.

일부 학자들은 초중등교육법 20조 1항 개정을 논하고 있다. 교장의 지도·감독권에 제한을 가하는 것이다. 우려되는 바는 교장이 구성원을 지도하고 감독하는 권한 없이 조직이 유지·관리되겠느냐는 점이다. 어떤 조직이든 조직 최고 leader의 지도·감독권은 있지 않은가. 학교의 경우도 마찬가지다.

학교자치를 지나치게 극단화하여 초중등교육법 20조 1항의 교장지도·감독권을 무력화하는 교사 자치로 가서는 안 된다는 반론은 충분히 일리가 있다. 교장의 지도·감독권이 허용되는 학교자치를 모색해야 한다는 의미일 것이다. 교각살우를 걱정하는 현장의 소리가 많다.

조직 leader의 지휘권이 없는 조직이 어디 있는가. 선출직 구청장, 교육감도 당연히 지휘권이 있다. 다만 단위 구성원들의 의견을 충분히 청취하여 운영한다. 이를 두고도 자치가 아니라고 하지 않는다.

교장의 경우도 마찬가지다. 각 자치회의 의견을 최대한 수렴하는 민주적 방식으로 운영하면 별 문제는 없다. 조직을 운영하는 가장 기초적인 장치인 교장지도·감독권마저 없애려는 것은 문제다.

학교운영위원회의 기능을 강화하여 교장 권한을 견제하는 방법도 있고 법제화에 의한 각 자치회 참여의 강화로써도 가능하다. 학교운영위원회에 자치회 대표들이 들어가서 대표성을 강화하면 교장의 민주성을 더 높일 수 있다는 것이다.

학교자치, 협의 단위·방식의 문제

학교자치는 학교민주주의가 없이는 앙꼬없는 찐빵일 뿐이다. 학교민주주의가 없는 학교자치는 교장자치가 된다. 이런 학교를 민주적인 학교라고 할 수 없다. 학교자치에는 학교 구성원의 참여과정이 반드시 수반되어야 한다. 그래야 다수 구성원이 다양한 주제와 내용을 가지고 토의·토론을 할 수 있다.

어떻게 하는 것을 학교자치라고 할 수 있을까. 참여 주체의 범위, 참여 활동의 대상(내용), 의사 결정 방식 등에 따라 학교자치의 수준은 달라진다.

학교에는 학교 조직 구성원의 역할과 의사결정이 크고 작은 단위로 중층적으로 짜져 있다. 규모가 큰 학교는 학년회의, 부장회의 등에서 크고 작은 일들의 의사결정이 이루어진다. 매번 구성원이 모두 모여서 전체회의에서 의사결정을 할 수도 없다.

가장 이상적인 학교자치는 구성원 모두가 참여하여 모든 학교 일을 심의하고 전체 구성원이 결정하는 방식일 것이다. 그게 어디 가능하겠는가.

모든 교사가 참여하여 직접 결정하는 학교자치가 최선이겠지만 이런 학교자치는 가능하지 않은 비현실적 방식이다. 교육계획, 주요 교육활동,

공동체가 함께할 수업, 생활 교육 방향 등을 학기 초에 결정하는 정도에서 전체 교사가 참여하는 것이 가능하다.

일과 중에 교사들의 시간이 여유롭지 않다. 다양한 단위에서 일상적인 의견 수렴이 되고 이를 최종 결정권자가 받아들이는 과정으로 가면 이 또한 학교자치를 의미하는 것으로 봐야 하지 않을까.

형식의 문제도 있다. 교사, 학생, 학부모 자치회를 각각 법제화하여 공식적·형식적으로 운영한다고 해서 이를 두고 학교자치라고 할 수 있겠는가. 활동의 질이 중요하다.

계선의 부장회의, 학년회의에서 협의와 의사결정이 일상적으로 있다면, 이것도 학교자치이듯이 공식·비공식, 전체·부분 등 중층적인 단위에서 자유롭게 민주적으로 이루어지는 학교자치가 그래도 현실적인 것 같다. 좀 부족하면 어떤가. 구성원의 민주성, 자주성이 보장되는 협의와 의사결정이라면 그 정도로 족하다.

비공(형)식적으로 충분히 의견 개진이 가능한 신뢰 문화와 역동적인 토의·토론 문화를 가진 학교라면 학교자치를 위한 걸음을 제법 떼었다고 봐야 한다.

학교자치, 주체의 문제

학교자치의 주체는 교사, 학생, 학부모 등이다. 각 주체가 자치를 하기 위한 진정한 자격을 갖는가의 문제가 제기되고 있다.

첫째, 학부모들은 학교자치의 진정한 주체로 인정받을 수 있는가.

교사들은 아직도 학부모를 불가근불가원(不可近不可遠)의 대상으로 보고 그들과 진정으로 소통할 수 있는 역량과 자세를 갖고 있지 않다. 학부모에게 수업 공개를 겨우 하는 정도이지 그들과 수업 등 교육활동 전반에 대해서 논의하는 소통을 하고 싶어 하지 않는다.

따라서 학부모들의 활동이 법제화 된다고 하더라도 어떤 내용으로 어느 정도까지 그들이 교사의 교육활동에 개입하여 소통할 수 있을지는 불투명하다. 갈등의 소지도 다분히 있다.

교사들의 교육활동을 부분적으로 보충해 주는 존재로 학부모를 보고 있는 게 교사들의 인식 현실이다.

둘째, 학생들은 학교자치의 성숙한 주체로 설 수 있는가.

교사들이 아이들을 학교자치의 파트너로 보고 있을까. 부정적 견해가 엄존하고 있다. 교사들은 아직도 학생들을 미성숙한 존재로 보며 훈육적 지도의 대상으로 본다. 그들을 교복 입은 성인으로 대하고 있지 않다. 지식량과 지혜의 크기, 정서적 성숙도에서 미숙하다고 본다. 교사들은 아이들을 학교교육활동에서 교사들의 진정한 파트너로 생각하고 있지 않다.

셋째, 학교에 과연 민주주의자들이 넘쳐나는가.

민주주의자들로 넘쳐나야 학교자치가 가능하고 민주적 교육 공동체 문화가 꽃핀다. 학교자치 때문에 학교가 자칫 갈등의 온상이 되거나 이기주의자들의 집합소로 되지 않을까를 걱정하는 학자들도 있다.

민주주의는 상호 인정을 위한 나름의 투쟁적 장치다. 민주주의가 잘 구현되는 현장은 인정투쟁의 현장이라고 보면 크게 틀린 말이 아니다. 우리 인간은 인정을 먹고 사는지도 모른다. 헤겔은 역사 발전을 인정투쟁의 과정이라고 하지 않았는가.

민주주의는 본래 시끄럽다. 서로 인정을 요구하기 때문이다. 인정을 요구하는 각각은 자신의 인정을 위해 최선과 최대로 자신을 드러낸다. 시끄러움과 최대·최선의 지혜를 모아서 집단지성으로 분출한다. 그리하여 그 조직은 건강한 조직이 된다. 이런 조직에는 건강한 민주주의자들이 많다.

그런데 인정투쟁이 지나치면 어떻게 될까. 건강한 인정투쟁을 넘어 소수와 다수의 건강하지 않은 갈등으로 변질되고 있는 경우가 다소 있다. 이런 학교는 학교자치를 하기 어렵다.

학교민주주의가 성공하려면 상호존중의 정신을 몸소 실천하는 사람이 많아야 한다. 다른 의견이 존중받고 나와 다른 의견이 다수의 의견일 때 이를 따르는 자세가 중요하다. 자신의 의견을 관철하려는 절대주의적 사고를 하는 교사가 더러 있다. 학부모도 마찬가지다. 민주주의자가 되기 위한 훈련이 부족하기 때문이다. 학생들도 교과 위주의 공부에만 치중하다 보니 민주주의자가 되기 위한 토론 등의 훈련을 제대로 받지 못하고 있다.

학교자치, 역할·권한 범위 문제

구성원이 어떤 권한으로 어떤 기능을 수행하는지에 대해 아직 대부분 합의되어 있지 않은 것이 학교자치다. 논의과정이 상당 기간 전개될 가능성이 크다.

첫째, 학교가 협력과 소통 및 민주시민교육의 장이 될 수 있을까.

학교 사회는 본래 느슨하게 결합된 조직이다. 교사가 교과별 교육활동을 주로 함에 따라 구성원들 간의 관계성인 상호성과 공동체성이 약하다. 더욱이 1995.5.31. 교육개혁이 신자유주의 방향으로 전개된 이래 학교에 경쟁과 배제의 장치들이 들어와 있어서 이것을 더 어렵게 하는 측면이 있다.

학교에는 공동체적인 협력과 소통이 활발해야 한다. 수업만이 아니라 교사들이 서로 도와야만 가능한 교육활동이 많다. 학교는 학교 구성원이 학교교육에 대한 생각을 충분히 나누고 서로를 이해할 수 있도록 그 기반이 조성되어 있어야 한다. 학교는 아이들을 민주시민으로 기르는 장이기 때문이다.

학교자치를 위한 허용적인 공론장이 주어져야 한다. 자기의 생각이나 의견을 자유롭게 표현할 수 있는 장이 필요하다. 또 구성원 간의 갈등 조정이 가능하도록 중층적인 회의체를 종횡으로 엮어야 한다.

인간적인 친밀함이 종횡으로 엮어져 있는 학교문화가 조성되어 있어야 한다. 바쁘다는 핑계, 공론장 활동의 실효성에 대한 회의 등에 의해 서로의 신뢰를 쌓아가기 어려운 곳이 학교다. 신뢰는 토론이 격해지더라도 그것을 감정적으로 받아들이지 않을 수 있는 중요한 토대다. 교장이 리더십을 발휘하여 적극적 소통이 가능하도록 여건을 조성해야 하고 공동체성을 강화하기 위한 노력을 해야 한다.

둘째, 각 자치회가 가질 권한의 범위 문제다.

교사회, 학부모회, 학생회가 논의하여 결정할 대상(내용)이 똑같아야 하는지, 권한 내의 것에는 완전 자치를 부여할 것인지, 교사회가 전적으로 주도하는 학교자치에 대한 민주적 정당성은 부여될 수 있는지, 부장회의와 전체회의의 논의 대상 과제(내용)를 어떻게 구분할 것인지의 문제가 존재한다. 이를 어떻게 할 것인가. 그때그때 즉흥적으로 결정하면 되는가.

셋째, 학부모회, 학생회의 역할이 어느 정도인가의 문제다.

경기도교육청, 광주광역시교육청, 전라북도교육청의 학교자치조례를 보면 교사회(교무회의, 교직원회의), 학생회의 심의 사항은 다소 포괄적이지만 분류가 되어 있고, 학부모회는 각 시·도 학부모 조례에 정한 사항으로 하도록 하고 있다. 다만 이 규정 사항들이 구체적으로는 어떤 것이어야 하는지는 규칙 등 후속 입법으로 정리가 되어야 할 것으로 보인다.

학교 교육과정 등 학교교육계획과 관련한 전문적인 부분이 학부모회에서 논의할 사항으로 제외되어 있다. 학부모의 역할이 조례상으로도 학교 봉사활동이나 학부모들과 직접 관련되는 것 정도로 한정하고 있다. 권한의 모호성뿐 아니라 합의된 가이드라인도 없는 상태다. 학부모회가 할 수 있는 자치의 내용은 무엇인가.

또한, 학생회의 논의 내용으로 학교 교육계획, 교육과정 등은 배제되어 있고 학생 고유의 활동과 학생의 학교생활에 밀접하게 관련된 것으로만 한정하고 있다.

이는 앞에서 지적했듯이 학부모와 학생들이 학교자치에 주요한 역할을 하기는 시기상조임을 드러내는 것이다. 현재까지의 교육 관련 각계의 논의 진척 상황을 종합하면 학교자치의 중추는 교사회(교무회의, 교직원회의)다. 따라서 학부모회와 학생회의 역할과 토의·토론 내용의 반영 여부 및 정도는 교사회에 종속되는 것으로 볼 수 있다.

셋째, 다수결 원리에 의한 결정과 위임 전결의 정당성 문제다.

절차적 민주주의의 다수결 문제, 민주적 의사결정으로 포장된 결과물의 질 확보 문제, 위임전결 확대와 전결 단위의 민주성 확보 문제, 다시 말해 위임전결권을 가진 단위에서 민주성에 기초한 결재를 하지 않을 때 이를 어떻게 견제할 것인지가 고민거리다.

또 실제로 교사들이 결정한 것이 다수결의 이름으로 교장의 생각을 무시하고 진행될 여지가 있다. 이런 과정과 결과가 교사자치라는 이름으로 정당화되어도 되느냐의 문제가 있다. 하지만 교육청의 조례가 교사의 결정에 불복한 교장의 재심의 요구를 가능하게 하고 있어서 그나마 다행이다. 이는 교직원의 책무성과 의사결정의 안정성, 소수 의견의 진보성을 확보할 수 있게 되었다는 의미다.

학교자치, 이 정도는 하자

첫째, 학교자체평가를 철저히 하자.

서울시교육청의 경우 학교평가를 학교자체평가로 전환하여 7년 차를 맞이하고 있다. 독일 등 외국의 경우 학교평가를 교육청이 직접 관장, 관리하는 경우도 있다. 하지만 서울시교육청은 학교교육계획에 의한 교육활동을 평가하기 위해 지표개발에서부터 평가 후 보고서 작성까지 일련의 전 과정을 학교가 자율적으로 추진하고 있다. 물론 필요한 부분은 교육연구정보원이 지원하고 있다.

이 평가에는 신자유주의적인 경쟁, 시장주의적인 인센티브 원리가 작동하고 있지 않다. 학교 구성원의 자율적 활동과 그에 대한 책무성(책임성)에 기대고 있다. 학교자치의 측면에서 보면 일련의 학교평가과정은 거의 완전한 학교자치로 가고 있는 것이다. 우리는 학교자체평가만이라도 확실히 하여 학교자치의 토양을 만들어야 한다. 연구정보원의 안내 매뉴얼을 충실히 따른다면 가능하다.

둘째, 교원학습공동체 운영을 내실 있게 해야 한다.

학교자치는 외부의 개입, 간섭을 배제하고 구성원이 자율적으로 교육활동을 하는 것이다. 학교자치는 바로 자율성을 확보하여 민주주의 원리에 따라 구성원들이 참여하여 바람직한 의사결정을 이루어 가는 것이다.

여기서 결정적으로 중요한 것이 관계성의 강화와 신뢰의 기초를 다지는 것이다. 신뢰가 없이는 권한 배분도 권한 위임도 불가능하다. 학교 구성원들 특히 학교자치의 핵심인 교사들이 학교자치를 선도하려면 교사들의 전문성에 대한 외부의 신뢰가 없이는 불가능하다. 그 신뢰는 무엇에서 오겠는가. 교사들의 교육활동에 대한 전문성이다. 특히 교육과정, 수업, 평가, 생활교육의 전문성이다. 이를 위해 교사들이 최선을 다해야 한다. 최선의 에너지를 담을 수 있는 그릇이 교원학습 공동체다. 교원학습공동체를 강화하자.

셋째, 교사들이 학교민주주의와 학교자치에 적극적인 관심을 가져야 한다.

교사들이 학교자치로 얻는 것은 주인의식이고 이로 인한 교육의 질 확보이며 미래의 아이들을 민주시민으로 우뚝 세우는 것이다.

교사에게 학교 교육활동에 대한 열정이 넘쳐야 하고 전문성이 깊이 자리 잡아야 한다. 이를 위해 우리는 즐겁게 일할 수 있는 학교문화를 만들어야 한다. 이런 학교 문화 조성은 학교구성원이 모두 전문성으로 행복을 누릴 때 가능하다. 이는 학교민주주의, 학교자치의 실현을 위한 지름길이다. 토론을 기피하거나 민주주의를 번거로운 절차로 형해화해서는 안 된다.

　에이 귀찮아. 시간 없어 등의 갖은 핑계를 대며 토의·토론을 피하지 말자. 그러면 나는 학교의 주인이 될 수 없다.

III

코로나와 함께

혁신교육과 원격수업 능력

'방 안의 코끼리'란 말이 있다. 누구나 문제가 있음을 알고 있지만, 누구도 쉽게 문제제기를 못하는 무거운 문제를 비유적으로 이르는 말이다. 방 안에 코끼리가 있는 평범하지 않거나 위험한 상황에서 어느 누구도 코끼리를 못 본척하며 이를 이야기하지 않는 것을 가리키는 것이다. 뾰족한 해결책을 사회적으로 마련하지 못하는 주제들이 주로 여기에 해당한다고 한다.

오늘날 우리의 교육은 '방 안의 코끼리'일까.

고등학교 교장을 할 때의 경험 한 자락을 말해보면 이렇다. 학부모는 자녀들이 입학할 고등학교를 선택할 때 선호하는 몇 가지 기준을 갖고 있다. 이 학교는 진학지도를 잘 하는지, 좋은 대학에 많이 보내는지, 공부에만 집중하도록 아이들을 꽉 잡고 생활지도를 하는지, 두발·복장 지도는 어떤지, 자율학습은 열심히 시키는지, 수능 대비 위주의 교육과정을 운영하는지 등이다.

반면에 이런 학부모는 거의 없다. 내 아이가 가야 할 학교가 우리 아이를 행복하게 해 주는지, 민주시민으로서의 자질과 4차 산업혁명 시대에 필요한 역량을 얼마나 잘 기르는지 등에 대해 살피는 학부모 말이다.

대부분 학부모의 이런 선택 기준을 지지하는 몇 가지 명제가 있다.

첫째는 이를 악물고 열심히 반복적으로 외우고 풀고 해서 좋은 점수를 받아 좋은(명문) 대학 가면, 그때부터 성공 가도가 열리고 연애도 할 수 있고 행복해진다는 것이고,

둘째는 시험을 잘 보고 점수 잘 받아 좋은 대학 간 아이들이 재능 있고 인성 또한 훌륭하다는 것이며,

셋째는 좋은 대학을 가면 좋은 직장 구하게 되고 직장생활, 사회생활에서 성공한다는 것이다.

이 명제는 신화가되어 우리 사회의 뿌리까지 틀어쥐고 있다. 신화는 비논리적이고 반경험적이며 비과학적이지만 강한 믿음을 갖게 한다. 신화는 신화일 뿐인데도 그렇다. 신화는 강한 믿음으로 자리 잡고 있기 때문에 극복하기가 정말로 어렵다. 경험과학에 의한 새로운 명제가 있는데도 말이다.

버트란트 러셀은 인간 만사에서 오랫동안 당연시해 왔던 문제들에 대해 때때로 물음표를 달아볼 필요가 있다고 했다. 이는 '방 안의 코끼리'를 불러내는 것이다. 발상의 전환이 필요하다는 의미다. 새로운 명제를 가지고 어쩌면 수십년 동안 의도적으로 기피해 왔던 교육 본질의 천착과 우리 아이들의 고통, 미래교육의 문제를 본격적으로 공론화하여 다루어야 한다는 것이다.

특히 이번 코로나19 창궐 시기에 원격(온라인)수업을 겪으면서 우리 아이들에게 요구되는 능력이 자기 주도적 학습 능력과 문제 해결 능력 등이다. 바로 이 역량은 미래 역량 중하나가 아니겠는가. 바이러스의 창궐이

주기적으로 도래할 것이라는 예언이 있고 이때를 대비하여 우리 아이들이 온라인상에서 학습을 주도하고 문제에 부딪혔을 때 이를 해결할 수 있는 역량을 길러야 하며, 또한 혼자 외롭게 던져진 학습 공간에서 행복을 느낄 수 있는 힘도 길러야 하지 않을까. 평소에 행복을 경험하지 않은 아이들은 온라인 수업을 받으면서도 행복을 찾기 어려울 것이다. 행복 찾기 연습을 오프라인 학교 수업에서 자주 경험한 아이들이 원격 수업 공간에서도 좀 더 쉽게 행복한 수업을 받지 않을까 싶다. 위의 경쟁교육의 신화적 명제를 대신할 새로운 명제는 있을까.

첫째, 발달심리학자 콜린코프와 허시-파섹은 『최고의 교육』에서 '미국 공중보건저널'의 최근 연구를 인용하여 제시하고 있다.

1990년대 유치원에 다니던 753명의 아동이 25세가 될 때까지 추적 연구한 결과다. '당시 유치원생 중에서 다른 아이들과 협력할 줄 알고 잘 도울 줄 알던 아이들이 그렇지 못한 아이들에 비해 더 높은 수준의 교육과 임금을 받고 있다'는 것이다.

둘째, 미국 시카고 교육구가 연구한 결과도 있다. 행복한 학교생활을 위한 각종 다양한 체험활동, 참여활동, 자기 주도적 활동 등의 프로그램이 아이들의 학업 성적을 오히려 더 올린다는 것이다. 즉 행복한 학교생활을 하는 아이들이 공부도 잘한다는 것이다.

셋째, 『평균의 종말』을 쓴 교육신경과학자 토드 로즈의 명제 또한 위 명제를 지지하고 있다. "미국의 경우 검증 결과 SAT 점수와 출신학교의 명성은 재능을 예견하는 지표가 되지 못한다."라는 것이다. 이것뿐이 아니다. 미국의 심리학자 손다이크 역시 "학교성적, 표준화 시험의 성적

(SAT)과 직업 생활의 성공 사이의 상호 연관성은 약하다."라는 주장을 논증한 바 있다.

마지막으로 스탠퍼드대 데이먼 교수는 "청소년에게 협력 능력을 키워주면 자존감이 높아지고 호기심이 자극되며 창의성과 성취도가 커지고 긍정적인 사회적 행동이 촉진된다."라고 주장한다. 캔 로빈슨, 미첼 풀란, 앤디 하그리브스, 데니스 셜리, 파시 살베리 등 혁신교육의 대가의 논증 또한 이를 옹호하고 있다.

이것들은 우리의 혁신교육을 좀 더 지속해서 강화해야 한다는 충분할 정도의 뒷배가 되는 명제이며 역시 원격수업을 대비하는 지침이기도 하다. 이는 학교 안팎에서 펼쳐지는 제도교육에 대한 통합적 접근 방식을 우리에게 보다 강하게 요청하고 있다.

우리 사회는 이러한 새로운 명제를 애써 외면하는 것일까. 모르고 있는 것일까. "오늘의 학교가 내일의 사회를 창조한다."라고 교육학자 프레네는 말했다. 우리는 내일을 준비하고 있는가. 이를 위해 오늘의 학교 문제인 '방 안의 코끼리'를 불러내 보자. 우리의 혁신교육과 내일을 위해서 우리는 제대로 하고 있는지를 물어보기 위해서다.

지금 공론화를 시작하자. '방 안의 코끼리'에 대해서 말이다. 이는 온라인 수업 시대를 대비하는 역량을 어떻게 기를 것인가에 대한 답을 찾는 방법이기도 하다.

행정은 낮게, 교사는 높게

지난 10년간 우리 서울교육은 여러 좋은 정책과 그 목표들을 제시해왔고 실행하고 있다.

나아가 올해에는 한 단계 도약을 위한 「혁신교육 2.0시대」의 기치를 드높이고 있지만, 그간의 정책성과에 대해서 다른 의견들이 있는 것 같고, 심지어 현장이 성공적 경험에 고무되어서 한번 해보자고 결의를 드높이는 분위기 또한 아닌 것 같다.

정책 성과에 대한 정밀한 분석·판단과는 별개로 이런 분위기로 보아서 우리는 현장 흡수력이 높은 정책 전파에서 다소 어려움을 겪고 있는 병목 지점이 있는 게 아닌가 싶다. 코로나19 사태가 닥치지 않았더라면 이런 점을 환기해야 하는 상황이지만, 우리는 코로나19를 겪게 되었으니 이런 정책 추진 전략에 대한 논의는 그야말로 사치스러운 것이 되어 버렸다.

하지만 전화위복의 기회가 우리에게 왔다고 할까. 이번 코로나19의 경험으로 인해, 특히 정책을 다루는 담당자들은 학교 현장의 역량에 대한 판단을 새롭게 하고, 이에 따라 조희연 교육감 초기의 정책 추진 전략을 다시 한번 확인하는 좋은 기회를 얻게 되는 것 같아 다행스럽다.

다시 말해 코로나19를 겪으면서 현장의 역량이 절대 약하지 않다는 생각을 갖게 되었는데 학교에 교사 역량이 발휘될 수 있도록 하는 기초적인 인프라를 구축해 주면 콘텐츠를 채워내는 것은 걱정하지 않아도 된다는 '확신'이라는 수확을 얻게 되었다.

따라서 이번 코로나19 상황이 학교 자율성과 자치체제를 과감하게 고양하도록 하는 주요한 계기가 되고 있다고 볼 수 있다.

우리는 지금 이런 '사실의 확신'때문에 현장 교사(학교)에 대한 신뢰, 자존감 고양, 주체적 의지 존중, 자기 결정권 존중, 학교민주주의, 토론 및 집단지성 등 조희연 체제 1기 정책 추진 전략의 가치를 상기하게 되었다.

우리는 성과주의, 결과주의, 규정과 절차 중시, 질서와 안정을 위한 관리, 감독과 통제 위주, 합리성과 능률 중시, 지시(침) 중심의 사업 추진 방식에서 인간 중시, 과정 중시, 상호 작용 중시, 구성 중심의 학교 구성원 주체론·공동체론 전략으로의 이행을 다시 한번 확인할 기회를 잡은 것이다.

전자의 '실증주의적, 테일러주의적 조직 관리'[36] 전략은 학교 구성원을 대상화, 말단 기능화하여 학교 교육활동의 주체로 세우지 못한다. 이에 구성원은 소외와 속박을 겪게 되고 그리하여 구성원 개개인의 에너지를 끌어 올리지 못하고 주인의식과 동기부여를 스스로 갖지 못한다. 따라서 그것은 지식인으로 구성된 학교 조직 운영을 이끌 적절한 전략이 아닌 것이다.

후자의 인간중심적, 공동체적 조직 관리 전략은 동료 관계, 공유된 목

---

36) 생산의 효율성을 중시하는 조직 관리 방식

적, 협력의 기회, 상호지원과 상호 의무 등을 중시한다. 이에 구성원 개인의 잠재능력이 올라오고, 학습 환경이 조성되며, 변화과제에 대한 사회적 의미가 부여된다. 또 동기가 강화됨으로써 변화를 위한 노력과 여건이 결집·조성될 수 있다.

우리의 정책 생산과 추진을 시장에 비유하자면 아무리 좋은 상품도 안 팔리면 어디에 문제가 있는 것이다. 이런 경우에는 소비자 기호에 맞는 맞춤형 제품이 출하되지 않았든지, 아니면 판매, 홍보, 소비 전략이 형편없든지 뭐 그런 것이라고 볼 수 있다. 우리 교육청 정책 생산과 추진에서 이와 유사한 대목에서 관련이 있는지 살펴볼 때다.

후자의 관점과 전략을 무한히 확장·심화하면 우리 교육의 혁신이 이루어지지 않겠는가 하는 확신을 나는 갖고 있다. 나는 이런 후자의 관점과 전략을 학교 구성원을 위한 심리·정서적 인프라 전략이라고 이름 붙이고 있다.

회사에 비유하자면 소비자들이 자사 제품을 많이 소비하도록 그들의 욕구를 자극하는 전략을 강화하는 것과 맥락이 유사하다고 볼 수 있다. 특히 코로나19 이후 교육청의 새로운 정책 추진 전략을 짜야 하는 시점에서 꼭 필요한 전략은 아래와 같다.

하나, 교원 등 학교 구성원을 주체로 세우자. 그들을 업무 처리(행정) 대상으로 보지 말고 주인으로 만들어야 한다.

어떤 정책이나 업무도 학교의 구성원이 움직이지 않으면 안 된다는 사실은 명약관화하다. 따라서 그들이 주인의식과 책임감을 갖고 일할 수 있도록 해야 한다.

둘, 행정을 함에 있어서 매사를 학교의 입장에서 판단하고 실행하자.

우리의 존재 가치는 학교가 성공적 교육활동을 할 때 그 의미가 더 돋보인다. 학교의 입장에 서서 생각하고 노력해야 한다.

셋, 내부 및 학교 대상의 업무를 처리함에 있어서 과정의 민주성을 구현하도록 하자.

힘들더라도 학교 현장과 교육청 내부 구성원과 진지하게 열심히 토론하면서 일을 하도록 해야 한다. 민주성이 때로는 비효율적일 수는 있으나 효과성의 첩경이다. 서두르지 말자. 믿고 기다리자

넷, 업무 추진에서 과감한 업무 혁신을 하자.

학교에 좋은 정책이 많이 내려간다고 해서 학교가 발전하고 구성원들이 행복한 것은 아니다. 불필요하거나 비효율적인 것은 발굴하여 과감하게 개선해야 한다.

학교 구성원의 역량을 높여주고 진정으로 학교 현장 구성원을 위한 교육(지원)청이라고 느낄 수 있도록 힘을 확실하게 모아 지속적·반복적으로 다져 나가야 우리 교육이 성공할 수 있다.

뉴노멀과 수업 혁신

많은 사람이 각자의 영역과 위치에서 코로나 이후에 대한 애기를 많이 한다. 우리 교육계도 예외는 아니다. 에듀테크 교육을 애기하기도 하고 학교 원격수업을 위한 인프라의 구축 등 많은 것을 강조하고 있다.

내가 보기에 그중에서 특히 우리를 놀라게 한 것은 '학교의 디지털 인프라'의 취약함과 학교 원격수업의 경험 부족이 아니었나 싶다. 이런 현상을 혹자는 '디지털 강국의 민낯'이라고 좀 세게 말하기도 한다. 그 원인이야 무엇이든 취약한 것은 사실이다. 교육 당국과 학교가 허둥대는 모습에서 여실히 드러났다.

그런데도 우리가 안도한 것은 그런 허접한 인프라에도 우리 선생님들의 대응하는 모습이었다. 각자가 가진 능력을 품앗이하여 멋진 하모니를 이루었으니 말이다. 디지털 기기를 잘 다루면서 콘텐츠를 잘 제작하는 선생님은 그 능력을 내어놓고, 수업 경험이 많은 선생님들은 질 높은 콘텐츠를 제작하는데 그 능력을 내어놓으면서다. 물론 교육 당국의 신속한 대응속에 적극적인 지원이 없었던 것은 아니다. 하지만 선생님들의 대응은 단연 돋보였다. 선생님 모두에게 감사해야 한다. 선생님들은 초유의 도전에 협업의 응전으로 코로나 사태를 힘겹게 이겨내고 있다. 방역까지 감당해야 하는 노고는 차치하더라도 선생님들의 노력은 단연 상찬거리다. 적어도 교육장인 나로서는 그렇게 본다.

선생님들의 힘든 노력과는 별개로 우리는 이 시점에서 반드시 추수하면서 비전을 가져야 할 것이 있다. 교수학습 측면에서다.

선생님들이 짧은 시간에 만들어낸 크고 작은 성과물을 어떻게 잘 구성하여 우리의 수업 혁신으로 투입할 것인가가 바로 그것이다. 그것은 원격수업 인프라와 원격수업 콘텐츠와 직결된 것이다. 우리는 이를 어떻게 활용할 것인가를 고민해야 한다.

원격수업 시스템 구축은 코로나 이후 New Normal이 될 것이라고 많은 학자가 말한다. 원격수업 시스템 구축은 온라인 개학에 맞춰 일시적으로 시행된 과도기적인 것이 아니다. 그것은 등교 개학 이후 블렌디드 러닝(Blended Learning) 형태로 지속되어질 것으로써 상시로 구축해야 할 그것이다.

이런 블렌디드 러닝 형태는 크게 학생을 위한 것과 교사 지원을 위한 것으로 나누어 볼 수 있다.

첫째, 이번 원격수업은 등교수업 이후에는 블렌디드 러닝으로 전화 될 좋은 기회를 제공한다. 우리는 이번에 등교수업에서 '똑같은 내용을 똑같은 방식과 속도로 배우고 가르치는 표준적인 수업 방식의 변화 필요성'을 확인하게 되었다.

선생님들의 다양한 콘텐츠 제작은 각 학교 여러 선생님의 같은 교과(영역)의 동일 차시 수업에서, 학습 수준별 다양한 콘텐츠 및 과제 제시를 가능하게 하고 있다. 상시적인 수준별 수업을 할 수 있는 여건을 조성한 것이다. 또 아이들의 제출 과제에 대한 개별 피드백으로 개인별 맞춤형 학습으로의 전환이 가능하게 하는 바, 이는 개인별 맞춤형 수업은 말할 것도 없고 더 나아가 기초 학력 지원 강화로까지 발전할 수 있을 것으로 보인다.

둘째, 이번 원격수업은 선생님들의 디지털 장비 활용 기술과 역량을 확보하게 하여 블렌디드 러닝의 대표적인 수업 모델인 플립러닝(거꾸로 수업)을 가능하게 할 것이다.

셋째, 원격수업은 교과 수업 외의 창의적체험활동 수업(자치, 동아리, 봉사, 진로 등)의 다양화를 가져올 것으로 보인다. 창의적체험활동 수업은 인성 함양을 위한 교육과정이 주를 이루므로 섬세하고 신중한 접근이 필요하겠지만 진로 활동 등은 AI를 활용한 가상현실과 증강현실을 적용할 여지를 남기고 있다.

넷째, 이는 선생님들에게 개별화 교육에 집중할 수 있는 여건을 조성했다. 다양하게 만들어진 교수학습 콘텐츠를 활용할 수 있는 교수학습 플랫폼이 만들어진다면 여기에 선생님들의 각종 교수학습 콘텐츠가 탑재될 것이고 이는 아이들의 개별화 교육에 좋은 터전이 될 것이기 때문이다.

다섯째, 이번 원격수업은 선생님들 간의 소통과 협업으로 갑자기 들이닥친 원격수업이라는 문제의 해법을 찾아가는 소중한 경험을 선생님들에게 제공하였다. 일부분이긴 했지만, 원격 수업 사례 나눔으로 적절한 수업 모형 예시를 제공함으로써 성공적인 작은 경험을 하게 한 성과도 있었다.

또한, 선생님들이 지속적인 전문성 개발의 기회를 on-off라인 상에서 제공 받을 기회를 촉진할 것으로 보인다. 이는 교육(지원)청의 노력 여하에 달렸다.

차제에 교육(지원)청은 (가칭)블렌디드 러닝 학습 교육공동체 플랫폼을 구축하여 선생님들이 on-off라인을 넘나들며 학습과 성장을 경험하고 아이들에게 필요한 교수학습 모델을 개발해 나가도록 지원해야 한다. 이는 온라인 교육의 인프라를 확충하고 콘텐츠를 개발하며, 학습자와 교수자의 상호 작용을 최적화하는 학습 관리 시스템을 구축하는 등 교사와 학생, 교사와 교사 간의 교수학습 플랫폼을 구축하는 큰 과제를 남기고 있다.

원격교육 시대, 우리에게 필요한 것들

   자주 가지는 않지만, 간혹 산을 오르며 나는 그곳의 수많은 만상을 보고 상념에 젖곤 한다. 키 크고 잘생긴 나무들, 고만고만한 그저 그런 나무들, 작고 보잘것없는 관목들, 큰 나무에 치여 삐쩍 말라 가련해 보이는 초목들, 그들은 서로의 잘남과 못남을 숨기지 않고 어쩌면 저렇게 평화롭고 조화롭게 자신들의 자태를 지닌 채 살아가고 있을까.

   자신의 뿌리를 훤히 드러내어 수많은 사람의 발굽에 밟히면서도 저렇게 생명을 보전하며 의연하게 살아가고 있는 나무들의 생명력이 대단하지 않은가.

   우람하고 잘 빠진 큰 나무는 우리에게 시원한 그늘과 편안한 휴식을 제공하지만, 그들은 뽐내지 않고 묵묵히 자신의 속살을 내보인다. 그런 큰 나무 밑에는 그저 그런 나무들이 크게 불편해하지 않으면서 자신의 삶을 즐기고 있는 듯하다.

   특히 가을 잎새들은 각기 다른 본새로 화려하게 자신의 생을 마감한다. 마지막 숨결을 불살라 내일의 새로운 탄생을 위해 과감히 자신을 던져 거름이 된다. 이 얼마나 성스러운 고통인가.

   따뜻해지면 새순을 드러내고, 뜨거워지면 그 새순들은 쑥쑥 자라 어느새 자신의 몸집을 불리고, 차가워지면 자신을 화려하게 치장하고 북풍한설이 매섭게 몰아치면 자신의 생살을 도려내어 생명을 유지하는 변화를 보면서 나는 이런 생각을 하기도 한다.

본질을 지키면서 외부 환경의 변화에 재빨리 적응하여 자신의 자태를 다양한 형태로 드러내고 있는 자연의 오묘한 이치는 무엇일까.

과연 우리 인간들에게 이런 섭리가 얼마나 통하고 있는가.

이런저런 상념들을 하다 보면 나는 자연스럽게 인간사를 그와 대비해 엿보게 되고 그것에서 소중한 교훈을 얻게 된다.

조화롭게 생존하는 크고 작은 잘나고 못난 나무들에서 공존과 조화의 혜안을 얻고, 새 생명의 탄생을 위해 자신의 몸을 불사르는 잎새들의 화려한 몸부림에서 헌신을 배운다. 또 계절의 변화에 모습을 바꾸는 자연에서 시대 변화를 앞서가는 프런티어 정신을 깨우친다.

인간은 누구나 자기 자신이 유일무이한 존귀한 존재이고 그렇기 때문에 그들은 소중하게 대접받아야 한다. 특히 우리의 미래인 아이들은 말할 필요도 없다.

그러나 우리는 자신의 존재가치만을 소중히 여기고 타인의 그것에는 무관심하거나 오히려 그것을 침해하기도 한다. 자신의 생각이나 주장은 진리이고 타인의 그것은 틀렸으므로 나의 것을 관철해야 한다는 아집과 불통이 비일비재하다. 남과 나의 다름을 인정하지 않고 심지어 척결해야 할 것으로 치부하는 현상을 우리는 자주 겪는다.

자신이 가진 그 무엇에 대해 작은 해침이라도 있으면 그것을 참지 못하고 원상회복하려는 외침과 주장이 흔하게 일어나는 곳이 우리 사회다. 학교 현장도 간혹 그렇다. 자신의 소중한 것을 도려내어 남을 행복하게 할 수 있다면 그것이 나의 행복이요 우리 사회의 축복이 됨을 잘 모른다.

특히 요즘은 더 그렇다.

교사는 자본주의 사회의 개인 이전에 소중한 영혼을 다루는 교사여야 한다. 주장과 외침에 앞서 가르치는 것과 배우는 것에 최선을 다하는 헌신과 열정이 있어야 한다. 갈라섬과 배척은 멀리하고 공존과 협력에 친해져야 한다. 하지만 우리 학교 사회에 이런 가치들이 다소 부족하다는 우려가 있다.

우리는 코로나 이전에는 이런 당위의 가치들을 외치는 교육학자들을 보아왔다. 그러나 지금은 다르다. 이를 외치는 교육학자들을 보는 게 아니라 실행하는 선생님들을 가까이서 보고 있다. 이런 열정이 우리 학교와 교육(지원)청에서 일어나고 있음을 확인할 수 있다는 것이다.

위기와 어려움을 극복하기 위한 피나는 노력이 잠자고 있던 열정에 불을 댕긴 것이 아닌가 싶다. 우리를 바라보는 사회의 시선이 절대 곱지만은 않았고 심지어 우려의 시선을 보내기도 했다. 그러나 우리 선생님들은 보란 듯이 이를 비웃어 주었다. 학교를 방문해 보면 각자의 자리에서 함께 열심히 하는 선생님들을 본다. 교장, 교감 선생님들은 한결같이 우리 선생님들을 칭찬한다. 나아가 학교뿐만 아니라 열정이 뭉쳐서 일어나고 있음을 우리 북부교육지원청 초등에서 본다. 온라인 수업 플랫폼 「어서와, 초등 북부 온라인 교실이야」와 우리가 꿈꾸는 교실 「필통(Feel 通)」 유튜브 플랫폼이 바로 그 증좌다. 현장의 선생님들이 뭉쳐서 했기 때문이다.

우리는 선생님들의 관계 윤리와 열정을 고스란히 잘 담아내어 원격 시대의 우리 교육이 한 단계 도약할 수 있는 학교문화 조성에 적극적으로 노력해야 한다. 선생님들의 관계 윤리와 열정에 파이팅을 보내자.

코로나 불시착, 교육의 본질을 깨우다

첫째, 이번 코로나 국면이 학교, 교사의 존재 가치를 확인해 주고 있다.

온라인 수업 국면에서 부모들이 집에서 아이들을 가르치고 지도해 보면서 알게 된 것은 학교와 선생님의 노고에 대한 고마움이었다. 코로나 이전의 학교와 교사들의 많은 노력과 역할의 중요성을 이제야 알게 됨으로써다.

지금까지의 대면 수업이 훌륭했고 교육 시스템이 좋은 것인가는 별개로 하더라도 학교와 교사의 존재는 아이들의 바람직한 성장에 매우 가치 있다는 것이다. 그리고 우리 사회가 이만큼 성숙한 시민들로 인해 성장 발전하고 있는 것이 우연이 아님을 다시 확인해 주고 있는 것이다.

우리는 온라인 수업이 대면수업보다 관계성 유지, 의미 있는 상호 작용, Modeling, 학습을 통한 깊이 있는 지적 성장에서 부족한 게 많은 활동임을 확인하였다.

face to face, talk to talk 학교생활의 소중함을 알게 되었으며, 나아가 교육의 본질과 미래역량 함양을 위해서 무엇이 결정적으로 중요한지를 인식하게 된 것이다.

한편 온라인 수업의 부족한 부분이 대면 수업의 중요성을 알게 해 주었지만, 그간의 대면 수업이 과연 그 질을 제대로 확보했는지를 확인·점검하는 계기가 되는 것도 부인하기 어렵다. 그리하여 수업 혁신, 아이들과의 만남 방법 혁신 등 교사의 역할 변화를 요청하고 있는 게 현실이 되어 버렸다.

둘째, 원격수업 상황은 아이들의 학습, 교사의 수업에 대한 변화를 이끌고 있다.

코로나 상황은 미래교육의 방향성을 고민하게 하고 있다. 이런 상황이 언제든지 올 수 있다는 경고가 있으니 말이다. 따라서 우리에게는 대면교육과 온라인 교육이 함께 가야 할 상황이 언제든지 도래할 수 있고, 학교는 이를 위해 교사, 학생, 학부모의 역량을 키워 대비해야 함을 일깨우고 있는 것이다.

온라인 수업 설계가 완벽하지 않은 한 온라인 수업이 오프라인 수업을 대체할 수는 없다. 따라서 미래 역량인 자기관리 역량, 창의적 사고 역량, 심미적 감성 역량, 의사소통 역량, 공동체 역량 등을 기르기 위해서는 대면 수업을 포함한 블렌디드 러닝으로 가야 한다. 아울러 수업 혁신의 한 방법으로 플립러닝(하브루타, PBL, 토론학습 등)을 강화할 필요가 있다는 것이다.

한편 온라인 수업 설계를 잘하면 표준화 수업을 깨는 개인별 맞춤형 수업으로 갈 수도 있다는 것이다. '교육을 바꾸는 사람들'의 설문 조사에서도 개인별 맞춤형 수업의 가능성을 확인하고 있다.

온라인 수업이 지속되면 기존의 유튜버, 인터넷상 다양한 매체로부터 지식을 습득하는 기회가 더욱 체계화, 정교화하고 digital devices의 활용도가 높아질 것이다. 이에 따라 이제는 교사들의 역할 변화가 필요하다. 배움의 촉진자, 학습 코디네이터, 인성 교육 전문가, 감성교육 전문가 등의 역할이 중요해진다. 역할 변화에 따른 전문성 함양도 서둘러야 할 것으로 보인다.

아울러 아이들도 이러한 블랜디드 상황에서는 자기관리 역량(자기주도 학습 역량)을 가져야 하고 문제 해결 능력과 혼자서 행복을 추구할 수 있는 힘을 가져야 한다. 우리는 혁신교육 활동으로 아이들의 이런 능력을 키워줘야 한다. 이런 능력은 미래역량이기도 하니 더더욱 중요하다.

또 우리는 선생님들이 짧은 시간에 만들어낸 크고 작은 성과물을 어떻게 잘 구성하여 우리의 수업 혁신으로 투입할 것인가를 고민해야 한다. 그것은 원격수업 인프라와 원격수업 콘텐츠와 직결된 것이고 우리는 이를 어떻게 활용할 것인가를 고민해야 한다.

셋째, 학습 격차에 대한 대책을 세워야 한다.

현재처럼 학교를 자주 못 나가는 상황에서 학교라는 학습 공간 대신 주로 집에서 이루어지는 온라인 수업의 학습 형태는 학습 격차를 심화시킨다.

학교의 등교수업이 정상화되는 상황에서 대면 활동을 통한 학습 격차 해소 노력은 기본적인 상수다. 하지만 온라인 수업을 활용할 수밖에 없는 상황이라면 콘텐츠 반복 시청, 학생 맞춤형 수업 속도 등과 같은 온라인 수업의 장점을 잘 활용하여야 한다. 거기에서 오히려 학생 간의 학습 격차를 줄일 수 있는 방법을 찾을 필요가 있다.

학부모와의 소통을 강화하여 학부모가 학생의 온라인 학습에 최대한 도움을 줄 수 있는 구조를 만들어야 한다. 온라인 플랫폼을 최대한 활성화할 수 있도록 해야 함은 물론 학교에서는 별도의 격차 해소 프로그램을 만들어 운영해야 할 것이다.

넷째, 교사 문화 개선을 지속화해야 한다.

코로나는 교사들의 관계혁신 노력을 아주 중요하게 부각하고 있다. 우리는 온라인 교육으로 지식 전달은 가능하겠지만 아이들의 전인적 성장을 돕는 데는 한계가 있다는 것을 알게 되었다. 또 원격수업 도구를 다룸에 있어서 서로 소통하고 협력하지 않고는 안 된다는 것도 알게 되었다.

이번 상황으로 교사들은 자발성 발현과 공동체적 노력으로 극복한 성공적 경험이 있기 때문에 자신감을 갖게 되고 섬처럼 고립된 존재가 아님을 알게 되었다. 학교 구성원의 협력적 관계성 강화, 신뢰망 형성, 학습 공동체의 활성화라는 가치와 의미들이 이번 원격수업, 방역 노력 등에서 자연스럽게 전이되는 경험을 교사들은 하게 된 것이다.

따라서 학교장과 구성원은 협력적 관계 강화, 신뢰망 형성, 학습 공동체의 활성화를 위한 성공 경험을 체계적·지속적으로 쌓아 가는 노력을 기울어야 한다. 협력적 관계 강화, 신뢰망 형성, 학습 공동체의 활성화는 학교혁신의 가장 기초적인 경험들이기 때문이다.

다섯째, 이제는 시스템의 혁신을 강력하게 추진해야 한다.

이번 코로나 상황을 겪으면서 학교는 이중적 경험을 했다. 상부의 지침을 기다리는 관료주의 말단의 경험과 원격수업, 등교수업을 함께 준비하면서 소통, 협력하는 공동체적 자치역량을 키우는 경험 말이다. 이는 다소 모순된 경험이다. 학교 자체계획을 쉽게 무력화시키는 상부의 지침과 학교의 자율성 및 성장 역량 강화가 서로 충돌하기도 했다. 이는 교육(지원)청과 학교의 업무처리 시스템과 그 운영에 문제를 던지고 있다.

이번 기회에 우리는 교사들의 동기가 강화되어 구성원 개개인의 잠재능력이 올라오고, 학습 환경이 조성되며, 변화과제에 대한 사회적 의미 부여가 되는 변화를 확실하게 만들어 나가야 한다.

교원 등 학교 구성원을 주체로 세우기, 행정을 함에 있어서 매사를 학교의 입장에서 판단하고 실행하기, 내부 및 학교 대상의 업무를 처리함에 있어서 과정의 민주성을 구현하도록 하기, 업무 추진에서 과감한 업무 혁신을 하기 등이 필요하다.

하지만 중요한 과제는 학교의 자율성의 최대화와 집단적 책임감의 최대화를 동시에 확보하는 학교운영 시스템을 어떻게 만들 것인지일 것이다.

뉴질랜드가 21세기 초반 단위학교의 자율성을 강화하기 위해 위로부터의 통제와 간섭을 전면 줄이는 개혁을 한 적이 있지만 실패하였다. 또 많은 문헌을 보면 교육사적으로 학교 자율성만으로 성공한 사례도 없고 상급부서의 아래로 매기기 방식의 혁신만으로도 성공한 사례가 없다는 점을 우리는 유념하면서 학교 자율성을 강화해 가야 할 것이다.

바보야, 문제는 관계 복원이야

✳ 2학기에는 모두가 헝겊 원숭이가 되자

8년 전 '서울형혁신교육지구' 기획을 위한 수십 차례의 워크숍에서 혁신교육지구의 필요성에 대해 교육학적·과학적 근거를 들어 내가 늘 강조했던 얘기가 일명 '헝겊 원숭이 실험'이라고 하는 해리 할로우의 '가짜 원숭이 실험'이다.

이는 촉감을 느낄 수 있도록 만든 헝겊 원숭이 모형과 우유 젖꼭지가 달린 철사를 엮어서 만든 철사 원숭이 모형 사이에서 붉은 털 '실험 원숭이'가 어느 것에 더 애정을 갖고 정서적 안정감을 보이는가에 대한 실험이다.

'실험 원숭이'는 배가 고프면 철사 원숭이 모형에 매달려 있는 우유를 먹은 후 헝겊 원숭이 쪽으로 와서 몸을 비비고 놀았다. 심지어 헝겊 원숭이 모형 쪽에서 놀고 있는 실험 원숭이를 뾰족한 침으로 찔러도 계속해서 헝겊 원숭이 모형에 와서 놀면서 더 안정감을 누렸다. 하지만 철사 원숭이 모형에서 놀게 한 원숭이는 성장하면서 난폭함을 보였다는 것이다.

양육 방식에서 큰 변화의 물꼬를 튼 이 실험은 '스킨십과 사랑의 본질'

을 실험한 것으로 '많이 안아주고 쓰다듬어 줘야 하며 심리적·정서적으로 토닥여 주면서 감정을 함께 나누는 것이 무엇보다 중요하다'라는 결론을 얻은 실험이다.

이 실험은 정서적 안정이 매우 중요하며 따뜻한 관계 유지와 어루만짐에 대한 욕구 충족이 우리 인간에게 근원적인 것임을 알려주고 있다. '실험 원숭이'가 철사 원숭이 모형한테서 젖을 먹고도 헝겊 원숭이 모형한테 와서 노는 것은 배부름보다 더 필요한 것이 따뜻한 스킨십이라는 것을 보여주는 것이다. '가난해도 감정을 함께 나눈 아이가 더 행복하다'라는 연구 결과와 일치하고 있다.

성장기에 있는 우리 아이들에게 중요한 것은 주변의 부모님, 선생님에게서 받는 관심과 인정이다. 학업 성취에서도 그렇지만 인성 함양에서는 특히 더 그렇다.

학업에 대한 동기 부여, 육체적, 정신적으로 좋은 상태인 행복감, 특정한 사람들과의 돈독한 관계 유지는 '동기체계'라고 불리는데 이 세 요소는 아이들의 건강한 성장에 없어서는 안 되는 것들이다.

✳ 생물학적 칵테일을 많이 먹게 하자

독일의 신경 생물학자 요하임 바우어는 도파민, 오피오이드, 옥시토신이라는 신경 전달물질로써 "동기체계"를 설명하고 있다.

도파민은 사람의 기분을 좋게 해주어 무언가 성과를 올릴 수 있도록 노력하게 하고, 오피오이드는 몸과 마음을 기분 좋은 상태로 만들어 주며, 옥시토신은 특정한 사람과 좋은 관계를 유지하면서 그를 위한 노력을 하게 한다.

요하임 바우어는 이 세 가지 호르몬의 혼합물을 '생물학적 칵테일' 또는 '동기체계'라고 하는데 "이 혼합물이 뇌에서 많이 공급되는 사람들은 즐겁게 살고 다른 사람과 함께할 준비가 되어 있으며 자신들의 행동이 가져온 성공을 향유하기를 원한다."라고 한다.

요하임 바우어는 이 '생물학적 칵테일'이 뇌에서 많이 공급되게 하기 위해서는 중요한 조건이 있다고 한다. '다른 사람에게서 받는 관심, 사회적 인정, 개인적 평가'가 그것이다. 이런 조건은 '동기체계'를 활성화한다. 사회적 고립과 소외는 이런 동기체계를 비활성하고 반대로 '단순히 타인에게서 인정받고 좋은 평가를 받을 수 있는 가능성'만 있어도 이는 활성화된다는 것이다.

특히 아이들의 경우 이렇게 중요한 관심, 인정과 평가는 부모나 선생님들에게서 얻게 된다. 아이들의 사고와 행위 준거 틀이 되는 가까운 사람들이 개인적으로 관심을 가질 때 아이들은 비로소 삶에 의미를 두게 되고 목표를 위해 노력한다는 것이다.

또 아이들이 삶의 의미를 짓고 목표를 달성하도록 가까이 있는 어른들이 끊이지 않고 주목해 줘야 한다. 그래야 어떤 동기를 가지고 건강하게 자란다는 것이다.

그런데 이러한 관계의 지속성이 깨어지면서 '동기체계'가 무너지고 있지 않은가. 코로나 상황에서 말이다. 부모님은 부모님의 조건에서 학교는 학교의 환경 속에서 최선을 다해 '동기체계'를 복원해야 한다.

2학기에는 학교와 지역사회의 모든 자원을 동원하여 관계 복원에 나서야 한다.

우리 초등학교 아이들은 학교에서 더 많은 사회적 관계를 유지하면서 성장해야 한다. 그런데 코로나 때문에 선생님에게서 많은 관심도 못 받고 있으며 각자의 탁월성에 대한 인정도 자주 받지 못하고 있다. 사회적 관계가 간헐적이니 이런 것이 여의치 않은 것이다.

특히 초등학교 저학년 아이들은 친구를 사귀고 선생님에게서 관심과 애정을 형들보다 더 많이 받으면서 커야 할 중요한 시기를 지나고 있는데 이런 활동이 거의 차단된 상태라서 모두 걱정을 많이 하고 있다. 이 아이들의 성장 후가 어떤 모습일지에 대해서 말이다. 우리는 긴급히 나서야 한다. 대면 정도의 관계 복원이 필요하다.

또 중학생과 고등학생은 입시 준비로 인한 공부 스트레스가 심하고 이를 풀 수 있는 다양한 공간도 코로나로 인해 차단되었다. 선생님과 여러 형태의 상담도 제대로 하지 못하고 있으며 다양한 형태의 교우관계와 사제 관계마저 차단되고 있다.

아이들에게는 위의 동기체계를 강화하기 위해서 지속적인 사회적 관계를 만들어 주는 것이 매우 중요하다. '아이들은 여러 관계에 의해서 관심, 보충 질문, 자극과 요구는 물론이거니와 비판, 참여, 도움, 용기를 얻어야 한다. 요구와 애정은 아이의 동기체계를 위해 가장 필요한 자극'이기 때문이다.

또 아이와 부모, 선생님 사이에는 상호 간에 서로 비추어 주는 거울이 되어야 한다. 아이들은 이 거울에 자신을 비춰보고 어른에게서 돌아오는 반응으로 성장한다. 공명에 의해서다. 이 공명도 관계에 의해 유발된다. 그런데 이 또한 일부 무너져 있다. 빠른 복원이 필요하다.

우리 부모님과 선생님, 지역사회 주민들은 '생물학적 칵테일'이 뇌에서 충분히 제공될 수 있도록 헝겊 원숭이가 되어야 한다. 우리 지역에 헝겊 원숭이가 득시글득시글하게 하자. 이 헝겊 원숭이가 '생물학적 칵테일'을 많이 주게 하자.

* 소규모 대면 활동, 운동과 음악 활동을 지원하자

이를 위해 선생님은 첫째, 원격수업에서도 교과 내용의 이해 확인과 피드백, 대화 등의 상호작용이 있는 수업 방식으로 과감하게 전환해야 한다.

특히 대면수업이 있을 때는 아이들과 소규모로 다양한 활동을 하면서 아이들의 동기체계 활성화와 마음 근육을 키워야 한다. 이 아이들에게 필요한 마음 근육 강화는 심리적 안정이고 스트레스 해소이며 회복 탄력성을 키우는 것이다. 나아가 우리 아이들이 행복하게 학업 활동을 하게 하고 주변의 사람들과 돈독한 관계를 유지하면서 코로나로 인해 자칫 왜곡될 수 있는 인성과 마음 건강을 지켜줘야 한다.

이를 위해 부모님은 아이들의 성적보다는 아이들과 자주 대화하고 여러 활동을 함께 하는 데 집중해야 한다. 밤에도 할 수 있다. 시간이 없다고 하지 말자.

학교는 아이들과 만날 수 있는 다양한 프로그램을 새롭게 구안하거나

1학기에 소홀히 했던 심리·정서 치유 프로그램을 강화해야 한다. 평상시에 선생님들이 좋아했던 희망교실 프로그램 운영을 활성화해야 한다.

가능하다면 학교 예산을 더 투입하여 모든 선생님이 작은 모임들을 만들어 함께 밥을 먹거나 함께 영화를 보기도 하고 공동체 놀이를 하면서 아이들을 보살펴야 한다. 이게 우리 교육공동체가 2학기에 해야 할 주요 과업이다.

아울러 지역사회는 혁신교육지구 사업 조정으로 지역사회가 가지고 있는 인적, 물적 자원을 최대한 동원하여 학교와 연대하여 아이들을 작은 단위로 지원하도록 하자.

음악과 운동 공간을 충분하게 제공하도록 하자. 청소년들이 좋아하는 대중적인 음악도 좋다. 청소년들이 몸을 활기차게 움직이게 하는 운동 공간을 제공해야 한다. 몸을 움직이는 것은 뇌의 '동기체계'를 촉진하여 정신 집중을 할 수 있게 하고 기분을 좋게 하여 행복감을 느끼게 한다.

2학기에는 우리 아이들에게 몸과 마음의 활력을 넣어 주는 노력을 하자. 그들의 건강한 마음과 몸은 우리의 사회적 비용을 줄인다. 학교가 운동 시설 등을 충분히 제공하는 것은 불가능하다. 하지만 오후 시간을 많이 할애하여 음악 활동과 체육활동을 하게 하여 1학기에 지친 심신을 이완시켜야 한다. 이는 '동기체계'를 강화하는 또 다른 모습이다.

중앙 정부가 알아야 할 학교가 원하는 것

첫째, 선생님들이 쓰는 쌍방향 수업 플랫폼을 단순화, 체계화해야 한다.

쌍방향 수업을 위해 교사들이 사용하는 도구는 구글 미트, MS 팀즈 (Microsoft Teams), 줌(Zoom), 패들렛(Padlet) 등 다양하다. 어떤 도구는 교육청이 구매하여 준 것도 있으나 학교와 교사가 개별 구매하여 쓰는 것도 있다. 각각의 도구들은 교내 인터넷선, AP, Wifi 설치에 따라 수업을 하기에 상당히 불편한 경우도 있다. 심지어 서울시교육청에서 학교 목적 사업비를 활용한 인프라 구축을 지원하였는데도 학교에 따라서 설치 편차가 큰 것 같다.

학교의 원격수업 인프라 구축 정도, 플랫폼 선택, 각종 장비 구입 등에서 많은 차이가 나고 있기 때문에 쌍방향 원격수업을 정부가 원하는 만큼 하기가 쉽지 않은 것으로 보인다.

따라서 대면수업의 작동 요소를 다 포함할 수 있는 체계적인 단일한 플랫폼이 필요하다. 이것이 있으면 학교는 지금보다 훨씬 덜 힘들지 싶다. 이에 대한 준비가 왜 부족한지에 대해 따질 시간이 없다. 민간에서 개발한 쌍방향 수업 플랫폼을 구입해서 빨리 보급하는 것도 좋은 방법이지 싶다. 공용 플랫폼을 교육부가 언제까지 만든다고 하는데 언제가 될지도 모르고 서울시교육연구정보원이 만든다는 얘기도 있지만 이 역시 언제일 지 알 수 없다. 하여튼 학교가 덜 혼란스럽도록 단일한 플랫폼으로 선생 님이 수업할 수 있는 조치가 필요하다. 만약에 이런 조치가 여의치 않다 면 하루속히 원격수업 인프라 구축 및 플랫폼 사용 시 어떻게 구축하는 것이 최적이며 최상인지 플랫폼 구성에 대한 모델(샘플) 표준(안)을 제시해 주면 현장에서는 덜 혼란스러울 것 같다는 의견도 많이 있다.

둘째, 교육과정 중점을 교과 지식보다 아이들의 건강에 초점을 맞춰야 한다.

발상의 전환이 필요하다. 지금 이 시기에 우리 아이들에게 필요한 것 은 지식보다는 마음이 편하고 스트레스가 없는 상태다. 교과수업 중심의 교육과정 운영에서 속히 벗어나야 한다. 코로나로 인한 아이들의 정신 건 강이 심각한 상태에 있는 이 시점에서는 말이다. 우리는 원격수업 상황에 서도 교과 내용 지식을 못 가르쳐서 안달하지 말아야 한다. 진지하게 성 찰해 봐야 한다. 아니 성찰할 시간이 없다.

원격수업의 경우 시간당 법정 시간을 초등, 중등 공히 축소할 필요가 있다. 초등은 20분 정도, 중등은 30분 정도로 줄이고 온라인 수업에서 줄 인 만큼의 시간은 활동 수업을 하거나 아이들의 건강을 지키는 수업으로 전환해야 한다.

온라인 수업과 대면수업에서 다루는 학습 주제와 방식을 달리하는 방법도 있다. 예를 들어 온라인 수업에서는 지식과 이해 중심으로 하고 대면수업에서는 다양한 대면 활동을 할 수도 있을 것이다. 또 하나는 원격수업 시에 오후에 확보된 시간으로 행복프로그램, 체육, 예술 활동, 오락활동 프로그램을 운영할 수 있겠다.

예를 들어 초등 저학년의 경우에는 3'R 기초에다가 건강한 사회성 관계 프로그램, 놀이 중심 프로그램을 제공하고, 초등 고학년과 중학교의 경우에는 교과 학습과 사춘기를 행복하게 보낼 수 있는 행복 프로그램을 중심으로 운영할 수도 있을 것이다. 고교의 경우에는 교과 수업이 중심이 될 수밖에 없겠지만 그래도 시간을 최대한 할애하여 명상 프로그램 등과 같은 정신 건강과 긴장 이완을 주는 프로그램을 제공하는 것이다.

중요한 것은 교육부와 교육청이 이러한 방향을 잡아가야 한다는 것이다. 아무리 교과 지식 중심의 수업을 원하는 학부모들도 자신들의 자녀 건강을 위해 동의하지 않을까 싶다.

셋째, 디지털 리터러시와 디지털기기 중독 문제에 미리 준비하여 대응하자.

디지털 리터러시와 관련하여 간단한 동영상을 만들어서 지원청 홈페이지, 학교 홈페이지에 탑재하여 학부모, 아이들의 접근성을 높일 수 있어야 한다. 학생용 네티켓, 온라인 수업 시 주의할 점 등에 대한 콘텐츠가 산발적으로 흩어져 있기 때문에 접근성, 집중성이 좀 떨어진다. 따라서 초등, 중등 공히 학생의 경우 네티켓, 온라인 수업 시 유의할 점, 학부모의 경우 zoom 등 플랫폼 참가 방법, 접근이 잘 안 될 시에 문의할 수 있는 기관 등을 담은 동영상 콘텐츠가 필요하다고 본다. 특히 초등용은 더욱 필요하다.

평소에도 다양한 디바이스의 각종 게임으로 인한 아이들의 중독 문제를 전문가들은 우려하고 있다. 코로 이후 이런 문제가 더 심각할 것이라고 현장 선생님들은 이구동성으로 말하고 있다. 이에 대한 대책을 미리 세워서 등교수업 시에 교과수업 외에 중독 관련 교육을 별도로 할 수 있어야 한다. 예를 들어, 등교수업 4회당 1시간 정도씩이라도 좋다.

넷째, 디지털 기기 사용을 잘 할 수 있는 지원체제를 빨리 구축하자.

교사들이 활용할 원격수업 플랫폼 지원을 위한 교육청의 노력이 많이 있었다. 서울시교육청의 경우에는 구글 미트, MS Teams 등을 구매하여서 교사들이 활용하도록 했고, 경기도교육청은 패들랫을 구매하여 지원하고 있다. 하지만 각 가정의 준비 상태에 대해서는 다소 막연한 짐작에 그치고 있는 것이 현실인 것 같다. 부모들이 챙겨줄 수 없는 아이들의 경우, 특히 법정저소득층 아이들에게는 디지털 디바이스를 대대적으로 지원했다. 이는 모범 사례이기도 하다. 그러나 정말 지원이 필요한 경우가 또 있다.

아이들이 디바이스를 사용하거나 선생님들의 원격수업 플랫폼에 들어가 수업할 때 부딪히는 기술적인 어려움에 대해 선생님들이 해결하지 못하는 경우에는 긴급하게 전문가의 지원을 받아야 하는데 그 부분이 미흡하다. 따라서 각 교육청은 이를 지원하는 전문가단을 구성해야 한다. 혹자는 학교에 있는 전산실무사 및 협력업체의 지원을 받으면 되지 않겠는가 하는 반문을 하지만 이들이 전문적인 능력이 된다고 하더라도 학교 일을 두고 각 가정으로 달려가기에는 한계가 있다. 그들의 능력을 벗어나는 경우에는 난감하다. 교사의 컴퓨터(노트북, 태블릿), 아이들이 쓰는 디바이스 등의 수리를 신속히 지원함은 물론 교사와 아이들의 플랫폼 등 접근성을 지원하기 위한 (가칭) '원격수업디바이스지원센터'가 필요하다.

아울러 실제로 원격수업을 위한 인프라 구축이 학교 자체 예산으로 잘 안되고 있는 것 같다. 교육청 차원에서 인프라 관련 장비 항목별로 설치 여부에 대해 조사를 정밀하게 하는 게 필요하다. 가장 필수적인 것은 이 정도임을 적시해 주고 최소한 그게 구축되었는지를 확인해야 하지 않을까 싶다. 학교가 예산 걱정하지 않고 편안하게 설치하도록 하거나 교육청에서 빨리 설치해 주는 것이 정말 중요한 것 같다.

다섯째, 방역당국 대응 단계와는 별개의 교육청 상황별 대응 매뉴얼을 만들어 놓자.

각각 어떤 국면(상황)을 설정해 놓고 그 국면에 따라 평가는 어떻게 하고 교사 복무는 어떻게 하며 급식은 어떻게 하고 돌봄은 어떻게 할 것인지를 1학기 경험을 참고로 하여 간단한 지침을 만들어 놓고 상황 발생 시에 조금의 회의와 여론 수렴을 거치면 바로 시행될 수 있도록 해야 한다. 상황에 따른 예측 가능한 지침이 필요하다는 거다.

왜냐면 매번 상황 변화가 있을 때마다 학교의 질문이 빗발치지 않도록 하기 위해서다. 더 중요한 것은 행정의 안정성 확보와 예측 가능성 때문이다.

이번에 서울의 경우 학교 급식 관련하여 적시에 지침을 보내줘서 학교의 혼선을 막은 사례는 참 좋은 것 같다. 다시 말해 상황(국면) 전환에 따라 혼란이 없도록 각각의 상황(국면)에 맞는 교육과정, 수업 방법, 교원 복무, 급식, 돌봄 등의 지침을 국면(상황)별로 종합화하여 준비해 놓았다가 제공해 주길 바란다.

여섯째, 교원들의 자존감을 지켜 달라.

원격수업, 등교수업 등과 관련하여 교육부(교육청)가 정책(지침) 발표를 할 때 적어도 학교가 동시에 알 수 있도록 전국의 모든 교장에게는 적어도 알려주는 것이 좋겠다. 언론에 보도되고 학부모들이 물어오면 참 난감하다. 여기서부터 학교의 신뢰가 무너지는 면이 있음을 부인하기 어렵다. 서울의 경우 이번 9.21~10.11 등교수업 전환 조치와 관련하여 보도 자료 문서를 엠바고 풀리기 전에 미리 보내줘서 고맙게 생각한다. 현실적으로 쉽지 않은 면이 있겠지만 이 요구가 적극적으로 반영되었으면 좋겠다. 다시 강조하자면 앞으로 코로나 대응 관련 모든 새로운 정책(지침)은 보도되기 전에 교장 등 교원에게 어떤 형태로든 미리 알려 주는 서비스 정신이 있었으면 좋겠다.

일곱째, 인력 및 예산 지원을 체계화, 실질화해 달라.

학교에서는 방역인력 지원, 보건교사 추가 배치, 긴급 돌봄 인력 지원 등에 대해 매우 감사하게 생각하고 있다. 그런데도 각 영역의 효율화가 필요하다는 의견들이 있다. 방역 인력 지원의 경우에 예산, 인력 지원이 체계적으로 정리되었으면 좋겠다. 서울시 예산은 본청으로, 자치구 예산은 학교로 보내어서 예산을 한 묶음으로 만들어 달라는 것과 세 기관이 지원 기간, 인력수를 달리하여 혼란을 야기하지 않도록 해야 한다는 것이다.

한편 긴급 돌봄의 경우는 근무 형태가 다양하기 때문에 이 인력을 여러 케이스로 조합하여 사용할 수 있도록 해야 한다. 인력을 활용하기에 불편하지 않도록 적극적으로 검토해주길 바란다는 의견이 강하다.

또 급식의 경우 1학기 등교수업 개시 전에 서울시교육청에서 교사들 급식을 지원해줘서 매우 고맙게 생각하는 분위기다. 급식 인원수에 따라 교사의 급식 단가가 문제가 되고 있다. 이 차액을 지원하는 것이 필요하다. 식재료의 경우에 바우처 개선이 필요하다. 농협몰 포인트 또는 온누리 상품권을 지급하는 방안을 채택하는 것이 어떨까 하는 의견이 있다.

학습 격차, 심리 방역, 교사가 좀 더 나서야 한다

　사회 속에서 살아가는 그 성원에게는 누구든 일정한 역할과 그에 따른 책임이 따른다. 교사라고 별반 크게 다를 것은 없지만 그래도 아이들의 영혼을 다루는 직업이 교사직인지라 다른 직종보다는 그것이 갖는 윤리성과 사회적 책임감은 크다.

　교사는 지식인으로서의 특성을 가지므로 외부적 동인(incentive)에 의한 '외부적 책무성'보다는 교사 본질에 내재된 동인(incentive)에 따른 '집단적 책임감'에 더 친화성을 갖는다고 한다.

　일반적인 조직 구성원의 단순한 역할에도 책임이 따르는데 더욱이 지식인에게 따르는 책임감은 더 크고 무겁다는 것은 상식(common sense)이다. 아직은 부족하지만 진보교육감 이후 어느 정도 자율성이 주어진 상태에서야 책임감은 논할 필요도 없이 중요하다. '자율에 따른 책임'이라는 흔한 말은 식상할 정도다.

　교사들의 자발성과 자율성이 지나쳐서 학교 문화가 과잉 자율화의 행태로 기우는 경우가 왕왕 있다. 민주성에 의거한 교사 다수의 자율성의 고양이 명분상으로는 아름다우나 실제로는 다수의 질 낮은 독선으로 왜곡되기도 한다. 우리의 학교 현실이 일정 부분에서는 그렇지 않은가. 코로나 국면에서도 일부 나타나고 있다고 듣고 있다.

그렇다면 코로나 상황에서 교사 개개인의 학교생활과 학교 단위의 많은 의사 결정이 아이들의 이익과 교육의 공공성에 다소 어긋나는 것은 없었는지 곱씹어 보아야 하지 않을까.

우리 선생님들 다수가 코로나 위기라는 험난한 강을 잘 건너고 있다. 지금도 많이 힘들지만 좀 더 힘을 내어서 우리 아이들이 좀 더 건강하게 학업을 할 수 있도록 힘을 모아주기를 바란다.

학습 격차 해소와 아이들의 건강한 마음 근육을 기르는데 학교 교육의 주체인 선생님들이 나서야 한다. 그게 교사의 책임감이다. 예비교사 멘토링, 지역사회 인적 자원의 힘을 빌리는 것도 중요하고 필요하다. 하지만 선생님들이 나서는 것이 더 급선무고 이게 더 아름답다.

학습 격차 해소와 건강한 사회성을 기르기 위해 교육(지원)청과 교장 선생님, 선생님들이 힘을 모아서 나서자. 학교 자율성의 틀 속에서 학교별 최소한의 계획을 세워서 아이들을 지금보다 더 잘 보듬자.

가능하다면 교육부, 교육청과 모든 교원 단체들이 힘을 모으는 선언이라도 해야 하지 않을까. 그리하여 학부모님들이 안심하고 학교 교장, 교감 선생님, 선생님들이 힘을 얻게 될 것이다.

'(가칭)코로나19! 학력 격차 및 심리 방역을 위한 교육 공동체 선언!'같은 것 말이다.

IV

문제의식과 함께

교육(지원)청이 이러면 좋겠다

정말 우연히 장학사가 되었다는 것을 고백한다. 남부 지역 관악고에서 근무하다가 내신을 내었지만, 집 가까운 여의도고, 여의여고를 가지 못하고 존재 여부조차도 몰랐던 청담고로 발령을 받은 것이 내가 장학사로 입직하게 된 계기였다. 당시 김성기 교감 선생님(강남교육지원청 교육장 역임)이 내가 장학사 시험을 치는데 동기부여에서 결정적인 역할을 하였고, 정인순 교감 선생님(북부교육지원청 교육장)은 실제로 시험을 준비할 때 물리적 환경과 심리적 여건을 제공해 주었다. 이 두 분이 아니었으면 나는 교육 전문직이라는 세계를 전혀 몰랐을 것이고, 교육(지원)청의 높고 낮은 자리에 나가 보지 못했을 것이다. 이 지면을 빌어 두 분 선생님께 감사드린다.

연수원의 교육연구사로 교육 전문직을 시작했지만, 북부교육지원청 교육장(장학관)을 마지막으로 교육(지원)청 생활을 끝내고 상봉중학교에서 정년퇴직하게 되었다. 이 모든 것이 나에게는 비현실 같은 현실이었다. 나는 장학사, 장학관을 꿈꾸어본 적도 높은 관료 직책을 탐해본 적도 없다. 다만 우연히 좋은 인연의 선생님 두 분을 만나서 오늘에 이르게 되었다. 나에게는 그런 직위와 직책이 몸에 맞지 않는 옷이었지만 그것은 그럭저럭 나쁘지 않은 치장이었다.

장학사 선임일 때 어쩌다 곽노현 교육감의 부름으로 '혁신교육지구'라는 큰 정책을 만들었고 그분의 신뢰를 받았지만, 불행하게도 그분은 교육감직을 강제로 그만두게 되었다. 그 안타까움은 지금도 나를 아프게 한다. 직원들에게 마지막 인사를 하던 모습이 눈에 밟힌다. 연후에 또 다른 인연으로 조희연 교육감을 만나게 되었으며 그분의 은혜를 입고 교육장이라는 영광스러운 자리에 오르기도 했다. 이 글로 감사드린다.

나는 진보 1, 2기[37] 교육감을 도와 정말 많은 일을 했다. 진보 교육감 1, 2기 정책, 전략과 전술을 초기 세팅했고(교육감실 파견), 당시 주요 장학관들을 독려하면서 수업 혁신, 오디세이학교, 민주 시민교육 기본 계획 등의 주요 정책을 만들게 하였다.

장학관이 되어서는 민주적 학교운영의 기본 틀이 되었던 혁신학교운영, 학교 업무 정상화, 민주적 학교운영, 학교 자율성 강화를 위한 공모 사업 자율 선택제 등을 추진하면서 학교자치 정책의 토대를 만들었다.

서울 진보 1, 2기의 조직 문화는 안온함, 경청의 인간관계, 열심히 노력하는 분위기, 수평적 관계를 위한 노력, 안정된 사무실 기풍 등 장점도 많이 갖고 있었다. 그런 장점이 서울 교육 구성원의 관계를 혁신하는데 큰 기여를 하였을 것으로 확신한다. 하지만 아래의 이유로 서울시 교육청이라는 방대한 조직이 효율적, 성과적으로 운영되는 데 다소 문제가 있었다고 나는 생각한다. 다음에 살펴볼 내용이 진보 1, 2기 교육감 체제의 약점이지만, 보는 사람에 따라서는 동의하지 않을 수도 있을 것이다. 개인적

---

37) 편의상 진보1, 2기는 조희연 교육감 체제를 말함(곽노현 교육감은 중도에 중단되었으므로 여기서는 분류하지 않음)

으로 이는 3기 교육감 체제에서는 개선되기를 간절히 바란다.

첫째, 신상필벌을 분명히 하는 조직이 되어야 한다. 벌 줄 때 벌을 분명히 주고 상찬할 때는 상찬하는 분명한 신상필벌의 업무행태가 미흡했다. 신상필벌은 행정에서 령(令)을 세우는 데 필요 조건이다. 이런 문화를 진작하는 데 조직이 노력해야 한다.

둘째, 소논문(articles)을 학회(지)에 제출·발표하는 것처럼 정책이 그렇게 발표되고 정책의 사후 관리에 소홀하게 되면서, 정책 간 또는 정책 내에서 중요 포인트를 잃어버리게 했다. 사람 일이든 자연현상이든 무엇을 무엇이게 하는 가장 결정적인 포인트가 있는 법이다. 진보 1, 2기의 정책들은 이를 잃어버렸다. 모두 중요하거나 모두 그렇지 않게 만들어 버렸다. 아무리 많은 정책을 만들면 뭐 하겠는가. 이를 실제로 행할 주체는 교원인데 말이다. 그러면 제일 중요한 정책은 교원에게 맞추어져야 했다.

진보 1, 2기는 과연 그렇게 하였는가. 교원을 춤추게 하였는가 말이다. 비근한 예로 이번 2022학년도에 본청에서 내려온 기본(운영)계획을 대충 세어보니 수십 개고 건당 페이지도 대개 20쪽 내외였다. 이는 무엇을 겨냥한 것인가. 장학사, 장학관들의 자기만족을 위한 것이 아니라면 도대체 이해할 수 없는 행태 아닌가. 교장, 교감만이 볼 수밖에 없도록 문건을 이렇게 만들어서 내려보내는 이유가 뭔가. 교사는 거의 보지 않는다. 바보 같은 짓이다.

셋째, 70년대 민주화 운동을 한 사람들이 많이 가진 전근대적인 행태들이 진보 교육감의 교육청에 일부 똬리를 틀고 있었다고 볼 수 있다. 말로는 민주적, 평등 지향적, 인권 존중, 청렴 행정을 외치지만 행동은 일반인 수준 정도인 차별적 인식과 실행을 극복하지 못한 측면이 있다.

넷째, 조직에 비전을 세우고 구성원들이 목표의식을 갖고 헌신하도록 이끄는 조직 관리 능력이 부족했다. 조직 구성원이 조직 전략과 전술에 익숙하도록 끊임없이 반복적으로 단련시켜야 했다. 지금 일반직이나 교육 전문직에게 진보 1, 2기의 조직 운영 전략 전술이 무엇이냐고 물어보면 몇 명이나 답을 하겠는가. 전략 전술이 없으니 당연히 대답을 못할 것이다. 본청 정책 관련 국장이나 교육장인들 답을 하겠는가. 이게 문제다. 진보 1, 2기의 조직 운영 전략 전술은 무엇이었는가.

다섯째, 정책들에서 무엇이 제일 중요한지를 잘 파악하지 못하는 백화점식 정책 행정이 비일비재했다. 시간이 좀 걸리더라도 현장교사를 일으켜 세우는 데 집중하지 못하고, 정책을 정치화하여 서울시교육청이라는 방대한 조직이 방향을 잃게 만들고, 에너지를 끌어 올리지 못하게 했다.

교육청은 정치화되어서는 안 된다. 교육청은 교육하는 곳이고 교육하는 교사를 중심에 놓고 정책을 만들고 집행해야 했다. 이와 관련한 비판의 대표적 사례가 입학준비지원금이었다. 굳이 입학준비금을 안 줘도 되는데 예산을 왜 그런데 쓰냐는 것이다. 초등학교에 위 클래스가 없는 비율이 70%가 되고 우리 아이들이 놀 공간이 없는 자치구청, 주민센터가 대부분인데 그런 것을 만들어 주는 데 신경을 써야 한다는 것이다. 예산 사용을 정치적으로 판단해서는 곤란하다.

여섯째, 교원을 지원하는 정책이 없는 것이 아니다. 이를 실감할 수 있도록 하는 것이 중요하다. 교권 침해 변호사 지원 등 좋은 정책이 있으나 교사의 가슴을 뜨겁게 하지는 못하고 있는 것 같다. 에너지를 끌어 올리는 정책이 병행되어야 했다. 말로만 학교자치, 교사 존중이지 실질적으로 그들을 존중, 독려하면서 에너지를 올리는 행정은 부족했다. 그들에게 호소하는 것은 더더욱 부족했다.

17개 시·도교육감 중 진보교육감이 몇 명인데 아직도 학교자치를 위한 법령개정조차 못 하고 있는가. 이미 교장은 교사들을 통제하기 어렵다. 특히 고교는 거의 교장 지도력이 무너졌다. 그런데도 왜 이를 방치하는가. 교장에게 인사권이 없으니 교사들이 말을 들을 리가 없다. 전교조 출신 교육감들이 그렇게도 많은데 왜 교장에게 인사권을 주어서 학교 장악력을 높이지 못하는가. 정부, 시도교육청, 학교가 인사권을 나눠서라도 교장의 학교 지도력을 높여야 학교자치가 가능하지 않은가. 전교조 교사들은 초빙 비율, 전입 요청, 전보 유예 비율을 낮추려고 하면서 학교자치를 외친다. 모순이다.

진보 3기는 1, 2기 때의 이와 같은 문제에 좀 더 천착해서 개선해야 할 것이다. 진보 1, 2기 8년 동안 못한 것을 3기 임기에는 꼭 이루길 바란다.

진보 교육감의 방향성

　주요 교육 정책, 당면 교육 현안, 학교 교육활동에서 교육부와 교육청은 교사의 요구와 필요는 대체로 고려하지 않는다. 교육에 대한 진정한 주체로 세우고 그들과 함께 토론하고 숙의하는데 소홀하다는 얘기다. 이는 어제오늘의 문제가 아니다. 진보정권, 진보 교육감 체제에서는 조금 나아지고 있다고 하지만 내가 보기에는 형식적일 뿐 개선된 것이 그다지 없어 보인다. 왜냐하면 이에 대한 가치와 철학이 논의되고 공유된 경험이 거의 없기 때문이다.

　진보 교육감도 정책 수립과 집행의 방법만을 보자면 그 기저가 되는 가치와 철학에서 보수 교육감과 크게 차이가 없다. 정책 자체의 혁신성도 매우 중요하지만 이를 수립하고 실행하는 과정을 드러내는 방법이 오히려 더 중요할 수 있다.

　보수 교육감이 인간에 대한 도구적 관점과 합리주의, 형식주의, 결과주의의 뿌리인 실증주의적 관점을 가졌다고 하더라도 진보 교육감은 달라야 하지 않을까. 적어도 진보 교육감은 정책 수립과 집행에서 그야말로 진보적으로 이끌 가치와 철학을 가져야 한다.

　'바로 이것이야!'라고 정답처럼 말하기는 어렵지만, 보수 교육감과 달라야 할 무엇인가는 있어야 하지 않을까. 이에 대한 학자들의 주장도 있다. 진보 교육감은 해석학적, 구성주의적, 인간 중심적, 공동체주의 가치와 철학을 가져야 한다는 것이다. 이런 관점은 인간의 주체성, 상호작용, 역동성, 사회적 의미부여, 동료 관계, 공유된 목적, 협력의 기회, 상호 지원과 의무, 신념, 감정, 정서 등의 가치와 방법론을 중시한다. 여기서 진보교육의 정책 방법론이 나와야 한다. 그 방법론이 무엇일까. 진보교육감은 이를 중요하게 고려하고 있을까.

지금 우리의 진보 교육감들의 정책 수립과 집행에서 이런 방법론을 숙고하여 실천하고 있는지를 묻고 싶다. 미시적인 학교민주주의와 함께 가야 할 매우 중요한 전략이다.

이런 가치와 철학을 견지하여 정책을 수립하고 집행하지 않으면 교사들의 주체성은 학교 밖을 넘어설 수 없다. 학교민주주의조차도 잘 이행되지 않는 학교는 학교 안에서도 교사의 주체성은 확보되지 않지만 말이다.

교육감은 물론 특히 관료조직 속의 정책 담당자들이 과연 정책 수립과 집행의 새로운 관점 속에서 행정을 하고 있는가. 그냥 보수 교육감 때처럼 정책을 만들어서 그때의 방식으로 시행만 하면 되는가. 정책들이 진보적 가치만 담으면 진보인가. 좀 부족하다.

교육청 직원들도 교사들도 상부에서 내려오는 정책을 마지못해 수행할 수밖에 없는 기능적 행정인 정도로 전락한 지 오래다. 그들은 기계적 선택만을 하게 되고 그들의 지적 능력의 발현은 제약되는 한편, 변화를 가져오는 데 필요한 마음 근육을 소진하고 있다. 진보교육감 때도 별로 개선된 게 없다. 지금은 오히려 역행하고 있는 면도 있다. 장학사(관)들이 보수 교육감 때의 행정 마인드를 그대로 갖고 있기 때문이다. 이는 진보 교육감의 조직운영과 교사와 학교를 보는 전략적 가치와 방법론적 철학의 부재 때문이다. 어떻게 해야 할까. 조직 내부에서 공론화해보자. 이는 교육 밖에서는 잘 볼 수 없다.

진보교육감은 학교 구성원의 민주적 능력이 작동할 수 있도록 큰 그림을 그릴 줄 알아야 한다. 민주주의는 교사들의 자율성과 자발성을 고양한다. 이것에 의한 민주적 논의와 결정을 우리는 집단지성으로 치환하기도 한다. 집단지성이 활성화 되어야 한다.

그런데도 교사들의 자율성과 자발성의 과잉화가 집단지성을 훼손하는 부정적 모습도 더러 있다. 교사 다수의 결정이 질 낮은 의사 결정으로 귀결되는 것을 이름이다. 이런 경우에 극소수인 교장, 교감은 속수무책이다. 이런 식의 학교민주주의가 학교 교육력의 질을 떨어뜨리고 있다면 우리는 이를 어떻게 극복할 것인가도 함께 고민하자. 우리는 이를 위한 현실적인 방안을 구체적으로 마련해야 한다.

진보 교육감은 과잉화된 학교민주주의를 적절히 통제하면서 학교민주주의가 전반적으로 꽃필 수 있도록 유도해야 한다.

학교 폭력에 교육 개입의 여지를 허(許)하라

내가 지금 근무하는 학교는 두 번째 학교다. 중학교다. 우리 학교는 타교에 비해 비교적 학교폭력 건수가 적은 편이지만 적다고 해서 현재의 비교육적 학교폭력 개념과 처리 방식에서 자유롭지 않다.

내가 가진 문제의식은 크게 세 가지다. 학교폭력 개념을 학교로 끌어들여 학생을 잠재적 죄인으로 규정하고 있다는 것, 학교 폭력을 처리하는 방식에서 준사법적인 처리 방법을 씀에 따라 교육 처치가 들어갈 여지가 없어졌다는 것, 교사가 학부모의 싸움을 정리하는 문제 해결사가 되어버려서 에너지 소모가 너무 심하다는 것—쟁송 시장화 포함—이다.

「학교폭력예방 및 대책에 관한 법률」(이하 학폭법)의 학교폭력 개념을 보면 우리의 형법 각 조항의 축소판이다. 살인죄, 특수강도 등의 반인류적인 무시무시한 범죄 등이 빠져있는 정도고 타인을 괴롭히는 어지간한 것은 다 망라되어 있다.

학폭법 제2조에 "학교폭력이란 학교 내외에서 학생을 대상으로 발생한 상해, 폭행, 감금, 협박, 약취·유인, 명예훼손·모욕, 공갈, 강제적인 심부름 및 성폭력, 따돌림, 사이버 따돌림, 정보 통신망을 이용한 음란·폭력 정보 등에 의하여 신체·정신 또는 재산상의 피해를 수반하는 행위를 말한다."

라고 되어 있다.

이는 얼핏 보더라도 만 14세 이상의 형사상 성인을 대상으로 하는 형법의 내용과 별반 다르지 않다. 형법의 내용을 학폭법의 몇 줄 문장으로 요약해서 적시해 놓고 이를 어길 시에는 처벌하겠다는 것이다. 다시 말해 초중등교육 대상 아이가 학폭법을 어길 시에 형사 범인처럼 취급하겠다는 것이다. 실제로 형법과는 다소 다르게 처벌하고 있지만, 처벌이라는 결과는 매한가지다.

만 14세 이상이면 중학교 2학년부터인데 이런 범죄의 경우에는 형법으로 다스리면 된다. 왜 학폭법이 필요할까. 예전에는 학폭법이 없었다. 내 경험으로 보면 실제 형사처벌 받는 중학교 2학년 이상의 아이들이 많지도 않았다. 그 아이들은 형법으로 다스리고 그 외는 교육에 맡기면 된다. 그런데 학폭법이 왜 학교에 들어와서 초중등교육 대상 아이들 모두를 잠재적 범인으로 취급하고 거기에 교육이 들어갈 여지를 없애면서 학부모의 싸움장으로 만들었을까. 참 모를 일이다.

학폭법이 만들어져서 만 14세 미만의 아이들과 그 이상의 아이들 중 교육으로 충분히 지도할 수 있는 일탈까지 범죄시하는 것은 정말 문제다.

형법이 적용될 정도로 중한 범죄를 저지른 소수의 이런 아이들은 형법으로 다스리고 그 외의 일탈 아이들은 학폭법 이전처럼 교육적 개입으로 지도하는 것이 타당하다. 그렇게 되어야 죽어있던 교육이 살아나고 학교가 쟁송 시장화되는 것을 막을 수 있다.

교육적 처치(개입)를 차단하는 것이 더 큰 문제다. 교육이 개입한다는 것은 아이들이 싸우거나 누구를 괴롭히거나 갈등 상황이 생기면 상대의 아픔을 공감하고 서로 간에 화해하고, 갈등을 조정해 가는 법 등을 스스로 체득하게 교육하는 것이다. 이때 교사는 아이들이 어떻게 생활해야 하는지 등에 대한 삶의 지혜와 방법을 가르치게 된다. 이런 과정들이 사라지게 되거나 약화되는 것이 정말 문제다. 우리 사회를 위험에 빠뜨릴 수 있는 것이다.

학교는 우리 아이들이 갈등 조정, 문제 해결, 공감 능력을 또래와의 생활 속에서 키워가도록 해야 한다. 그런데 학폭법에 의한 처리라는 준사법 기능이 개입하면서 이런 능력을 키울 수 있는 경험을 완전히 뺏어 버리고 있다.

물론 내가 이를 비판하는 것이 학교 폭력을 당연시하거나 미화하며 처벌하지 말자는 얘기는 아니다. 이런 방식에는 형사사법주의라는 처벌 위주의 사고방식이 들어있다는 데 문제를 제기하는 것이다. 학교에 형사사법주의 개념이 들어와 학교는 이미 황폐화했다. 이제 아이들 간의 갈등과 일탈을 교육으로 해결할 방법과 의지는 사라졌다. 현재의 학폭법이 성장하는 아이들을 교육하는 교육적 처방을 깡그리 무시하고 있기 때문이다.

선생님들을 사무원으로 만들어 버린 것도 큰 문제다. 여기에는 교육은 없고 보신주의만 있을 뿐이다. 교사가 학폭법을 어기면 처벌받는다. 아이들을 위한 교육적 헌신을 학폭법이 가로막고 있는 것이다.

학교가 학부모의 싸움장이 되고 있다. 자녀 이기주의에 빠진 몰상식한 힘 있는 학부모들은 갈등을 더 일으키거나 학폭법을 교묘하게 이용하여 학교폭력을 사법적 잣대로 재단하려 한다. 그들은 학교를 교육하는 기관으로 보지 않는다.

학교 교육력은 나날이 쇠락하고 있다. 학폭법 이전으로 돌리기에는 너무 많이 온 느낌이 들지만, 지금이라도 늦지 않았다. 아이들 싸움을 교육의 몫으로 다시 돌려놓는 획기적인 조치가 필요하다.

예전으로 돌아가면 우리 사회는 학교를 믿지 않고 학교를 흔들 것이다. 교육적으로 해결하려는 학교의 노력을 무력화할 것이다. 힘 있는 학부모들이나 쟁송 시장 당사자들이 학교를 지속해서 괴롭힐 것이다. 이제 학교에는 그들의 먹잇감이 즐비하기 때문이다.

따라서 당국은 학교폭력과 관련한 민원인의 교권 침해에 대응하기 위한 교권 보호에 관한 법률을 더 강화하여 외부의 압력에서 교사들의 교육권을 보호해야 한다. 아울러 교사들이 사회에서 신뢰를 확보할 수 있도록 전문적인 생활교육 능력을 갖추도록 지원하면서 학폭법을 폐지해야 한다.

학급자치 활동, 민주시민교육의 핵심이다

근대국민국가는 시민혁명을 거치면서 민주국가의 면모를 갖추어 갔고 오늘에 와서는 숙의민주주의를 얘기할 정도의 성숙한 시민의식을 요구하고 있다. 특히 4차 산업혁명에서 요구하는 핵심역량을 얘기할 때 민주 시민성과 민주시민교육의 중요성을 말한다.

민주 시민성은 타인과 나의 상호 존중의 능력을 기초로 한다. 앞에서도 내가 자주 언급했듯이 나의 인격과 권리, 관점, 감정이 소중하듯이 타인의 그것도 소중하다는 것을 알고 존중하는 능력을 말한다.

학교에서 이런 능력은 공식적, 비공식 교육과정으로 길러진다. 수업 시간의 토론 수업, 협동수업, 모둠 활동, 학급 자치 활동 등이 공식적인 것이라면 교사의 태도, 언어, 학교의 풍토, 분위기 등이 비공식적인 것이다.

교사들의 다양한 학생 참여 수업이 민주 시민성을 기르는 중요한 도구인 것 못지않게 학급자치나 학생회 자치 활동도 매우 중요한 것이다.

나는 민주 시민성을 기르는 가장 중요한 교육 도구가 학급 자치 활동이라고 생각한다. 그런데 이 활동이 중고등학교에서는 사실상 민주 시민교육 도구 역할을 하지 못하고 있다. 그 이유는 여럿 있을 수 있는데 이를 제거함으로써 어느 정도 그 역할을 확보할 수 있을 것으로 본다.

학급자치 활동은 주 단위 주 1시간씩 편성하도록 하고 있지만, 대부분의 학교에서는 한 달에 1회 정도 편성하고 있다. 내가 근무하는 학교도 그렇다. 이렇게 편성하는 주된 이유는 담임교사의 수업 부담 때문이다. 학급 자치 활동에 담임교사가 들어가 임장 지도를 하는 것이 수업 시수 부담으로 되는 것이다. 주 1회 학급자치 시간을 편성하면 매주 1시간씩 담임 교사의 수업 부담이 늘어나는 것이다.

학급 자치 활동을 강화할 방법으로 두 가지가 있다. 학교가 학생들이 자력으로 자치 활동을 할 수 있는 역량을 키워주어서 담임교사의 수업 시수 부담을 들어내는 방법이 그 하나고, 교사의 주당 교과 수업 시수를 정책 차원에서 줄이고 학급 자치 수업 시수를 그만큼 포함하는 방법이 그 둘이다. 교육 당국이 민주 시민교육에 정말 역점을 둘 의지가 있으면 후자의 방법으로 가야 한다.

교사들에게 수업 부담을 줄여 주면서 민주 시민교육을 강화해야 한다. 왜냐하면 일반 시민들은 잘 모르고 있는 사실이지만 교사들에게 요구되는 단위 시간 노동 강도는 엄청나기 때문이다. 스트레스와 체력적인 부담이 크다. 교사들에게 수업 시수 부담을 덜어주어 학급 자치 활동을 강화하자.

또 이 방법 못지않게 학급 자치 활동을 잘 할 수 있는 방법은 학생들이 토의·토론과 모둠 circle 활동을 주도할 수 있는 역량을 갖도록 해주는 것이다. 부족하지만 우리 상봉중학교는 퍼실리테이터 교육으로 이런 역량을 어느 정도 키워 주고 있다.

오연호는 『삶을 위한 수업』에서 덴마크의 학급 자치 활동의 예를 들고 있다. 거기서는 주로 토의·토론 활동과 모둠 circle 활동으로 자신의 관점과 생각, 감정 등을 돌아가면서 말하고 친구는 이를 듣고 느끼도록 한다는 것이다. 바로 상대 친구와 나를 존중하는 훈련을 하는 것이다. 이게 민주시민교육이다. 우리의 학교도 학급 자치 시간에 한주는 토의·토론, 한주는 모둠 서클(circle) 활동[38]을 해야 한다고 나는 제안하고 있다.

학생들이 학급 자치 역량을 갖추고 교사들의 자치활동 지도 시 수업 부담을 줄여 주는 방식으로 가야 학급 자치활동이 강화되고 민주시민교육은 좀 더 잘 될 것임을 우리는 알아야 한다. 아울러 고등학교는 입시라는 미명하에 학급 자치 시간을 훼손하지 말아야 한다.

---

38) 모둠 서클(circle) 활동은 회복적 생활교육, 학급 긍정훈련 등에서 활용하는 도구로 구성원들이 돌아가면서 당시에 정해진 주제에 관해 얘기를 나누는 방식임

유·초·중등 교원의 선거직 출마 제한을 풀어라

정치는 유한한 자원을 효율적으로 배분하는 과정이다. 유·초·중등 교육자원을 가장 잘 배분할 수 있는 정치 주체는 누구일까. 유·초·중등 교원이 아닐까. 그들이 자신의 교육을 가장 잘 알기 때문이다.

그런데 이런 유·초·중등 교원은 퇴직하지 않는 한 교육감 선거나 국회의원, 시의원 등 선출 공직으로 나갈 수 없다. 왜 이 같은 불합리한 제도가 만들어졌을까.

일부 학자들은 주요 이유로 교원의 정치적 중립성[39] 유지, 유·초·중등 교원에 대한 불신, 교육자원의 배분에 대한 기득권층의 배타적 독점권 유지 등을 들고 있다. 그러나 교원에 대한 불신이나 기득권층의 배타적 독점권 유지를 주요한 이유로 잘 들지 않는다.

아주 그럴듯하게 포장하여 제한의 이유로 주로 드는 것이 교원의 정치적 중립성 유지다. 그런데 이것을 모든 교원에게 평등하게 적용하지 않고 차별하여 적용하고 있다. 대학교수는 적용에서 예외로 하고 유·초·중등 교

---

39) 공무원의 정치적 중립은 정치 활동이나 정당 가입 등을 하지 못하고, 선출하여 임용하는 선출직 공직으로 나갈 수 없음을 말할 뿐만 아니라, 정치적 견해나 주장을 표명하는 활동을 하지 못함을 말함

원에게는 적용하고 있는 것이다.

이는 매우 편파적이다. 교원의 선출직 공직자 출마 제한은 평등권과 공무담임권을 침해하는 것이다. 우리 헌법에 모든 국민은 성별·종교·사회적 신분에 따라 차별받지 않게 되어있다. 일정한 자격만 되면 누구나 선출직 공직에 출마할 수 있는 것이다. 사회적 신분인 직업에 따라 대학교수와 유·초·중등 교원을 차별해서는 안 된다.

평등권 침해는 있을 수 없다. 권리 차원에서 대학교수와 유·초·중등 교원이 선출직 공직 출마에서 차별받아서는 안 된다. 따라서 유·초·중등 교원도 출마할 수 있어야 한다.

그런데 유·초·중등 교원은 그렇게 못하도록 하고 있지 않은가. 그렇다면 이런 차별을 정당화하는 근거는 무엇인가.

그 근거는 가르치는 대상의 나이 차이 때문이라고밖에는 설명이 안 된다. 성인과 미성년의 차이 때문이다.

성인인 대학생은 자기 생각이 만들어져 있거나, 중립적이지 않은 지식, 주장 등을 학습하더라도 충분히 편향에 휘둘리지 않고 자기 사고 체계를 만들 능력이 된다는 것이다. 하지만 미성년자인 유·초·중·고등학생은 아직 세계관, 가치관을 한창 만들어갈 나이이므로 균형 있는 학습 자료와 지식, 논리, 주장을 섭렵하여야 한다는 것이다.

따라서 교수는 선출직 공직 출마도 할 수 있고 대학생에게 수업 등에서 정치적 중립을 지키지 않아도 되지만, 유·초·중등 교원은 선출직 출마도 안 되고 고교생 이하의 아이들에게 수업 등에서 정치적 중립을 지켜야 한다는 것이다.

하지만 백번 양보해서 대학교수는 성인을 가르치므로 선출직 공직에 진출해도 된다고 동의할 수도 있겠다. 이럴진대 유·초·중등 교원의 선출직 공직 진출 권리를 완전히 박탈하는 것은 형평성 차원에서 말이 안 된다. 위의 권리 측면에서 봤듯이 유·초·중등 교원에게도 완전한 권리를 주는 것이 맞지만, 교육 대상 아이들이 어리니까 수업이나 학교생활 지도에서 정치적 중립을 반드시 지켜야 한다면, 적어도 조건부 정무직 진출권을 주어야 한다.

이에 걸맞은 제어 장치를 하면 되니까 말이다. 교원이 교육활동에서 정치적 중립을 지키도록 관리하면 되는 것이다. 헌법에 정해진 바에 잘 따르도록 하면 된다. 그 수단은 교육공무원법, 교육공무원징계령 등 많이 있다. 이런 수단을 잘 활용해서 헌법적 가치를 지키도록 해야지 원천적으로 피선거권을 제한하는 것은 꼬리가 몸통을 흔드는 꼴이다.

다시 말해 선출직 공직자로 나아가는 것 자체가 편향적인 정치교육을 허용하는 것은 아니다. 교수학습, 교육활동 지도에서 정치적 중립성을 유지하면 되는 것이다.

한창 다양한 지식과 생각들을 흡수하고 이를 정련하여 가는 과정이 아이들이 성장하는 그것이라면 편향적인 좁은 지식과 생각을 주입하는 교육은 옹호될 수 없다.

다른 견해를 가진 사람들도 있겠지만, 나는 적어도 수업과 교육활동에서 정치적 주장과 견해의 가치중립성 유지는 매우 중요하다고 생각하고 있다. 다만, 아이들이 정치적 견해를 갖는 것은 공부하면서 갖게 되는 자기들 선택의 몫이 되도록 하면 된다.

교원의 정치적 중립성 유지를 위한 장치로써 '교육적 원칙'을 정하면 더 좋을 것이다. 이 대목에서 나는 '보이텔스바흐 협약'을 떠올리게 된다.

"정치적 견해를 강압적으로 주입함으로써 학생들이 '독립적으로 판단하는 것'을 방해해서는 안 된다."라는 '강제성 금지의 원칙'이 있고, 또 "학문과 정치에서 논쟁적 거리가 되는 사안이 있으면 그것을 학교에서 논쟁적으로 취급해야 한다."라는 '논쟁성 재현 원칙'이 있다.

이런 원칙이 함의하는 바는 수업 장면에서 교사가 일방적으로 특정한 견해를 주입식으로 강제하여 가르치는 것을 지양하는 것이다.

우리 학교에도 교사의 정치적 중립성 유지와 아이들의 민주시민성 함양을 위해 이를 적극적으로 수용할 필요가 있어 보인다.

이 정도 장치가 있으면 교사의 정무직 피선거권 제한을 풀어도 되지 않을까.

상담과 수업, 도토리 키 재기

학기 초가 되면 상담주간을 교육청에서는 권장한다. 아이들에 대한 빠른 파악을 유도하는 것이다. 이 기간에 각 학교는 수업 단축을 하여 상담에 좀 더 시간을 할애하기도 한다. 상담 주간에 좀 더 많은 시간을 상담에 할애해야 할까.

인간이 하는 세상사 일들에 당연히 주어진 정답은 없다. 그러나 협의하여 결정되면 그게 정답이 된다고 위르겐 하버마스는 말했다.

단축수업 불가에 대해 교장, 교감, 교무지원부장, 연구혁신부장, 1학년 부장이 모여 각자의 의견을 말하고 논의한 후 교장이 최종적으로 결정하게 되었는데 그 이유는 다음과 같다.

첫째, 상담 기간에 상담에 집중하는 것도 의미 있지만, 그보다 학기 중에 일상적으로 상담하는 것이 더 바람직하다.

학생과 학부모 상담주간을 정하여 운영하라는 교육청의 지침은 학기 초에 아이들의 특성 등에 대한 조기 파악을 유도하기 위한 것이다. 이렇게 상담의 집중화 기간을 권장한다고 하여 수업을 단축하면서까지 아이들 상담을 이 시기에 끝낸다고 생각해서는 안 된다.

따라서 아이들에 대한 기초적인 최소 정보 파악을 위해 상담주간을 활용해야 한다. 부족한 부분은 학부모 상담 주간에 학부모 상담으로 보충하면 된다. 따라서 이번에는 모든 아이를 짧게 짧게 만나는 것을 권장해 본다. 이후 지속해서 아이들의 행동과 말, 교우 관계 등을 관찰하면서 상담을 이어가는 것이 중요하다.

둘째, 학교 행정의 안정성과 예측 가능성을 고려해야 한다.

학교 학사 일정 및 시정을 예고된 바와 다르게 바꾸면 문제 제기가 있을 수 있다. 아이들 상담을 위해 수업 단축까지 함에 따라 학부모들의 상담에 대한 기대 수준은 높아지는데, 이에 부응하지 못하면 바로 민원이 제기될 수 있다. 이미 정해진 학사일정은 가급적 안 바꾸는 것이 좋다.

셋째, 다른 구성원들과 다른 이웃 학교에 피해를 줄 가능성이 있다.

우리 학교를 지원하는 시간 강사 선생님들의 일정 관리의 곤란함과 타 학교 일정 운영의 혼란, 강사 선생님 당사자들의 어려움을 고려하는 것이 타당하다. 따라서 상담을 연중 일상화하는 것이 더 낫다.

포노사피엔스(Phonosapiens)와 휴대폰

아이들이 학교에서 휴대폰을 소지하고 있어야 하는지에 대해서는 논쟁이 있다. 이 논쟁은 해묵은 것이다.

아이들이 학교에서 휴대폰을 못 지니게 하는 학교는 "수업 방해를 막고, 휴대폰 게임 중독을 예방할 수 있으며, 친구들과 얘기하고 놀도록 하여 사회성을 기르기 위해서"라는 이유를 든다.

한편 허용하는 학교에서는 "'포노사피엔스(Phonosapiens)'시대에 휴대폰은 몸의 일부일 정도로 없어서는 안 될 물건이다. 그것의 긍정성을 일깨우고 장려하면서 부정적인 요소를 제거하는 훈련이 필요하다. 오히려 학교에서 원천적으로 차단하는 것은 타당하지 않을뿐더러 더욱이 휴대폰으로 자료를 검색하는 등 수업에 활용 할 기회를 늘리는 추동 효과도 있다."라고 말한다.

전자와 후자의 이런 이유가 검증할 수 있는 객관적인 타당성을 완전히 갖고 있지 않지만 일리는 있다.

이런저런 이유는 차치하더라도 객관적으로 분명한 사실은 '포노사피엔스(Phonosapiens)'인 요즘 아이들에게 휴대폰은 놀이와 학습 도구라는 것이다. 게임을 하고 음악을 듣고 쇼핑하며 궁금한 정보를 찾고 자기들의 세계에서 서로 소통하며 지내는 도구인 것이다. '포노사피엔스

(Phonosapiens)'인 이 아이들에게는 더더욱 중요한 도구다.

'포노사피엔스(Phonosapiens)'는 영국의 시사 주간지 이코노미스트지가 2015년경에 사용한 신조어로[40] 스마트폰 없이 생활하는 것을 어려워하는 사람들을 말한다. 스마트폰은 자고 일어나면 바로 찾을 정도로 없으면 안 되는 물품이 되었다. 전기와 증기기관차가 그랬듯이 스마트폰은 새로운 세상을 만들어왔고 더 진화해 갈 것이다.

휴대폰 없이 못 사는 인간들로 인해 '노모포비아(nomophobia)'라는 조어가 생겨날 정도다. '노모포비아(nomophobia)'는 no mobile phobia의 약자로 스마트폰이 없으면 초조해 하거나 불안감을 느끼는 것을 말한다.

우리 학교는 아이들이 학교에 오면 휴대폰을 조회 시간에 담임 선생님에게 제출한다. 온종일 스마트폰 없이 생활한다. 이 아이들의 심리·정서 상태는 어떨까. 궁금하다.

참을성이 별로 없고 욕을 많이 하고 기본적인 공중도덕이 부족하다. 고래고래 소리를 지르면서 뛰어다니는 아이들이 많다. 또 공부에 흥미를 갖지 못하는 아이들도 많아 보인다. 아이들이 쉬는 시간이나 점심시간에 스마트폰으로 놀 수가 없으니까 그런 것인지 잘 모르겠지만, 아이들이 상당히 번잡스럽고 몸으로 부대끼며 노는 거친 행동들이 자주 목격된다.

이런 행동들이 스마트폰이 없는 상태에서 나오는 '노모포비아 (nomophobia)' 때문이라면 그런 행동은 좀 걱정되는 모습이다. 아니길 바란다. 단지 중학생의 성장 과정에서 나타나는 특성쯤이라면 걱정할 게 없

---

40) 우리나라에서는 최재붕 교수가 저서에서 자주 사용하여 널리 확산하였다.

지만 말이다.

　내가 교사일 당시의 아이들도 그랬던 것 같아서 크게 걱정하지는 않는다.

　다만 아이들이 스마트폰 없이 친구들과 많은 대화를 하고 몸으로 서로 부대끼며 사회성을 기르도록 지도하되, 과격하거나 거칠게 생활하지 않도록 하면서 놀이 오락 기구들을 좀 준비해 준다면 휴대폰 없는 공백은 메꿀 수 있을 것으로 보인다. 선생님들에게 그런 놀이 기구나 기기 등을 마련해 주는 등의 좋은 아이디어가 있으면 제출하라고 했지만 아직은 별 반응이 없다.

　지금까지 스마트폰을 수거하는 것에 대한 긍정적인 생각을 말하고 있지만, 한편으로 미래사회의 역량과 관련해서 나는 휴대폰 수거에 대해 다소 걱정하고 있다. '포노사피엔스(Phonosapiens)'인 이 아이들이 학교생활을 하면서 스마트폰을 다양하게 사용하는 경험을 하게 해주는 곳이 학교가 되어야 하지 않을까 하는 생각을 하면서다.

　그러기 위해서는 수업이 스마트폰 등 스마트 기기를 활용하는 수업으로 바뀌어야 한다. 수업 내용과 관련하여 다양한 정보를 실시간으로 찾아 분석하고 종합하는 경험을 선생님의 지도로 배우게 해야 한다. 정보 처리 능력을 오락과 게임이 아니라 학습 콘텐츠로 배워야 제대로 배우는 것이다.

　스마트폰 활용에서 휴대폰의 긍정성을 확인 받는 곳은 교실이어야 하고 그 leader는 선생님이면 더 좋다. 이런 교실에서 선생님과 함께 스마트폰 활용 수업을 할 때 미래역량인 소통, 네트워크 능력, 정보 탐색 능력, 창의력, 진로 직업 탐색 능력이 길러지지 않을까. 휴대 못하게 하는 규칙을 위반할 때의 제재보다, 휴대하되 수업 시간에 이를 어길 때 하는 것이 더 긍정적이고 미래지향적인 것이다. 나는 이 점에 더 관심이 기운다.

이동의 자유를 허(許)하라

32년 만에 중학교에 근무하면서 놀라게 되는 몇 가지가 있는데 그것의 가치 맥락은 '보수적'이라는 것이다. 교복 착용과 복장 단속이 그렇고, 휴대폰 수거와 아이들이 갖고 노는 놀이 기기 사용 금지, 아이들의 타 학년, 타 학급 출입 금지가 그렇다.

하나하나 논리를 뜯어보면 일견 타당하여 속된 말로 '말 되네'다. 이해는 되지만 이런 보수적 금지는 받아들이기 어렵다.

이 중에서 특히 받아들이기 어려운 것은 타 학년 출입을 못 하게 하는 것이다. 이런 현상의 역사적 맥락을 알고서 나는 다소 놀랐다. 초등학교에서부터 쭉 이렇게 해왔다는 것이다. 왜 그랬을까. 선생님들 얘기로는 고학년 아이들이 저학년 층(교실)에 가서 아이들을 괴롭히니까 저학년 아이들이 겁먹은 상태에서 학교생활을 하기 때문이란다.

그렇게 통제하면 선생님들 지도는 편할 것이다. 이해가 된다. 학교생활이 고달픈 선생님들 처지에서는 손이 좀 덜 가기를 바랄 것이다.

아이들의 학년별 출입 및 접근 금지 현상은 특히 학교폭력예방 및 대책에 관한 법률(이하 학폭법)이 등장한 2,000년대 초반 이후 교육적 지도가 거의 개입할 여지가 없어지면서 시작되었다고 한다. 선생님들이 소위 학교 대상의 민원과 학교폭력 쟁송에 말려들지 않으려는 몸부림의 결과가 아닌가 싶다. 학교폭력의 여지를 아예 차단하려는 의도에서 그런 것 같다.

이런 현상은 초등학교에서 중학교로 이어진다. 고등학교가 그런지는 잘 모르겠다. 고교 교장일 때는 그런 규제는 안 했다.

선생님들의 이런 현실적인 처지가 참으로 딱하다. 하지만 나는 이 현상을 보면서 "구더기 무서워 장 못 담근다"라는 우리 속담과 "꼬리가 몸통을 흔든다(The tail wags the dog)"라는 서양 속담이 생각났다.

비교육적인 지도 방식이 교육 본질을 훼손해서는 안 된다. 학교는 미래사회의 인재상을 그려서 이 상에 걸맞은 미래 역량을 길러내기 위해 존재한다. 이에 맞게 교육과정이 짜지고 생활교육이 펼쳐져야 한다.

우리 아이들이 생활할 미래사회는 공동체성과 경청, 소통을 잘하는 인재가 넘쳐나는 더불어숲을 이루는 그런 사회일 것이고 그래야 한다.

어릴 때부터 나와 다른 사람을 멀리하게 하고 그들과의 사회적 관계를 제한해서는 안 된다. 친구와 친구, 후배와 선배, 힘 있는 아이, 공부 잘하는 아이와 그렇지 못한 아이들이 만나는 곳이 학교다.

우리 아이들은 여기서 서로 싸우기도 하고 갈등을 겪기도 하고 부러움과 미움, 시기·질투, 사랑과 행복 등 온갖 감정을 만들고 걸러내는 과정을 겪으면서 성장한다. 이런 학교라야 한다. 아이들의 감정 발동과 소거 과정, 문제해결 및 갈등 해소 과정 등을 지켜보고 지원하는 곳이 학교다.

아이들이 학급 간, 학년 간을 넘나들면서 서로 어울리게 해야 한다. 그 과정에서 생기는 문제를 아이들의 성장 과정으로 봐야지 사전 통제함으로써 아이들의 성장을 방해해서는 안 된다.

다양한 만남을 겪지 못하고 통제되어 성장한 아이들이 나중에 '나와 너의 다름'을 과연 인정하고 수용하면서 살아갈 수 있을까. 이런 통제 경험만 한 아이들은 힘들고 복잡한 갈등, 문제 상황에서 금방 좌절할 것이므로 이를 돌파해 낼 능력이 없을 것이다. 해본 경험이 적기 때문이다. 학교에서 이동의 자유를 허해야 아이들이 건강하게 성장한다.

소는 누가 키우나

학교를 운영하는데 소중하지 않은 기능은 없다. 선생님의 수업과 생활 교육, 행정실의 예산·회계 작업, 급식실의 급식 지원, '시설관리직'의 학교 시설관리, 경비, 교육실무사의 교무 업무 지원 등 다양하다.

학교가 잘 운영되어 학교 구성원이 행복하고 학교 교육이 발전하려면 이런 다양한 구성원의 역할과 기능이 갈등 없이 조화롭게 가야 한다. 그런데 상당수의 학교가 업무의 경계 정하기와 업무 영역 내의 사무분장 때문에 고통받고 있다. 행정실 업무인지, 교무실 업무인지, 교육실무사 업무인지, 행정실 행정 직원 업무인지. 시설관리의 범위가 어디까지인지 등등의 다툼과 갈등이 정도의 차이는 있지만 모든 학교에 상존한다.

교장은 학기 초에 각 영역의 업무 경계 정하기와 세부 조정 때문에 힘들다. 잘 정리가 안 되는 경우가 허다하다. 구성원 개인의 욕심 때문이기도 하지만 각 영역의 구성원들이 각각의 노조의 백업을 받고 있기 때문이기도 하다.

서울시교육청은 각 파트의 노조와 협의하여 저수지의 물꼬도 같은 학교업무에서 업무 영역, 기능별 매뉴얼을 만들어 주어야 한다. 말로만 지원 행정, 지원 행정 외친다는 느낌이 든다. 교장들은 이런저런 갈등 조정을 거의 포기했다. 힘이 약한 쪽에서 더 많이 일하고 있다고 보면 된다. 그냥 묻어두고 지낸다.

영역 간의 업무 갈등 못지않게 학교(장)를 힘들게 하는 것이 시설관리의 범위 문제다. 학교 기본 운영비로는 청소에 인력을 충분하게 투입하지 못한다. 그러니 교장은 시설관리직에서 이를 좀 맡아서 해주길 바라지만 이게 여의치 않다. 한편 시설관리직 직원에게 청소는 언감생심 말조차 꺼내기 어렵다. 청소는 아예 시설관리 업무가 아니라고 노조에서 선을 그어 버렸기 때문이다. 말을 잘 못 꺼냈다간 갑질 교장으로 몰린다. 그래도 어떤 학교는 시설관리직에서 청소하기도 한다. 우리 학교는 그렇다.

이뿐이 아니다. 화단 관리, 폐기물 처리는 누가 해야 하는지가 분명하지 않다. 어떤 학교에 가보면 화단의 잡초가 무성하다. 이를 누가 하는가. 교장이 하는가. 직원의 특성에 따라 학교마다 천차만별이다. 우리 학교는 다행히 직원들이 수용적이라 이런저런 경계가 허물어져 있지만 다른 학교 얘기를 들어보면 속 터져 못 살겠다는 교장들이 부지기수다.

업무 갈등뿐이 아니다. 시설관리직원 중에서 시설을 개·보수하는 능력이 부족한 분들이 꽤 많다. 특히 이분들이 업무를 갈라치면서 "이 일은 내일이 아니다."라고 하니 학교 관리가 잘 안된다. 그러니 교장이 나서서 하는 경우도 더러 있다. 교육청은 이를 알면서도 방치하는가. 아니면 모르는가.

시설 관리직을 정년 하는 분들 수만큼 자연 감소시키고 더 이상 뽑지 않았으면 좋겠다. 지역을 작은 단위로 쪼개어서 교육(지원)청에서 관리해 주든지, 아니면 예산을 충분히 주어서 넉넉한 인력으로 학교 전반의 환경

관리를 하게 하든지 해야 한다. 또는 자치구청에 맡겨도 된다. 자치구청에는 시설관리 기관이 있기 때문이다.

'시설관리'의 용어도 우리를 힘들게 한다. 시설관리'라고 하니 개념이 좁게 해석되어 학교 전반이 관리가 잘 안된다. '시설관리'라고 하지 말고 '학교환경관리'라고 하여 그들이 업무를 가지고 갈등을 일으키지 못하도록 해주면 좋겠다.

교육청이 특단의 대책을 내어놓아야 우리 아이들이 깨끗하고 좋은 환경에서 자랄 것이다. 환경과 공간이 교과서이고 교사임을 명심하자.

중학생 퇴학 불가, 그 대안은 있는가

교사들은 요즘 중학생들을 지도하기 힘들어하고 있다. 수업을 방해하고 교권을 침해하며 교사의 교육적 지시에도 말을 듣지 않고 막무가내로 일탈을 일삼는 아이들이 늘어나고 있다. 심지어 학교생활을 하기 어려울 정도의 아이들도 꽤 있다.

고등학교 교장 때는 아이들 지도가 힘들다는 생각은 별로 안 한 것 같다. 그런데 중학교 교장을 하면서는 학교에 도저히 둘 수 없는 아이들을 어떻게 할 것인지에 대한 고민을 달고 살고 있다. 대부분 중학교 교장들이 이럴 것이다. 교사의 지도가 통하지 않는 이 중학생 아이들을 어떻게 할 것인가. 물론 부분적으로 생활교육이 미흡하여 지도가 잘 안되는 경우도 있을 것이다. 그러나 교사들의 최선에도 불구하고 제어가 안 되는 아이들이 많이 있다.

아이들이 교사를 겁내지 않는다. 요즘 아이들의 성장에 따른 특성일 수도 있겠지만, 그 외의 요인도 분명히 있을 것이다. 나의 짧은 생각일지 모르겠으나 교사를 겁내지 않는 이유가 초등학생, 중학생은 퇴학시킬 수 없기 때문이 아닌가 싶다. 왜냐하면 고등학생들은 퇴학 제도가 먹히고 있기 때문이다. 실제로 고교에는 퇴학제도가 있기 때문에 고교생들은 학교라는 울타리에서 내쫓기는 것을 매우 무서워한다. 그래서 그런지 고등학생들에게는 퇴학이 일탈 제어의 강력한 통제 수단이 되는 것 같다. 고교생이 그럴진대 초, 중학생도 그럴 것으로 추론할 수 있다.

초등학생, 중학생에게는 퇴학 조치가 불가능하기 때문에 퇴학 조치를 일탈제어 마지막 수단으로 쓸 수가 없다. 강제 전학 조치 신청 제도가 있지만, 이는 교육지원청이 승인해야 하고, 거기서 배치를 하므로 학교는 실제로 잘 활용할 수 없다.

초중등교육법 제13조(취학의 의무) "모든 국민은 … (중략) … 그 자녀 또는 아동을 중학교를 졸업할 때까지 다니게 하여야 한다.", 제18조(학생의 징계) "… (중략) … 다만, 의무교육을 받고 있는 학생은 퇴학시킬 수 없다."라고 되어있다. 초등학교, 중학교는 의무교육 기관이므로 여기에 재학하는 아이들은 퇴학시키면 안 되도록 법제화 되어 있는 것이다.

초등학교, 중학교에는 참으로 난감한 일이 벌어지고 있다. 정말 지도가 어려운 아이들이 있기 때문이다. 학교에서 아이들을 퇴학시키는 것을 절대로 능사로 삼아서는 안 되겠지만, 전체 아이들과 교사를 보호하기 위한 마지막 수단으로 퇴학을 남겨둘 수 있어야 한다. 고교생에게 퇴학이 제일 무서운 것이 되듯이 그것이 초, 중학생에게도 적용된다면 적어도 임시방편으로라도 아이들의 행동을 제어하는 효과는 볼 수 있을 것이다.

그렇다고 나는 퇴학을 제도화하자고 말하고 싶지 않다. 얼마든지 다른 수단을 시스템으로 강구할 수 있기 때문이다. 또 아이들을 학교가 맡아야지 어디로 보내겠는가. 내치는 것은 말이 안 된다. 따라서 이렇게 하면 어떨까 싶다. 아이들이 퇴학 조치를 당하지 않더라도 그에 버금가는 조치가 가능하게 하는 것이다.

사립대안학교를 준공영형으로 지정하거나 공립형 대안학교를 자치구청 단위로 하나씩 설립하여 심리·정서 치유 교육과정을 운영하는 것이다.

일탈이 심한 초등 고학년 학생, 중학생들을 퇴학시키는 대신 대안프로그램을 운영하는 학교에서 일정한 기간 의무적으로 교육을 받게 하는 것이다. 6개월 내지 1년 과정을 이수한 후에 원적교로 돌아가게 하든지 아니면 그 대안학교에서 졸업하게 하면 되지 않을까.

이번 서울시교육청에서 공립형대안학교를 운영한다고 한다. 어떤 교육과정으로 운영하는지는 잘 모르겠지만, 미래역량 중심의 교육과정을 운영하기보다는 인성교육, 민주시민교육, 생활치유교육, 진로교육 중심의 교육과정을 운영하면 어떨까 싶다. 아니면 자치구청 단위로 이런 학교를 설립하여 운영해보는 것도 한 방법일 것이다.

그러면 초등학교, 특히 중학교에서는 다른 아이들을 위해 좀 더 나은 교육과정을 운영할 수 있지 않을까. 이게 초등학교, 중학교를 도울 수 있는 방법이다. 강원도 교육청에서 운영하는 공립형대안고등학교 사례가 있지 않은가.

교과 중심 교육과정의
폭력성에 노출된 우리 아이들

다음의 글은 내가 ○○고등학교 교장으로 근무할 때 안타까워서 적어 본 글로 선생님들과 공유한 것이다.

"교실에서 실패하고 학습과 생활에서 무기력하게 방황하는 요즘 우리 학교 아이들을 보면서 나는 마음이 아파서 힘이 든다.

우리는 교육이라는 합법적인 시스템으로 언제까지 폭력을 행사할 것인가. 학업에 나름의 성취감과 의욕을 갖고 생활하는 아이들에게도 마찬가지지만, 꿈과 희망과 자존감도 없이 힘겹게 생활하는 많은 아이들에게 가해지는 폭력 말이다.

우리의 사회·분배구조 속에서 우리 아이들이 내던져지는 사회는 차별과 무시가 당연시되는 자존감은 바닥인 그런 사회일 것이다. 또한, 직업의 귀천이 분명히 존재하고 있는 우리 현실에서 이 소중한 아이들이 자신에 대한 자긍심과 자존감도 없이 이 험한 사회에 던져진다면 무슨 힘으로 살아갈까. 각자가 자신의 마음 근육을 튼튼히 만들면서 성장하도록 우리가 돕지 못한다면 말이다.

지금 우리의 교실에서는 이런 힘없는 아이들만을 양산할 뿐이다. 우리 학교의 비전처럼 우리 아이들이 자신을 찾는 교육과정을 우리는 제대로 제공하고 있으며 적절히 잘 운영하고 있는지를 반성해야 한다.

우리는 무슨 권리로 이 아이들의 당당하면서도 행복할 청소년기 삶을 빼앗을까. 적어도 이 아이들이 자존감을 지키면서 살아갈 마음 근육을 키우는 데 우리는 최선을 다하고 있을까.

아마도 여기 대부분 아이는 사회 운영의 기초가 되긴 하지만 합당한 대접을 받지 못하는 직업을 갖게 될 것이다. 이 아이들이 그런 직업 전선에 뛰어들더라도 자존감 하나는 잃지 않고 살아갈 힘을 키워줘야 하지 않겠는가.

혁신학교 정체성 찾기는 물론이고 우리는 이런 폭력 행사에 대한 각성부터 세게 해야 한다. 학습하기를 포기한 상당수의 무기력한 아이들에게 우리는 무슨 짓을 하고 있는가. 아이들을 고통스럽게 만드는 폭력의 죄를 짓고 있다. 우리가 이래도 되는 건가. 우리는 이 시점에서 무엇을 할 수 있을까. 우리는 통절히 반성해야 한다.

혁신학교가 주요 교과목 학습 중심의 교육과정을 운영하면서 일반 학교처럼 아이들에게 폭력을 행사하고 있다는 사실이 부끄럽다. 혁신 패러다임으로 아이들 고통을 덜어주고 희망의 새로운 미래를 열어보고자 만들어진 학교가 혁신학교 아닌가.

주요 교과에서 여전히 고통을 받는 —교과 수업에서 무슨 말인지도 알아듣지도 못하면서 선생님의 얘기를 우두커니 앉아서 듣고 있는 아이들의 절망감을 생각해 보자.— 무기력한 학습 포기 아이들을 이대로 둔다면 이런 학교를 혁신학교라고 당당히 말할 수 있을까.

이 아이들이 교과 교육과정의 고통에서 벗어나 즐겁고 재미있는 학교 생활을 할 기회를 우리는 얼마나 제공하고 있을까. 고교 1학년 아이들의 경우에는 아직은 희망을 품고 주요 교과 공부를 열심히 하도록 도와줄 필요가 있다. 작년부터 영어, 수학 맞춤반을 운영하며 나름 성과를 내고 있다.

하지만 2학년 아이들의 상당수는 누적된 학습 실패로 인해 교과수업에서 공부가 즐겁고 행복하지 않다. 고통으로 신음하고 있을 뿐이다. 물론 이 2학년 아이들 중에서도 맞춤반에서 나름 즐겁게 지내고 있는 아이들이 없지는 않다.

다수의 많은 아이가 교과 학습의 고통을 좀 덜 겪고 그나마 즐겁게 하루를 보낼 수 있는 대안적 교육과정을 우리는 왜 운영하지 못하는가.

나는 2년 차 선생님들이 오시기 전부터 작년 교육과정을 평가하며 계획을 세울 때 왜 좀 더 강하게 자유교양과정(진로직업과정)을 주장하고 밀어붙이지 못했을까. 무엇 때문에 자유교양과정(진로직업과정)을 관철하지 못했을까를 두고 거의 매일 반성하고 있다. 힘들어하고 있는 우리 아이들 때문에 말이다.

이 아이들이 그나마 조금 행복하게 버티고 있는 것은 선생님들의 전인적 돌봄 때문에 가능하다고 생각한다. 그러나 이는 한계가 있다. 품만 많이 들고 나는 지금도 선생님들의 결정과 선택이 잘못되었다고 생각하고 있다. 그때 이 아이들에 대한 전면적인 대책이 나왔어야 했다. 우리가 다 알고 있듯이 주요 교과 시간에 엎드려 자거나 딴전을 피우고 있는 아이들에 대한 대책이 영어, 수학 맞춤반 운영뿐이었을까. 이것마저도 좌초 위기에 있지만 우리 ○○고등학교는 혁신 고등학교다. 아이들의 고통을 우리 시스템의 한계 속에서나마 최소화해야 한다. 교과 교육과정의 폭력에서 빨리 벗어나게 해 줄 수 있는 방법을 찾아야 한다.

올해 2017년 하반기에 안 된다면 내년 2018년에는 반드시 자유교양과정(진로직업과정) 등 대안적 교육과정을 마련하여 추진해야 한다. 3학년은 직업학교를 많이 보내면서 직업반을 만들어야 한다.

누가 어떤 일을 더 하고 덜 하고의 문제가 아니다. 우리는 우리 아이들에게 부족하지만, 행복한 학교생활을 하게 할 책무를 절대로 소홀히 해서는 안 된다. 좀 덜 힘든 선생님 누군가가 나서길 기대해본다."

교과 중심 폭력이 어디 고등학교만의 문제겠는가. 내가 중임으로 근무하는 중학교에도 역시 비슷한 현상이 나타나고 있다. 이 현상이 약하긴 하지만 이제 중학교로 내려오는 것 같다. 교육 당국은 속히 교육과정을 단순화하고 수업 시수를 줄이며 삶을 위한 수업을 중시하는 재미있고 의미 있는 교육으로 전환해야 한다. 우리 아이들을 더 이상 괴롭히지 않아야 한다.

일반고 살리기 '이 정도'라도 하자

'고1 학생 배타적 배정제(가칭)'를 도입하면 어떨까 싶다.

현재 초·중·고에서 상급 학년으로 학급편성을 할 때, 담임교사, 교과교사, 생활교육 담당 부서 등으로부터 의견을 받는다. 즉 쌍둥이, 이성 교제, 관계가 불편한 경우, 학교폭력의 가·피해자, 기타 상당한 이유 등으로 동일 학급 편성이 교육적으로 바람직하지 않다고 판단될 때 회의를 거쳐 분리 편성한다.

그렇다면 이런 학급편성 방식을 고교 배정에도 적용하여 관련 지침을 만들어 배정하면 어떨까. 중학교 졸업자를 고교 배정할 때, 학교폭력의 가·피해자의 경우는 동일학교 배정을 피하여 2차 가·피해를 방지하는 제도를 운용하고 있다. 그러나 이 제도는 폭대위가 열린 경우에만 적용되기 때문에 폭대위를 열지 않고 사전 조정된 경우에는 해당 사항이 없어 중학교의 교우관계가 고교까지 연장되는 경우가 많아 고등학교는 어려움을 겪고 있다.

또 학폭 외에도 중학교에서 형성된 '일탈 또래집단'의 아이들이 서로 짜고 의도적으로 특정 고교를 선택할 때 생기는 문제에 대한 대책이 있어야 한다. 이들은 집단으로 일탈 행동(흡연, 가출, 무단출결, 절도, 무언의 폭력 등)을 일삼으며 동급집단에서 권력자로 군림하는 경우가 있다. 이들은 중학교에서 생활교육위원회 심의 등을 거쳐 다양한 학교 자체 징계를 받았지만, 의무교육(퇴학 없음)의 우산 속에서 어쩌면 혜택을 받고 있는지 모른다. 고등학교에서 동류집단 상호 간 일탈의 상승작용이 일상화되고 있고 그 관계가 유지 발전하여 잠재적 학폭 관련자가 될 가능성이 있다.

'고1 학생에 대한 배타적 배정제(가칭)'를 검토할 필요가 있다. 대상 학생으로는 학폭 잠재적 가·피해자인 경우, 집단적 상습 일탈행동 학생, 기타 교우관계에서 어려움이 있는 학생 등이 있다. 그 절차를 보면 중학교가 의견서를 제출하면 교육지원청의 심사를 거쳐 학교 배정을 하되 적절한 조정을 하는 것이다. 학교 심사위원회 구성은 교감, 교사로 구성하고 교육지원청은 행정지원과에 교육지원청심사위원회를 설치하여 심사하되, 교장, 교감, 교사로 심사위를 구성한다.

인권침해 소지가 없도록 중학교의 의견서에는 관련 근거(학교 생활교육위원회 또는 상담 기록 등)와 교육적으로 판단한 사유를 적시하도록 하면 된다.

학교 자율감사제, 문제 있다고 봐요

진보교육감 체제에서 학교자치의 걸림돌이 되는 본질적인 부분은 여러 가지 이유로 제대로 개선하지 못하고, 학교자율감사라는 엉뚱한 정책으로 변죽만 울리다 보니, 교장이 나름의 논리를 만들어 교사들을 설득하는 해프닝을 연출하고 있다.

학교 자율성 존중의 미명하에 정말 얼토당토않게 학교를 힘들게 하는 정책이 있다. 이에 대해 교장으로서 화가 난다. 공무원으로서 사무를 수행하지 않을 수가 없으므로 나름의 사실에 근거한 설득 논리를 만들어 선생님들을 이해시키려고 노력하였다. 바로 '학교자율감사제'(이하 자율감사)에 관한 것이다.

자율감사는 교사들에게 감사업무를 떠넘기는 꼴이다. 자율감사는 학교 업무 정상화에 역행하는 모순되는 정책으로 학교자치를 오히려 해치는 정책이다. 학교업무정상화는 학교자치의 주춧돌이 되는 매우 의미 있는 정책이니 더욱 그렇다.

그런데 이 정책을 추진하는 담당자나 이를 지지하는 사람들의 논리는 그럴듯하다. 자율감사를 준비하는 과정이 교사와 행정 직원에게 자기 성찰을 할 수 있는 계기를 만들어 준다는 것이다. 일면 타당하지만 나는 동의하기 어렵다. 왜냐하면 이번 이 일을 진행하면서 살펴보니 사전 점검(자율감사)하는 일에 따른 선생님들의 고통이 성찰로 배우는 즐거움보다 컸기 때문이다. 하여튼 자율감사는 학교에 별반 도움이 되지 않는 정책이다. 나의 주관적인 판단이긴 하지만 말이다.

다음의 글은 학교자율감사를 준비하시는 선생님들께 미안함을 전하기 위한 글이다.

"선생님! 여러모로 노고가 많으시지요. 게다가 감사 준비도 해야 하니까 제가 더 미안해서 몸 둘 바를 모르겠습니다.

감사시스템이 바뀐 것은 알고 계실 겁니다. 예전에는 우리 중학교의 경우, 지역교육청(현 교육지원청) 감사반이 나와서 학교 raw data를 가지고 바로 감사를 했지요. 많은 지적 사항이 나왔으며 이를 법령에 따라 처리하다 보니 선생님과 교장, 교감이 문책받거나 징계받기도 했습니다. 그래서 교육청은 민원에 부딪히기도 했답니다. 이를 비롯한 여러 문제를 해소하고 학교 자치를 지원한다는 취지로 시행하는 제도가 학교자율감사제입니다.

자율감사는 3단계를 설정하였고 그중 1, 2단계는 학교가 추진하는 것입니다. 1단계가 사전 점검이고 2단계는 학교자체감사이고요, 3단계는 지원청에서 직접 하는 것입니다.

1, 2단계에 대한 교육청 판단은 학교에서 사전 점검과 자체 감사를 하여 문제점을 보완해 놓으면 선생님, 교감, 교장이 책임질 일이 많이 줄어들 것이라는 것이었겠지요. 그러면서 자율성도 좀 준다고 보았고요.

하지만 이 제도의 문제는 학교에서 시행하는 사전 점검이 교육청에서 시행하는 3단계 중 하나의 절차일 뿐이지만, 2단계인 학교 감사위원회 운영과 함께 온전히 학교 교사들의 몫이 된다는 것입니다. 그러니까 저는 이게 선생님들을 힘들게 한다고 생각하고 있습니다.

선생님들의 오해도 또한 걱정거리였고요. 혹여 교장, 교감이 자신의 면책을 위해 모든 선생님들에게 감사 준비를 시킨다고 생각하실 수 있기 때문입니다. 지금 우리가 하는 엄청난 양의 사전 검토는 절대로 사적인 이해관계 때문에 시키는 것이 아니라 교육청의 새로운 감사시스템의 1, 2단계로써 거쳐야 하는 것이라고 보셔야 합니다. 오해 없으시길 바랍니다.

자체 점검을 할 때 특정 부서원이 몇 명 되지도 않는데 방대한 문서를 점검하는 것은 거의 불가능하다고 저는 판단했습니다. 선생님들이 십시일반 나누어서 하는 게 준비의 효율성 측면에서 타당할 것이라고 본 것이지요.

힘드시겠지만 내 옆의 동료를 사랑하는 마음으로 돕는 것이라고 널리 이해하셔서 교육, 연구 등 주요 부서 동료들의 감사 준비가 힘들지 않도록 도와주시면 감사하겠습니다. 이 사전 점검은 외부 인력으로 해결될 문제도 아니니까 더 안타깝습니다. 감사 준비량이 많은 행정실 선생님들과 부장 선생님들을 보면 매우 안타깝습니다. 교감 선생님, 행정실장님도 그렇고요. 널리 혜량하셔서 힘을 좀 보태어 주시기 바랍니다.

선생님! 파이팅해 주세요. 감사합니다.”

교육청은 왜 교장이 이런 편지를 써가면서 설득해야 하는 정책을 학교자치라는 미명하에 시행하는지 잘 모르겠다. 교사는 오롯이 본질적인 교육활동에만 전념하는 것을 전제로 하여 행정이 이루어져야 한다. 내년에는 철회해 줄 것을 요청한다. 물론 학교자치를 위한 것이라는 선의의 정책 의도는 알겠다. 그러나 선의의 의도가 나쁜 결과를 초래하는 것을 나는 지적하는 것이다.

교사 양성 유감

　교사를 하면서 내게 부족한 부분이 참 많다고 여겨왔다. 내가 교감, 교장이 되어 선생님들의 교육활동을 지켜보면서도 그들에게 부족한 것들이 더러 있다는 생각을 또한 하고 있다.

　초등의 경우에는 교육과정이 아이들의 참여, 활동 위주가 많기 때문에 선생님들이 이와 관련된 능력을 갖추지 않으면 안 된다. 하지만 중등은 교육과정이 학문 지식을 가르치는 것 중심으로 짜여 있기 때문에 선생님들이 교과 지식외의 별다른 특기는 갖고 있지 않다.

　그런데 요즘 아이들은 초·중·고 학생 가릴 것 없이 손이 많이 가는 아이들이다. 그들이 가정에서 성장할 때 주로 받들어 키워졌기 때문에 기본 생활 습관에서 부족한 것이 많다. 물론 초등학교에서부터 그것을 열심히 가르치고 있지만, 중학생이 되어서도 이게 잘 안되는 아이들이 많다.

　우리 아이들은 자신의 물품을 간수하는 능력, 주변을 정돈하는 능력, 친구들과 잘 어울려 노는 능력 등 사회생활에 필수적인 능력이 부족하다.

　그런데 요즘 젊은 선생님들도 비슷하다고 주장한다면 지나친 것일까. 나의 경험에 비추어 보면 비슷한 것 같다. 어릴 때 가정에서부터 이를 배우고 습관화해온 분들이 많지 않아 보인다. 그러니 요즈음 젊은 선생님들이 아이들의 이런 기본 생활 습관 지도에 다소 서툴거나 소홀할 수밖에 없다.

교사는 교과 위주의 가르치는 일만을 하는 존재가 아니다. 아이들의 전인적 발달과 전 생활에 깊숙이 관련되어 있으므로 세세하게 개입해야 할 것들이 많다. 교사 자체가 바로 모범적이어야 함은 물론 세세하게 두루 살피는 능력을 갖추고 있어야 한다.

교실 등의 청소는 잘 되고 있는지, 물리적 환경, 공간 등의 요소가 아이들에게 문제적인 것은 없는지, 친구들 간에 소통은 잘하고 있는지, 아이들의 고민거리가 무엇인지 등에 자연스럽게 관심을 가질 수 있는 능력이 필요한 것이다.

더 나아가 아이들과 즐겁게 놀 수 있는 놀이 능력을 갖추고 있는 선생님은 별로 없다. 필요함에도 말이다. 선생님은 만능에 가까워야 한다고 나는 생각한다. 기타도 잘 치면 좋고, 운동도 잘하면 좋고, 성격이 꼼꼼하면 좋고, 노래를 잘하면 더 좋고, 레크리에이션(recreation) 능력을 갖추고 있으면 이 또한 좋다.

그런데 교사들은 입직 시부터 교과 위주의 성적으로만 선발된다. 교원 임용 담당자들은 아이들을 지도함에 필요한 다양한 능력들은 중요하지 않다고 보는 것 같다. 그러니 사범대학에서 이런 능력을 기를 리가 없다. 교사는 만능이 되어야 함에도 말이다. 이에 대한 반론을 제기할 수 있을 것이다. 그러나 내가 경험한 교사는 만능이면 좋겠다.

그래서 사범교육과정에 다음 몇 가지를 반드시 포함하면 어떨까 싶다.

첫째, 이제 교사도 기본 생활 습관이 잘 갖추어진 교사여야 한다. 요즘 아이들의 기본 생활 습관을 지도하는 교사가 그런 자질을 갖추고 있지 않다면 정말 문제가 될 수 있다.

둘째, 아이들의 발달 과정을 잘 이해하는 뇌 과학 전문가가 되도록 해야 한다. 아동기, 사춘기 청소년들의 뇌 구조와 이의 작동 양태를 잘 이해하고 그에 맞춘 학습과 생활교육이 이루어질 수 있도록 하기 위해서다.

셋째, 교사들은 아이들의 정서 발달도 보듬을 줄 알아야 한다. 교사도 오락, 게임, 악기 연주, 예술을 보는 심미안적 역량을 가진 준전문가가 되어야 한다.

넷째, 교사는 학교생활 공간 및 환경 꾸미기 전문가가 되어야 한다. 학교 공간은 교과서이고 교사다. 공간을 어떻게 만드는가에 따라 아이들의 정서 발달에서 차이가 날 수 있기 때문이다.

장학사가 뭐길래

장학(獎學)은 사전적 의미로 공부나 학문을 장려하는 것이다. 이는 초중등교육법과 동법 시행령에 규정되어 있다.

초중등교육법 제7조(장학지도), 동법 시행령 제8조(장학지도)는 교육(지원)청으로 하여금 '학교에 대한 교육과정 운영과 교수(敎授)·학습방법 등의 장학지도, 매 학년도 장학지도의 대상·절차·항목·방법 및 결과처리 등의 세부 계획을 수립'하도록 하고 있다.

이에 근거하여 교육(지원)청은 컨설팅 장학, 지원 장학 등의 여러 활동으로 주요 업무(실행) 계획 수립, 수업·학생 생활 교육 ·진로 자료 제작 지원, 통합지원 활동 등을 하고 있다.

하지만 그 실효성에는 회의적이다. 정작 지원받을 학교 단위에서는 장학에 대한 의존과 신뢰가 깊지 않다는 게 문제다.

내가 보기에 신뢰가 깊지 않은 이유는 교사의 교육(지원)청에 대한 부정적 인식, 교육청의 정책 기획 및 집행 태도의 문제, 교육 전문직의 입직에서부터 내재된 태생적 문제 때문이다. 교육(지원)청에 대한 부정적 인식과 정책 기획 및 집행 태도의 문제는 단원(chapter) 여러 곳에서 언급했기 때문에 생략하고 여기서는 입직의 태생적 문제 부분만 간단히 언급하겠다.

태생적 문제는 장학사들이 가진 전문성의 질적 수준과 관련이 있는데 이는 장학사 선발 방식과도 깊이 연결되어있다. 장학사 시험 잘 쳐서 합격하여 들어간 행정 하는 사람 정도로 장학사들을 치부하고 수업, 생활교육, 상담, 체험활동 등 교육 활동의 전문가 아니라는 인식이 있는 것이다. 요즘은 이런 인식이 많이 없어졌는데도 그래도 여전히 남아 있다.

뇌 과학자들에 의하면 "부정적 인식이 긍정적 인식보다 뿌리 깊고 잘 사라지지 않는다."라고 한다. 교육 전문직에 대한 부정적인 인식도 이런 것이 아닌가 싶다.

실제로 상당히 수준 높은 장학사(관)들도 많다. 그러나 부정적 인식이 있는 것이 현실인 것을 어쩔 것인가. 우리는 그들의 실제 모습과는 다소 다른 뿌리 깊은 부정적 인식을 극복하기 위해 노력해야 한다.

그 일환으로 장학사 선발 방식을 획기적으로 바꾸어야 한다. 학교에서 교육활동을 하는 교사 중에서 각 영역의 높은 전문성이 있는 교사를 장학사로 입직시켜야 한다. 장학 활동을 할 수 있는 능력이 있는 인재를 다각도에서 현장 추천을 받아 인력 풀을 만들고 그 사람들에게 적절한 시험 기회를 부여하여 선발해야 한다.

아주 오래전에 학교장의 추천을 받아서 장학사를 선발한 역사가 있다. 그때는 교장, 교육 전문직들이 자신의 인맥을 구축하기 위해 소위 자질도 안 되는 사람을 장학사로 추천했고 추천하면 거의 다 장학사로 입직했다. 그때는 문제가 많았다.

그러나 내가 지금 제안하는 것은 각 영역에서 탁월한 전문성을 가진 것으로 정평이 난 교사 인력풀을 구축하는 방식이다. 이는 예전과는 다른 방식이다.

즉, 소속 학교 교직원 또는 인근 학교 교직원의 추천을 받는 사람을 천거하고, 그 사람들이 일정한 연수를 받게 하여 발령을 내거나 두세 단계의 엄격한 심사과정을 거쳐서 선발하는 방식이다.

소위 교황 선출식 장학사 선발제도를 만들자는 것이다. 부적격인 사람들을 추려내는 과정을 단계적으로 거쳐 가는 방식이다. 교황은 한 사람만 뽑는 것이라면, 장학사는 당시 정원만큼을 뽑아내는 것이다. 형식 절차를 그렇게 하는 것이다. 그러면 현재보다 장학사의 리더십이 좀 더 잘 통하지 않을까. 지금 보다는 상대적으로 좀 더 전문성이 있을 테니까.

정책을 잘 만들려면

나의 경험에서 볼 때 '좋은 기획'은 뛰어난 아이디어와 실현 가능성이 결합하는 것이다.

* 컨셉(concept)을 잡아라

컨셉을 잡는다는 것은 기획하는 사업이 얻고자 하는 target을 정확히 하고 무엇을 얻고자 하는 기대효과와 어떻게 추진할 것인지에 대한 방침을 포함한다. 정책 사업의 기획이 필요할 때 이 사업을 왜 해야 하는지를 먼저 생각해야 한다. 사업이 성공하려면 정책 대상자의 가려운 부분을 잘 긁어 이를 해소해야 한다.

교육청의 정책 입안 과정을 보면 전문적인 연구가 필요한 정책 사업은 연구용역을 주어 해결하지만, 일상적으로 추진되는 정책들은 담당팀의 장학사들이 간부의 오더를 받아 추진하는 경우가 많다.

어떤 경우든 사업을 기획할 때 간부의 의도와 사업 대상자의 필요와 요구를 정확히 알아야 한다. 대충 짐작하여 추진하면 애쓴 보람도 없이 새롭게 다시 해야 할 가능성이 커져 무능한 장학사로 낙인찍힌다.

따라서 정책 과제가 떨어지면 결재 라인의 의도를 먼저 정확히 파악해야 한다. 다음은 현재 추진하는 사업 중 유사한 정책이 있는지를 파악하고 현 정책 사업의 문제점이나 새로운 정책과제가 왜 필요한지에 대한 담당자의 기본 개념 정립이 필요하다.

컨셉을 잡기 위해서는 정책 사업의 다양한 대상자를 대상으로 설문조사를 하거나 대상자들에게 정책 과제에 대해 대략적인 설명을 하고 어떻게 생각하는지를 파악하고 사업의 기본 방침 등 컨셉을 정확히 잡는 것이 무엇보다 중요하다.

예컨대 ①'교육 전문직 워크숍'을 이번에는 새롭게 기획하라는 지시가 있다면 ② 서울시교육청 본청, 서울교육연구정보원 등에 흩어져 있는 '각종 연구·학습 동아리 워크숍'을 추진하라는 지시가 있다면 ③'서울학교장에 대한 포럼'을 추진하라는 지시가 있다면 ④ 학교의 수업을 바꾸라는 지시가 떨어졌다면 어떻게 해야 할까.

장학사 생활을 하다 보면 정말 급하게, 아니면 시간을 두고 기획해야 하는 일이 많이 있다. 장학사 생활을 처음 시작할 때는 대부분 당황하게 된다. 처음 시작을 어떻게 하느냐인데 이때 컨셉을 잡는 게 무엇보다 중요하다.

좋은 기획은 창의적 아이디어와 실현 가능성의 결합에서 나온다. 뛰어난 기획은 창의력과 현장 적합성의 복합이라고 할 수 있다.

좋은 아이디어는 창의적인 것으로는 충분하지 않다. 현실적이지 않은 창의성은 기획 아이디어로서는 의미 있을지 몰라도 정책으로 되기에는 충분하지 않다. 좋은 아이디어는 현실에 적용할 수 있을 때 빛을 발하게 된다.

좋은 아이디어는 평소에 교육 전반에 대한 많은 고민에서 나온다. 내가 하는 일뿐만 아니라 우리 교육 전반에 대한 지속적인 고민이 필요하다. 교과부든 시·도교육청이든 정책 담당자들이 할 수 있는 것에는 나름대로 한계가 있다. 그러나 이 한계를 극복하여 시도교육청의 정책 방향에 맞는 창의적인 좋은 정책을 내놓을 수 있는 내공을 평소에 쌓아야 한다. 내공은 현재 내가 하는 일과 관련한 여러 경험치와 이에 대한 성찰의 축적이다. 창의적 기획을 위한 좋은 아이디어는 내공이 쌓여 분출되는 것이다.

또한 전임자의 기획 내용을 다른 시각에서 검토해 볼 필요가 있다. 바쁘니까, 귀찮아서 그냥 전임자의 계획을 그대로 답습하면 좋은 기획이 될 수 없다. "왜?"라는 물음을 일상화하면서 일하면 좋은 기획을 할 수 있다.

* 혼자서 하는 기획은 좋은 기획이 아니다

기획할 때는 관련 자료를 수집·분석하고 충분히 생각하여 초안을 만들어야겠지만, 주변 동료나 학교 교원들과 그것에 대한 생각을 많이 나누는 것이 중요하다. 아무리 뛰어난 기획자도 본인이 볼 수 있는 시각에는 한계가 있다. 수십 년을 살아오면서 만들어진 본인의 프레임에 갇히게 되기 때문이다. 따라서 자존심 같은 것은 버리고 주변 동료 및 현장 선생님들에게 초안을 보내 검토를 요청하는 것이 좋은 기획을 위해 필요하다. 내가 이런 기획 초안을 봐달라면 '그 사람들이 어떻게 생각 할까?'하고 판단하는 것은 본인의 방어적 생각일 뿐이다. 방어적 심리 기제로는 좋은 기획을 할 수 없다. 나의 것이 많지 않을수록 좋은 기획이 된다. 그들은 검토해달라면 더 좋아한다. '내가 저 사람의 파트너구나'라는 생각을 갖기 때문에 오히려 더 좋은 관계를 유지하면서 또한 좋은 기획을 할 수 있으니 일거양득이라고 할 수 있다. 주변에서 상의할 수 있는 모든 사람과 상의하면 좋은 기획이 나온다. 혼자서는 기획하지 않아야 한다. 좋은 기획은 창의적 아이디어와 실행 가능성과 주변의 지지와 공감이 있을 때 가능하다.

＊ 자료의 수집·분석은 정책 방침과 전략 수립에 필수다

기획 방침을 포함하는 컨셉을 정하거나 구체적 정책 아이디어는 이와 관련한 현상의 문제점과 한계, 컨셉을 보완할 수 있는 자료들을 충분히 수집하여 분석해 봐야 한다. 교육 정책은 기업 등과 달리 실증적인 자료를 전적으로 객관화하기 어려운 측면이 있긴 하지만 그래도 계량화 가능한 자료들을 수집하여 분석하는 것이 중요하다. 계량화된 자료에서 드러나는 문제점, 한계를 잘 분석하면 기획의 방향이나 구체적 정책 내용들이 도출될 수 있다. 예컨대, 연수원의 연수 운영, 발전을 위한 워크숍을 추진할 때 이번 워크숍은 어떤 방향을 지향할지에 대한 워크숍 컨셉을 잡아야 한다. 이 컨셉을 잡기 위해서는 참여하는 직원들에게 설문 조사를 하는 것과 같은 것이 자료 수집 분석이다.

✻ 독서를 많이 해야 한다

책 읽기는 아이디어의 옹달샘이다. 마르지 않는 옹달샘을 스스로 만들어야 한다. 바쁘다는 핑계로 주변의 눈이 부담스러워서 책 읽기를 멀리해서는 안 된다. 교육 전문직이 왜 교육 전문직이겠는가. 전문성을 갖고 있기 때문이다. 전문성은 다양한 정보를 습득하여 깊이 고찰, 분석하는 데서 나온다. 주변의 눈이 부담스럽다면 아침 일찍 1시간 정도 또는 퇴근 무렵 1시간 정도 독서하면 된다. 일과 전이나 일과가 끝나고 독서하는데 누가 눈총을 주겠는가. 용기를 내어 독서하고 사색해야 한다. 독서 동아리를 만들어 공부도 하고 휴식도 하면 금상첨화다.

✻ 교육 관련 단체의 자료를 자주 접해야 한다

선진 외국의 교육 전문기관이나 교육부 사이트를 방문해도 좋다. 또는 우리나라 교육 연구 기관이나 교육 운동 단체의 사이트를 방문하여 최근의 연구 동향이나 교육정책들을 접해보는 것도 좋다. 우물 안 개구리로는 좋은 기획을 할 수 없다.

✻ 급하게 서두르지 말라

좋은 기획을 하려면 서두르면 안 된다. 주어진 기한이 아무리 짧더라도 최대한 숙성시켜야 한다. 장학사 생활을 하면서 여러 가지 일을 동시에 하겠지만 그래도 중요한 기획의 경우에는 그 기획에 많은 시간을 집중하여 숙성시키는 작업을 해야 한다. 숙성 기간이 길면 기획자인 본인뿐만 아니라 다른 사람도 쉽게 이해할 수 있다. 좋은 기획은 다른 사람을 이해시키기 쉬운 설득력 있는 기획이다.

* 많이 걸어라

많이 걸으면 기획으로 인한 스트레스도 날릴 수 있고, 기획과 관련된 이런저런 생각을 많이 하게 되니 생각 정리도 잘 된다. 또 운동으로 인한 좋은 호르몬인 도파민이 나오면서 기분도 좋아지고 두뇌 회전도 빨라진다. 나는 교육 전문직으로 있으면서 많은 기획을 하였는데 주로 걸으면서 생각을 많이 정리하고 심화시킨 경험이 있다.

교육장 업무 20계명

교육장 업무 수칙이라고 하니 뭐 거창해 보이지만 실은 어떤 조직이든 leader가 가져야 할 기본적인 행동 원칙이라고 보면 된다. 이는 대체로 여성의 인권 존중, 하급자에 대한 인격적 대우, 인간관계 문제를 일으키지 않을 사소한 준칙 같은 것이다. 혹시라도 오해 없기를 바란다.

이를 간단히 일별해 보면 다음과 같다.

1. 노래방은 절대로 가지 말라.

2. 술 과음은 절대 하지 말고, 술 마시기 위한 2차, 3차 모임에도 절대 가지 말라.

3. 여직원의 옷, 머리 등에 대해 사적 표현을 하지 말라.

   1과 2, 3은 여성 하급자에 대한 성적인 문제를 조심하라는 것을 특히 함축하고 있다. 교육장으로서의 품위와 맑은 정신을 늘 유지하기 위한 것이다.

4. 밖으로 드러나는 직원의 모습과 말로써만 그 사람을 판단하지 말라.

5. 직원들과 소통을 위한 식사는 가급적 점심으로 하라.

6. 국·과장 식사는 주기적으로 하되 교육장 업무추진비로 하라.

7. 포괄사업비[41]는 재정과의 포괄 사업비 집행 기준에 의거하여 정하도록 하고 가급적 위임하라. 하지만 재정과에서 합리적으로 할 수 있는 지침이 있는지 반드시 확인하되, 정무적 판단은 가급적 하지 말라. 오해의 여지를 남기지 않기 위해서다.

8. 인사 고충 등의 부탁이 있으면 쪽지를 그 부서에 주어서는 안 된다. 당사자 본인과 업무 담당자가 직접 대화하도록 유도하라. 오더를 주기 시작하면 담당자 및 해당 과장은 위만 처다보면서 인사의 공정성을 잃어버릴 수 있다.

9. 위임 전결 규정에 의거한 위임도 보고는 받도록 하라. 보고조차 받지 않으면 조직의 긴장감이 떨어진다.

10. 인사 정의와 업무처리의 공정 등을 자주 얘기하라.

11. 지원청의 각 학교 행정실장 등은 국·과장에 대한 의존도가 높다. 따라서 국·과장으로 하여금 그들에게 조직이 갖는 가치와 가는 방향을 자주 얘기하도록 하라.

12. 국·과장은 공식적 모임 외에는 같은 청 내의 하급자들과 사적 모임은 자제하도록 하라. 특히 학교 행정실 주무관들을 사적 조직화하지 못하도록 하라.

13. 직원의 얘기를 주로 듣고 소크라테스식 질문을 많이 하여 생각의 폭을 넓히도록 노력하라.

14. 결론을 바로 빨리 내려 지시하는 것은 지양하라.

---

41) 교육지원청 교육장이 학교 시설 관리 등을 위해 쓸 수 있는 예산

15. 국·과장에게 팀 단위, 과 단위의 토의·토론으로 의사결정을 내리도 록 권장하라.

16. 간부들에게 민주주의 방식의 팀 및 과 단위 운영을 강조하라.

17. 솔선수범하고 섬기는 자세로 일하라. 몰입과 열정을 끌어내기 위 해서다.

18. 조직 내·외에서 고쳐야 할 일은 교육감께 바로 보고하고 고치도록 한다.

19. 늘 공부해야 함을 강조하고 본인도 이를 견지하여 구성원이 미래 를 보고 일하도록 하라.

20. 국·과장에게는 가급적 자율적 위임을 하되, 조직 운영 전략에 대 해 쉼 없이 반복, 강조하여 방향을 잃어버리지 않도록 하라.

V

편지, 인사 글 모음

더불어숲을 이루자

여러분 반갑습니다.

금호고 입학의 행운을 안은 학생, 학부모님 여러분, 본교 입학을 축하합니다. 지난 1년간 우리 선생님들의 노고 덕분에 우리 학교가 이만큼 발전한 것 같습니다. 모든 선생님께 감사의 말씀을 드립니다.

아울러 오늘의 우리 금호고등학교를 함께 만들어 주신 신만수 학교운영위원회 위원님, 이진경 위원님, 학부모회 회장님을 비롯한 회장단에 감사 말씀드립니다.

앞으로 학교생활로 확인하겠지만 신입생 여러분은 행운을 안았습니다. 한 학교의 교육 방향은 그 학교가 지향하는 교육 가치에 달려있습니다. 우리 학교는 교훈으로 '더불어숲을 이루자'로, 이를 실현하기 위한 구체적인 교육 비전으로 '나를 찾고 우리를 깨닫는 학교'로 설정하였습니다.

넬슨 만델라가 30여 년의 정치적 옥살이 후 실천 철학으로 삼은 우분투(UBUNTU)에서 연유하였고, 지금은 작고하신 성공회대학교 신영복 교수의 더불어숲[42]과 조희연 교육감의 2017년 '더불어숲 교육'에 뿌리를 두

---

42) "나무가 나무에게 말했습니다. 우리가 더불어숲이 되어 지키자."

고 있습니다.

여러분을 가르칠 선생님들이 몇 달간 토론하여 만든 우리 학교의 교육 가치인 자기 주도성, 학습하는 방법, 함께 성장, 소통, 협력, 민주시민성 모두를 내포하는 개념들입니다. 이는 현재와 미래사회가 요구하는 역량(능력)이기도 합니다.

건강한 숲은 수많은 나무가 병들지 않고 건강하게 그들의 독특함을 유지할 때 가능하듯이, 한 사회가 행복하고 건강해지려면 개인의 바람직한 성장 및 발전이 전제되어야 하고, 이에 더하여 건강한 공동체가 유지되어야 가능합니다.

건강한 공동체는 개인의 학습 능력, 자기 관리 및 관계 능력 등의 자기 주도성과 공동체 구성원의 소통, 협력, 배려, 참여, 민주시민성에 의해 가능합니다.

우리 학교가 이를 충실히 구현하기 위한 교육활동을 하면 여러분이 꿈꾸는 목표 대학도 거뜬히 합격할 것임을 확신합니다. 이 목표를 향해서 우리 선생님들이 많은 노력을 할 것임을 이 자리에서 약속드립니다.

42년 전 내가 고등학교 입학할 때, 그때 우리 교장 선생님도 아마도 이런 말씀을 했을 것입니다. "공부 열심히 하라."라고요, 나도 그렇게 말하고 싶어요. "공부 열심히 해야 해."라고 말이죠.

지금의 공부는 지식공부와 마음공부로 나눠질 것입니다. 지혜와 창의력을 키워주는 주는 여행, 다양한 체험활동, 사고 활동, 창의 활동 등이 포함되겠지만, 아마 그때는 국어, 영어, 수학 등 지식 공부를 많이 하라는 것이었을 겁니다.

그러나 지금은 지식 공부만으로 미래사회의 인재가 되기 어렵습니다. 이런 인재상이 우리 교훈과 교육목표에 잘 나타나 있지요.

"더불어숲을 이루자.", "나를 찾고 우리를 깨닫는 학교"

우리 교훈의 더불어숲과 우리 학교 비전에서 나를 찾는다고 하는 것은 지식과 인성이 조화로운 건강한 민주 시민을 자기 주도적으로 만들어 가는 것을 말합니다. 이런 미래 인재를 키워내는 것이 내가 여러분에게 약속하는 세 가지 중 하나입니다.

교장 선생님은 학생 여러분과 모든 학부모님께 3가지를 약속하겠습니다.

첫째, 노자의 도덕경 8장 상선약수의 자세로 교장에 임할 것입니다. "상선약수는 가장 위대한 선은 물과 같다"는 것으로, 물은 아래로 흘러 수평을 이루는 본성을 가지므로 공평을 담고 있습니다. 우리 학교 구성원 모두를 공평하게 대할 것입니다. 물은 낮게 이르면서 예외 없이 구석구석을 적셔줌으로써 만물을 키워줍니다. 이는 학생 개개인에 대한 돌봄, 겸손으로 나타날 것입니다. 물은 담기는 그릇은 달라도 본질은 변함없습니다. 이는 다투지 않고 언제든지 몸과 마음을 바꾸는 유연함을 말합니다. 저는 이런 자세로 학교생활에 임할 것입니다.

둘째, 모든 구성원의 민주적 학교 참여와 이에 따른 집단 지성을 최대로 끌어 올려 모든 구성원이 자존감을 높이고, 열정과 자발성을 끌어 올리도록 하여 학교 교육활동을 최고로 높일 것을 약속합니다.

셋째 위에서도 간단히 언급한 바와 같이 학생 여러분들이 자신의 존재에 대해 소중함을 늘 자각하고, 시간을 아끼고, 자신이 무엇을 잘할 수 있는지를 진지하게 알아내어 꿈과 희망을 만들고, 미래 인재로써 중요한 역량인 관계 능력 즉 협력과 소통의 능력을 최대로 키우고, 친구들의 그 것을 함께 키우는 사람이 되도록 최대한 노력할 것입니다.

이에 학생 여러분도 3가지 약속을 교장 선생님과 여러 선생님께 해주 길 바랍니다.

첫째, '자신을 함부로 다루지 말아 달라', '자신을 학대하지 말고 사랑하라'는 것입니다. 시간이 많지 않습니다. 열심히 공부하고 지혜를 키우고 꿈을 만들어 달라는 것입니다.

하버드대에 전해 내려오는 격언에 "지금 자면 꿈을 꿀 수 있지만 공부하면 꿈을 이룰 수 있다."라는 내용이 있습니다. 아까 앞에서 미래사회를 준비하는 공부는 지식 공부만이 아니라고 했지요. 국어, 영어, 수학 등의 공부가 잘되는 사람은 그것을, 다른 것이 잘 되는 사람은 그것을 열심히 하는 것이 제대로 공부하는 것입니다.

둘째, 학생회, 학급회 활동과 동아리 활동을 열심히 하여 훌륭한 민주시민이 되어 달라는 것입니다. 미래사회가 요청하는 비판적 사고력, 토론에 의한 고등 사고능력, 타인을 존중하는 능력을 길러 달라는 것입니다.

셋째, 무슨 꿈이든 자신의 꿈을 만들어 이를 3년 동안 진지하게 가꾸도록 노력합시다. 이것이 바로 여러분이 진학을 잘할 수 있는 지름길임을 명심하기를 바랍니다.

학부모님께도 3가지 약속을 부탁드립니다.

첫째, 학교와 선생님, 자녀들을 무조건 믿고 미래교육의 동반자로 활동해 달라는 것입니다. 긍정적 믿음은 긍정적 결과를 가져온다는 피그말리온 효과를 얘기하고 싶습니다.

둘째, 여러 전문성을 아이들을 위해 나누는 학부모회 참여 활동을 열심히 하여 학교의 부족한 부분을 채워달라는 것입니다.

셋째, 학부모회 학습 동아리 활동, 연수 등에 적극적으로 참여하여 미래교육의 전문가가 되어서 학교 교육활동에 도움을 주시면 좋겠다는 것입니다.

모든 선생님이 최선을 다해 훌륭한 인재로 키울 것을 약속합니다. 아무쪼록 다시 한번 금호고 가족이 된 것을 진심으로 축하드립니다. 감사합니다.

조직 발전을 위한 4가지 원칙

존경하는 북부 교육 가족 여러분!

위험한 감염병으로 인해 이렇게 인사를 나누게 되어 안타깝습니다. 우리 모두 힘을 합쳐 빨리 이 고난을 극복하도록 하십시다. 4년 만에 또 근무하게 되었습니다.

1등 교육지원청을 만드신 유능한 여러분들과 함께 근무하게 되어 기쁘고 영광스럽습니다. 2016학년도에 1년간 중등교육지원과장으로 근무해서 그런지 마음이 편안합니다. 두 분 국장님을 비롯하여 과장님, 장학사님, 주무관님, 센터 선생님들 만나서 반갑습니다. 특히 이번에 저와 함께 부임하시는 이의란 초등교육지원과장님과 장학사님들, 각 센터 선생님들 진심으로 환영합니다.

지난 10년간 서울시교육청은 여러 좋은 정책과 그 목표들을 제시해왔고 실행하고 있습니다. 나아가 올해에는 한 단계 도약을 위한 '혁신교육 2.0시대'의 기치를 드높이고 있지만, 그간의 정책성과에 대해서 다른 의견들이 있는 것 같아요. 진보 교육정책에 대한 교사들의 몰입이 부족한 것이겠지요. 교사가 교육 정책의 주인으로 서지 못했기 때문입니다.

시장에 비유하자면 아무리 좋은 상품도 안 팔리면 어디에 문제가 있는 것 아니겠습니까. 이런 경우에는 소비자 기호에 맞는 맞춤형 제품이 출하되지 않았든지, 아니면 판매, 홍보, 소비 전략이 형편없든지 뭐 그런 것이겠지요.

우리 교육(지원)청 정책에서 이 대목에 문제가 없는지 살펴봐야 할 것 같아요. 저는 이런 것에 대한 문제의식을 갖고 있습니다. 학교 조직, 교원의 특성 등을 연구한 논문이나 여러 분석에 의거하여 제 나름으로 문제의 답을 가지고 지금까지 제시해 왔고 실천적 노력을 아끼지 않았습니다.

우리 서울교육청도 지난 10여 년간 제 생각과 같이 그렇게 흐름을 잡아 왔다고 봅니다. 학교업무 정상화, 토론이 있는 교직원회의, 공모사업 선택제 등의 정책으로 말입니다. 학교와 교사 중심의 관점과 전략이 상당히 후퇴하는 것 같아서 안타깝게 느끼고 있습니다.

성과주의, 결과주의, 규정과 절차 중시, 질서와 안정을 위한 관리, 감독과 통제 위주, 합리성과 능률 중시, 지시(침) 중심의 사업 추진 방식이 부활하여 지배하고 있기 때문입니다. 이런 실증주의적, 테일러주의적 조직 관리[43]는 학교 조직 운영에는 적절하지 않은데도 말이죠.

이런 전략은 학교 구성원을 대상화, 말단 기능화하여 학교 교육활동의 주체로 세우지 못하고 개개인의 에너지를 끌어 올리지 못하지요. 다시 말해 주인의식과 동기를 끌어내지 못한다는 것입니다.

그래서 저는 인간 중시, 과정 중시, 상호 작용 중시, 구성주의 중심의 학교 구성원 주체론을 전략으로 채택하여 강조해 왔고 지금도 주장하는 겁니다.

---

43) 생산의 효율성을 중시하는 조직 관리 방식

이렇게 되면 구성원 개인의 잠재능력이 올라오고, 학습 환경이 조성되며, 변화과제에 대한 사회적 의미부여가 되면서, 동기가 강화되어 변화를 위한 노력과 여건이 결집·조성될 수 있습니다.

사랑하는 북부 교육 가족 여러분!

이런 관점과 전략을 무한히 반복·확장하면 우리 교육의 혁신이 이루어지지 않겠는가 하는 확신을 저는 갖고 있습니다. 저는 이런 관점과 전략을 학교 구성원을 위한 심리·정서적 인프라 전략이라고 이름 붙이고 있습니다. 회사에 비유하자면 소비자들이 자사 제품을 많이 소비하도록 그들의 욕구를 자극하는 전략을 강화하는 것과 맥락이 유사하다고 볼 수 있어요.

존경하는 북부 교육 가족 여러분!

교육(지원)청도 지향하는 가치와 의미를 담고 있는 비전과 전략을 갖고 있어야 합니다. 이는 우리 교육(행정)활동의 당위, 일정한 방향성과 실천적 방략을 제시하는 것입니다.

따라서 우리는 조희연 교육감 2기 체제의 중반에 들어가면서 늘 견지해야 할 몇 가지 전략적 지향점을 분명히 공유해야 합니다.

첫째, 교원 등 학교 구성원을 업무 처리(행정) 대상으로 보지 말고 주인으로 만들어야 합니다. 그들이 주인의식과 책임감을 갖고 일할 수 있도록 해야 합니다. 그들이 하고 싶어 하도록 만들어야 합니다.

둘째, 행정을 함에 있어서 매사를 학교의 입장에서 판단하고 실행합시다. 나의 존재는 학교가 있기 때문에 의미 있고 필요한 것입니다. 우리의 존재 가치는 학교가 성공적 교육활동을 할 때 그 의미가 더 돋보입니다.

셋째, 내부 및 학교 대상의 업무를 처리함에 있어서 과정의 민주성을 구현하도록 합시다. 힘들더라도 학교 현장과 교육청 내부 구성원과 진지하게 열심히 토론하면서 일을 하도록 해야 합니다. 그래서 에너지를 끌어올려야 합니다.

넷째, 업무 추진에서 과감한 업무 혁신을 합시다. 불필요하거나 비효율적인 것은 발굴하여 과감하게 개선하고 학교가 성장·발전하도록 도와야 합니다.

사랑하는 북부 교육 가족 여러분!

저와 함께 근무하면서 힘을 모아 이런 심리·정서적 환경을 구축하여 우리가 북부교육지원청을 떠나더라도 그런 전략이 문화 시스템으로 자리 잡도록 하여 구성원들이 신나게 일할 수 있도록 해야 하겠습니다.

각자 맡은 일속에서 위의 4가지 전략이 어떻게 구현될 것인지를 고민해 주시기 바랍니다. 각자, 팀, 과, 국 단위에서 이 전략을 구현하기 위한 구체적 실행 내용들을 만들어 주시기 바랍니다.

예를 들어, 나의 일에서 현장 구성원이 원하고 요구하는 것이 무엇인지 찾아서 일하기, 그들을 교육활동의 주체로 세우는 방법을 찾아보기, 이를 찾기 위해 현장으로 뛰어가기, 학교를 최우선에 놓고 무엇을 지원할 것인가를 찾기 위해 학교로 달려가기, 학교가 불편해하는 게 뭔지를 학교 통합지원센터와 함께 찾기, 구성원들을 세워주고 민주적으로 소통하며 일하기 등에 대해서 말입니다. 특히 우리 교육지원청과 학교의 민주적 소통과 지원 행정이 시스템적으로 운영되는 방법을 찾아 주시기 바랍니다.

사랑하는 북부 교육 가족 여러분!

아마도 학교 현장은 우리 교육지원청을 예의주시할 것입니다. 작은 변화를 기대할지도 모릅니다. 우리가 하는 일에 왕도는 없지만, 최선은 있을 것입니다. 제가 제시하는 전략을 기본으로 하여 여러분들도 나름대로 개인 전략 한두 개를 추가할 수 있으면 추가하여 몸에 익혀 주시기 바랍니다. 반복하여 장기기억으로 만들어 주시기 바랍니다.

법령에는 어긋나지 않으면서 대강화하여 학교의 여지와 자율성을 높여 주시기 바랍니다. 그리하여 북부청이 학교 구성원의 역량을 높여주고 진정으로 학교 현장 구성원을 위한 지원청이다라고 느낄 수 있도록 해 주시길 당부드립니다. 그러나 마구 서두르지는 마십시다.

취임 인사가 좀 길었습니다. 널리 양해 바랍니다.

저도 마찬가지고 새로 부임하시는 분들이 매우 낯설 것입니다. 빨리 적응할 수 있도록 잘 이끌어 주시기 바랍니다. 저도 여러분의 의견을 잘 듣고 섬기는 교육장이 되도록 하겠습니다.

『주역(周易)』에 "이인동심, 기리단금(二人同心, 基利斷金)"이라는 말이 있습니다. '두 사람이 마음을 합치면 그 날카로움은 쇠도 끊을 수 있다.'라는 뜻입니다. 우리가 같은 관점과 전략을 가지면 여기서 힘이 나옵니다. 두 사람이 힘을 합쳐도 이 정도인데 우리 모든 식구가 위 네 가지 전략 목표와 관점을 함께 공유하여 실천적으로 현장에 다가간다면 그 결과는 과연 어떻겠습니까?

잘 부탁드립니다.

조직의 가는 방향에 합의해야

존경하는 교장·교감 선생님!

3월에 모두 함께 만나 뵙고 인사를 드려야 했으나 코로나19로 인한 긴급 상황 때문에 그러지 못했습니다. 손에 잘 잡히지 않는 초유의 일이 벌어져 안정된 학교생활을 하시기에 어려움이 많은 것이 현실입니다. 제가 부임한 이래 신규 교장 선생님들 학교를 위주로 20여 학교를 방문하고 있습니다만 다들 걱정을 많이 하시고 있더군요.

4월 6일 개학 이후 급식을 어떻게 하며, 수업 형태는 어떻게 하고, 등·하교 방식은 어떻게 할 것인지 등 지침과 관련하여 자체적으로 해결해야 할 것이 한둘이 아니니까요. 힘드시겠지만 철저히 준비하셔서 학교 구성원 모두가 안전하게 학교생활을 할 수 있도록 노력해주실 것을 당부드립니다. 그래도 힘든 시간은 흘러서 언제 그랬냐는 듯이 평화로운 시기가 오겠지요. 좀 더 힘을 내셔서 이 어려움을 함께 극복하도록 하시면 좋겠습니다.

교장·교감 선생님!

제가 조희연 교육감 체제에서 수많은 정책을 기획·집행하면서 가져왔던 주된 전략적 관점을 교장·교감 선생님과 나누면 좋겠다 싶어서 몇 자적어 올립니다. 널리 혜량하여 주시기 바랍니다.

우리는 '학교가 무엇을 위해 존재하며, 우리 교직원들이 학교에서 어떤 의미를 갖고 일하고 있는지'에 대한 진지한 이해와 성찰을 해야겠지요. 나아가 구체적으로 교육 활동의 기준이 되고, 하루하루의 학교생활을 인도하며, 학교가 달성하길 바라는 것을 담고 있는 목표(Vision)와 사명(Mission)을 함께 만들어 가지기도 해야 합니다. 이는 학교 교육활동을 이끄는 나침반이 되고 지렛대가 되기 때문입니다.

아마도 개학 준비 기간에 충분히 공유하였을 것으로 생각되지만, 4월 6일 개학이 되면 학교의 비전과 서울시교육청의 '창의적 민주시민을 기르는 혁신미래교육'의 목표(Vision)[44]와 5가지 정책 방향에[45] 대해서 다시 한 번 강조하여 주시고 이를 구현하기 위한 아래의 몇 가지 전략적 관점도 공유해 주시면 좋겠습니다.

첫째, 교사와 직원들을 학교의 활동 주체로 세워주시길 당부드립니다. 그들을 업무 처리(행정) 대상으로 보지 말고 주인으로 만들어야 한다는 것입니다. 교육청의 어떤 정책이나 업무도 교사와 직원들이 움직이지 않으면 안 된다는 사실은 우리의 경험상 명약관화합니다. 따라서 그들이 주인의식과 책임감을 갖고 일할 수 있도록 지원해 주십시오. 그들의 자존감과 자기 효능감을 고양하는 업무 방식으로 임하여 주시기 바랍니다. 학교 업무를 추진할 때 교사와 직원들을 주체로 세워 그들이 하고 싶어 하도록

---

44) 질문이 있는 교실, 우정이 있는 학교, 삶을 가꾸는 교육

45) 미래를 준비하는 혁신교육, 모두의 가능성을 여는 책임교육, 평화와 공존의 민주시민교육, 참여와 소통의 교육자치, 안전하고 쾌적한 교육환경

만들어 주시면 좋겠습니다. 나아가 그들의 열정을 일으킬 방식에 대해 고민하고 나누는 자리를 자주 만들어 주시기를 간곡히 당부드립니다.

둘째, 학교 행정을 함에 있어서 매사를 관계의 입장에서 판단하고 실행해주시길 또한 간곡히 당부드립니다. 교장, 교감의 존재는 교사와 직원들, 아이들이 있기 때문에 의미 있고 필요한 것입니다. 관리자의 존재 가치는 학교 구성원들이 자존감을 갖고 신나게 일할 때 그들의 교육 활동은 성공적 교육 활동이 될 가능성이 커지면서 더 돋보일 것입니다. 교사와 직원들이 불요불급한 것 때문에 힘들거나 그들의 의욕이 떨어지지 않도록 해주시기 바랍니다. 교사와 직원들의 입장에 서서 생각하고 노력해주시면 정말 감사하겠습니다.

셋째, 학교 조직 내부에서 교육 활동을 지휘함에 있어서 과정의 민주성을 구현하도록 노력하여 주시기 바랍니다. 내가 존중받는 것을 싫어하는 사람은 없습니다. 당사자가 존중받으면 신나고, 신나면 행복하게 되고, 행복하면 긍정적으로 되니, 그래서 에너지는 올라오는 법입니다.

존경하는 교장·교감 선생님!

교사들의 에너지를 끌어 올려주십시오! 아무리 훌륭한 관리자의 판단과 업무 처리 솜씨도 일방적인 내리매김이어서는 교사 및 직원 개개인의 열정과 조직의 에너지를 묶어내기 어렵습니다. 힘드시더라도 교사와 직원들이 진지하게 열심히 토론하면서 일하도록 해주십시오. 민주성이 때로는 시끄럽고 비효율적일 수는 있으나 나중에 보면 서로 행복하고 효과성 또한 높아져 있습니다. 이 또한 관리자가 존경받고 존중받는 잣대가 되기도 하고요.

넷째, 학교 업무에서 과감한 업무 혁신을 해주시면 좋겠습니다. 교육 (지원)청에서 학교로 좋은 정책이 많이 내려간다고 해서 학교가 발전하고 구성원들이 행복한 게 아님을 저는 잘 알고 있습니다. 제가 교육감님께 늘 드렸던 말씀이 정책을 많이 만들지 말자는 것이었습니다. 조직의 집단 지성을 발휘하여 충분히 논의하여 없앨 것은 과감하게 없애고 내부에서 바꾸고 고칠 것은 철저하게 고쳐야 할 것입니다. 비효율적인 것은 찾아내어 과감하게 개선하도록 해주십시오. 그리하면 우리 학교도 구성원의 열정이 함께 올라오면서 성장·발전하게 될 것입니다.

"교육의 목적은 두려움에서 자유롭게 되는 것이다."라는 말도 있지 않습니까. 진보교육 10년 세월을 지나고 있지만 가보지 않은 길에 아직도 익숙하지 않을 수 있습니다. 우리들의 젊은 선생님들이 학교 내·외에서 도전할 수 있도록 독려하고 격려하면서 그들이 이 시대의 교육 격랑을 돌파하여 우리의 시대적 교육 사명을 이루도록 지원해 주시기 바랍니다. 아울러 우리 서울교육을 반석 위에 올려놓을 수 있도록 미래 지향적으로 노력하여 주시길 당부드립니다.

교장·교감 선생님들이 하시는 모든 교육 활동에서 새로운 변화에 대한 불편함과 약간의 저어함을 덜어내시어, 우리의 후배들이 자랑스럽게 그들의 작은 목표(Vision)를 만들고 도전할 수 있도록 도와주시길 간절하게 바랍니다. 수업이든 생활 교육이든 무엇이든지 미래지향적으로 성취할 수 있도록 도와주시길 바랍니다. 시대 변화를 읽어보면 우리에게 많은 시간과 기회가 있는 것 같지 않기 때문입니다.

존경하고 사랑하는 교육 동지 여러분!

"영원히 살 것처럼 배우고 내일 죽을 것처럼 살아라."라는 간디의 말씀처럼 우리 교장·교감 선생님, 우리의 후배들, 저와 교육지원청 식구들이 함께 힘을 모아 최선을 다해 주시면 더할 나위가 없겠습니다.

첫인사에서 감히 무례하게 몇 자 올리지 않았나 싶습니다. 이 또한 교장·교감 선생님과 함께 가고자 하는 충정의 발로라고 애정을 가지시고 깊이 혜량하여 주시기 바랍니다.

하루속히 코로나19가 진압되어서 모두 함께 만나서 즐거운 대화를 나눌 날을 기대해 봅니다.

조직의 성공은 "가는 방향과 바라보는 지점이 같아야 한다."라는 말이 있습니다. 우리 북부교육지원청이라는 큰 조직이 학교와 함께 한 방향으로 가면서 성공할 수 있도록 함께 노력해 주시길 다시 한번 간절하게 부탁 올립니다.

교사 행복, 뭐가 중헌디

선생님! 반갑습니다.

"사람이 온다는 건 실은 어마어마한 일이다.

그는 그의 과거와 현재와 그의 미래와 함께 오기 때문이다.

한 사람의 일생이 오기 때문이다. (중략)"

정현종의 시 「방문객」 일부입니다. 우리가 서로에게 아주 이질적인 방문객은 아니어야겠지요. 아마도 그렇지는 않을 것입니다.

선생님! 우리는 이 학교에서 행복했으면 좋겠습니다. 아이들을 가르치는 우리들은 학교에서 제일 행복할 때가 언제일까요.

제 경험으로는 만족스러운 수업을 했을 때와 동료와 아이들, 학부모의 관계, 특히 아이들이 나의 지도를 잘 흡수 할 때였던 것 같습니다. 다시 말해 학교에서의 모든 관계에서 성공적이라는 판단과 느낌이 있을 때인 것 같습니다. 그렇습니다.

나는 선생님들이 수업과 학교생활의 모든 관계에서 행복감을 갖도록 적극적인 지원 노력을 하겠습니다. 모든 행복은 관계의 성공에서 귀결되니까요. 함께 크고 작은 행복을 쌓아갈 수 있도록 노력하겠습니다. 선생님들도 동참해 주시기 바랍니다.

또 학교생활에서 작은 성취 하나씩을 보태어 가시는 것에도 지원을 아끼지 않겠습니다. 그동안 제가 쌓아온 모든 것을 선생님들을 위해 쓸 수 있도록 도와주시길 바랍니다. 그리하여 어느 시기에는 여러분의 자기 성과가 보람과 행복으로 연결되도록 돕고 싶습니다. 한편 우리 아이들이 행복하게 학교생활을 하도록 선생님들과 함께 지원하고 싶습니다.

공부를 잘하는 아이는 미래역량의 관점에서 그들의 특성을 최대한 발현하도록 하고, 그렇지 않은 아이들은 탄탄한 기본학력을 뿌리로 하여 그들이 가진 잠재능력을 최대한 발굴·성장시켜야겠습니다. 우리 아이들이 늘 밝은 낯빛으로 학교생활을 했으면 좋겠습니다.

순자(荀子)는 이렇게 말했습니다. "훌륭한 농부는 가뭄이 들었다 하여 농사를 그만두지 않고, 훌륭한 장사꾼은 손해를 본다 하여 장사를 그만두지 않으며, 군자는 가난하다 하여 진리를 포기하지 않는다."라고 하였습니다. 우리 모두 우리의 행복을 위해, 아이들의 행복을 위해 힘들고 어려운 상황이지만 이를 잘 헤쳐 나갔으면 합니다.

감사합니다.

뜻을 세우고 노력하기

상봉중학교 보배 여러분 반갑습니다.

여러분들은 이제 동생들을 두게 되었습니다. 축하합니다. 이는 축복입니다.

교장 선생님을 비롯한 모든 선생님들도 기쁩니다. 동생들과 우애롭게 잘 지내길 바랍니다. 교장 선생님은 선생님들과 함께 여러분의 성장을 위해 다정한 멘토 선생님이 되기 위해 노력할 것입니다. 여러분들도 선생님들의 가르침에 충실히 임해주길 바랍니다.

나의 인생을 잘 살기 위해서는 나의 뜻을 확실히 세워 이를 위해 밀고 나가야 합니다. 할리우드 유니버설 영화 촬영장에 젊은 청년 하나가 어느 날부터 매일 출근하다시피 했다고 합니다. 매일 문전박대를 당하고 구박까지 받으면서도 말이죠. 이 젊은이는 이에 개의치 않았습니다. 열심히 어깨너머로 배우고 또 배웠습니다.

그리하여 그는 〈E.T〉, 〈쥬라기 공원〉이라는 대작 영화를 만들었습니다. 그가 바로 스티븐 스필버그 감독입니다. 그는 단지 영화를 좋아하고 좋은 영화를 만들려는 꿈을 가진 사람으로서 영화 만드는 방법(기술)을 익히기 위한 목표 의식이 뚜렷했던 사람입니다.

이처럼 성공하는 사람은 남다른 뜻을 분명히 세웁니다. 분명한 목표를 세우는 것을 입지(立志)라고 합니다.

사랑하는 상봉중학교 재학생 여러분!

여러분은 이제 입지를 분명하게 하여 꿋꿋하게 자기 길을 가야 합니다. 이제 중학교 2, 3학년이니까요.

여러분이 뜻을 세우는 것은 꿈을 갖는 것입니다. 꿈이 있다는 것은 희망과 의욕, 이상과 열정을 갖는 것입니다. 이는 생활의 용기를 솟구치게 합니다. 나만의 멋진 삶을 살기 위한 준비를 하는 중요한 시기가 지금입니다.

그리스 신화를 알 것입니다. 어떤 동네에 피그말리온이라는 나이 든 청년이 있었습니다. 그는 어떻게 하면 장가를 갈 수 있을까를 궁리한 끝에 코끼리 뿔인 상아를 구해다가 며칠 동안 이상형의 여인을 조각하여 매일 아침, 저녁으로 기도했다고 합니다. "나는 이 여인과 결혼할 거야."

정성과 기도가 통했는지 얼마의 시간이 지나서 상아로 만든 이 여인이 아름다운 아가씨로 변신하였고, 이 노총각은 결혼하여 행복하게 살았다고 합니다. 이는 '무엇이든 간절한 마음을 갖고, 하면 된다는 마음가짐으로 열심히 살아가는 긍정의 마음과 목표 의식'을 강조하는 신화입니다

옛말에 '티끌 모아 태산', '처마 밑의 떨어지는 작은 낙수(落水)가 바위를 뚫는다', '산속의 바위틈에서 솟아나는 실낱같은 샘물은 나무 잎사귀 하나 떠내려 보낼 힘이 없지만, 적은 샘물줄기가 수없이 한 방향에 집중하면 바위도 부수는 큰 폭포수가 되고 커다란 배가 오고 갈 수 있는 큰 강이 된다.'라는 비유가 있습니다.

하루 하루 열심히 생활하여 여러분의 꿈을 이루시길 바랍니다.

사랑하는 상봉중학교 친구 여러분!

간절한 꿈을 품고 삽시다. 동생들을 잘 돌봐주고 새로 만난 친구들과 행복한 학창 생활을 하길 바랍니다.

긍정적으로 생각하고 노력하기

상봉중학교 입학생 여러분!

우리 지역에서 가장 신뢰받는 학교에 입학한 것을 축하하고 환영합니다. 여러분은 이제 어엿한 중학생이 되었습니다. 이에 부모님의 기대도 좀 더 클 것이고 학업에 대한 부담도 커질 것입니다. 여러분들은 이 과정을 아주 즐겁고 행복하게 만들어가야 합니다.

하지만 '나다움'을 만들어가는 시기이므로 때로는 고민과 방황을 경험할 것입니다. 이는 성장 과정에서 나타나는 당연한 현상입니다. 우리 선생님들과 부모님들은 이를 존중하며 지켜보기도 할 것이고 때론 관심을 가지며 함께 고민을 나누기도 할 것입니다.

나의 삶을 소중히 여기는 나를 만들어가야 합니다. 거기에는 여러분의 선생님, 부모님이 함께 친구로서 동반할 것입니다. 앞으로 3년간 여러분의 성장과 함께할 것입니다.

사랑하는 상봉중학교 친구 여러분!

상봉중학교 식구가 되었으니 교장 선생님과 여러 선생님께 이런 약속을 하면 어떨까요. 여러분들에게 특히 중요한 것이니까요.

하나, 자신을 소중히 여기며 사랑하라는 것입니다.

자신을 사랑하는 가장 좋은 방법은 나만의 꿈과 목표를 만들고 이를 이루기 위해 교과 지식, 삶의 방식과 지혜를 배우는 데 시간을 최대한 많이 쓰는 것입니다.

선현의 말씀을 담은 『명심보감』이라는 고전에 "소년은 늙기 쉽고 배움은 이루기 어려우니 짧은 시간이라도 가벼이 여기지 말라."라는 것이 있습니다. 누구에게나 똑같이 주어진 24시간도 어떻게 쓰느냐에 따라 가치 있는 시간이 될 수도 있고 그와 반대로 무의미한 것이 될 수도 있습니다.

무슨 꿈이든 건강한 자신의 꿈과 목표를 만들어 이를 3년 동안 진지하게 가꾸도록 노력해야 합니다. 꿈과 목표를 가진 사람은 늘 활기차고 희망과 의욕이 솟구칩니다. 꿈도 없고 목표도 없이 사는 사람은 참으로 어리석은 사람입니다.

둘, 학생회, 학급회 활동과 동아리 활동, 체험활동 등 다양한 활동을 열심히 하여 자기 주도성과 사회성을 고루 갖춘 훌륭한 민주시민이 되는 것도 중요한 공부라는 것을 꼭 기억해야 합니다.

여러분들이 주도할 미래사회는 비판적 사고력 등의 고등 사고력, 타인을 존중하고 배려하는 소통, 협업, 공감 능력 등이 매우 중요하기 때문입니다.

사랑하는 상봉중학교 입학생 여러분!

우유통에 빠진 개구리 삼 형제 우화를 들려드리며 교장 선생님의 축하 인사를 마치겠습니다.

우유통에 빠진 개구리 삼 형제는 헤엄을 열심히 쳐 보았지만, 우유통에서 도저히 나올 수가 없었습니다. 큰형과 작은형 개구리는 이 상황을 운명이라고 생각하고 절망하며 누구에 대한 원망에 가득 차서 허우적거리다가 결국 우유통에 빠져 죽었지요. 그러나 끝까지 살아남기 위한 희망을 버리지 않았던 막내 개구리는 우유통을 박차고 나와 살았다고 합니다. 꿈과 희망을 품고 열심히 노력하면 좋은 결과가 있다는 우화입니다.

여러분은 꿈과 목표와 이를 이루기 위한 희망을 품는 멋진 긍정적 상봉인이 되길 바랍니다.

사랑하는 상봉중학교 친구 여러분!

우리 모두 중학교 생활에서 친구들과 평화롭게 우정을 나누면서 꿈을 키우는 훌륭한 인재로 자신을 멋지게 만들어 가도록 합시다. 반가워요.

원칙을 세우고, 본질에 충실한 교육

고생들 많으시지요?

제가 부임한 지도 벌써 달포가 지나고 있습니다. 제게는 여러 가지 상념과 힘든 부분이 많습니다. 그래도 선생님과 아이들을 위한 일이라고 생각하고 즐겁게 일하고 있습니다.

혹시 학부모 총회 때 저의 인사말을 담은 홈페이지 영상을 보셨는지요. 아울러 집중 준비 기간 첫날에 드렸던 책 『학교를 칭찬하라』와 제 기고문도 일독하셨는지요. 그 내용이 제 교육관의 주요 줄거리라고 보시면 됩니다. 교육혁신과도 맞닿아 있고요. 시간을 좀 내서서 들어보고 읽어 보시면 좋겠습니다.

왜냐하면 어떤 조직이든 구성원들이 공적으로 추구하는 가치와 철학에서 논의, 공유되는 부분이 많아야 조직이 건강하고 생산적으로 움직이기 때문입니다.

학교에서는 교장과 교사가 지켜야 할 각각의 분명한 원칙 같은 것이 있습니다. 『논어論語』의 "군군, 신신, 부부, 자자(君君, 臣臣, 父父, 子子)"가 바로 그것이지요. 각각의 직분과 역할이 분명히 있다는 의미로 읽으면 좋겠습니다. 권위주의적 함의가 있지만 오해 없길 바랍니다.

교장은 여러분의 교육활동을 위한 시설관리, 복지 지원, 예산 지원, 교육가치 세우기, 각종 장학 등의 원칙을 지켜내야 합니다. 그러니 저는 지금까지 짧은 기간이지만 이런 원칙을 세우려고 부단히 노력하고 있습니다. 자격증까지 주면서 국민들이 저에게 준 공직자로서의 소임에 책임을 다하기 위해 솔직히 안간힘을 쓰고 있습니다. 많은 것을 하려니 행정실 직원들도 저도 좀 벅찹니다. 지나치다가 만나면 그분들에게 위로의 말씀도 좀 해주시면 좋겠습니다.

거의 방치되다시피 한 시설 복원을 위해 노력하고 있고, 선생님들과 아이들의 복지 향상 지원을 위해 지대한 관심을 두고 노력하고 있습니다. 한편 법령에 어긋나게 묵인되고 있었던 흡연실을 교육활동 시설로 돌려놓았습니다. 이 자리를 빌려 흡연하시는 몇몇 선생님들께 감사 말씀과 함께 미안하다는 말씀을 드립니다. 대의와 원칙을 위해 양해하여 주시리라 믿습니다.

이런 맥락에서 모든 선생님들이 잘하고 계시지만 선생님들이 꼭 지켜야 할 몇 가지 원칙을 확인해 보고자 합니다.

교사가 늘 견지해야 할 가장 중요한 가치이자 원칙 중 첫째는 수업을 잘하는 것입니다. 원격수업도 마찬가지입니다. 아이들이 즐겁고 행복하게 임할 수 있는 미래지향적인 최고의 수업을 해 주시기를 당부드립니다.

둘째는 한 명의 아이도 놓쳐서는 안 된다는 것입니다. 기본학력은 아이들 '미래 삶'의 가장 기초입니다. 미래의 어떤 역량보다도 중요한 것은 문해력을 갖는 것 아니겠습니까. 읽고, 쓰고, 셈하기입니다. 좀 더 힘을 보태어 주십시오.

마지막으로 아이들의 수준과 성장 과정에 맞는 지도를 당부드립니다. 통제와 지시보다는 기다려주고 들어주고 관심 가져주며 인정해주는 생활교육(지도)을 부탁드립니다. 윽박지르거나 무시하는 지도 방식은 지양해야 합니다. 신경생리학자 요하임 바우어는 아이들은 '관심, 인정'만 있어도 학교생활을 행복하게 한다고 했습니다.

아울러 좀 더 열린 생각을 갖기를 부탁드립니다. 학교는 민주시민교육의 장이기도 하니까요. 아니 이를 위해 굉장히 중요한 곳입니다. 아이들의 의견에 귀 기울이는 자세가 중요합니다. 그리하여 민주주의 학교의 작은 성취 경험을 갖게 하는 것이 민주사회로 가는 첩경입니다. 혹여 여기에 최선을 다하지 못(안)하는 것은 우리 교사들의 자존심과 정체성을 훼손하는 것이니 아주 유의해야 합니다.

위 세 가지 측면에서 최고가 되기를 정말 바랍니다. 이를 위한 것이라면 저는 무엇이든 최선을 다하겠습니다. 다시 한번 강조해 봅니다.

수업과 생활교육에서 최고의 전문가가 되어 주십시오. 이 학교를 떠날 때 그런 전문가가 되어 떠난다는 각오를 하면서 나만의 비전을 만들어 주십시오. 비전이 있는 생활은 늘 활력이 있고 즐거움이 있는 법입니다. 이 또한 행복의 중요한 척도이기도 하고요. 이렇게 하는 것이 국민이 우리에게 맡긴 소명을 다하는 것이고 아이들에게 책임지는 것 아니겠습니까. 선생님들께서 그렇게 되면 저는 가장 큰 자부심을 갖고 영광스럽게 생각할 것입니다.

저는 선생님들을 믿습니다.

저와 교감 선생님은 선생님들과 아이들을 위해 존재한다는 확실한 정체성을 가지도록 노력하고 있습니다. 선생님들도 우리 학교의 주인이라는 주인의식과 아이들을 위해 존재한다는 사명감과 그런 정체성을 늘 가질 수 있도록 지금보다 좀 더 노력해 주시면 고맙겠습니다.

"사려 깊고 헌신적인 사람들의 작은 모임이 세상을 바꿀 수 있다는 것을 결코 의심하지 말라."라는 마가렛미드가 한 이 말을 저는 좋아합니다.

여러분들의 헌신적인 교과별, 부서별 작은 모임들이 우리 학교를 최고로 바꿀 수 있습니다. 나아가 우리 학교 단위의 작은 몸부림이 우리 교육을 바꾸고 우리를 행복하게 할 것이라고 확신합니다. 저와 헤어지는 그날까지 그렇게 해주시겠습니까.

청소년을 돕는 7가지 준칙과 교사 행복

저는 선생님의 노고에 늘 감사한 마음을 갖고 있습니다. 오늘도 수고하셨습니다.

존경하는 선생님!

요하임 바우어는 학생이 학교와 긍정적인 관계를 맺게 되는 7가지 준칙이 있다고 합니다.

첫째, 아이들이 학교에 대한 소속감을 갖고 자신이 학교의 일부라는 느낌이 들게 한다.

둘째, 아이들이 학교와 자신이 연결되어 있다는 느낌을 갖도록 한다.

셋째, 아이들이 선생님들에게서 지원과 보호를 받고 있다고 느끼게 한다.

넷째, 아이들이 학교에서 좋은 친구들과 사귀도록 돕는다.

다섯째, 아이들이 현재와 미래의 수업과정에 열심히 참여하도록 해준다.

여섯째, 아이들이 선생님의 지도가 공평하고 효과적이라는 믿음을 가질 수 있도록 한다.

일곱째, 아이들이 예·체능 등의 방과 후 활동에 적극적으로 참여하도록 지도한다."입니다.

모든 십 대는 자기를 알아봐 주기를 바란다고 합니다. 그렇게 해달라고 소리치지 않아도 그렇다는 거죠. 우리가 아이들에게 관심이 있다는 것을 보여주면 고마워하고 스스로 존재감을 느낀다고 합니다.

오연호는 『삶을 위한 수업』에서 덴마크 교사 페테르센의 말을 인용하고 있는데 이는 위와 같은 맥락입니다.

"아이들을 진정으로 알아야 해요. 아이들이 어떤 사람이고 지금 어떤 문제를 고민하고 있는지 알아야 합니다. 한 명의 교사가 아니라 학생들의 삶 속에서 함께하는 사람이 되어야 합니다."

교사가 아이들 삶의 세계에 대한 관심과 그것을 온전히 이해하려는 노력이 있을 때 아이들은 자신을 찾아가는 긍정적 에너지를 표출한다고 합니다.

한편 아이들은 소속감을 가지지 못하고 자존감이 낮을 때 4가지의 어긋난 행동을 한다고 합니다.

첫째, 주변의 관심을 끌기 위해 지나친 행동을 한다.

둘째, 힘을 과시하기 위해 함부로 오·남용한다.

셋째, 상대의 어떤 행동에 대해 보복을 한다.

넷째, 무기력에 빠져 아무것에도 의욕이 없는 행동을 한다 입니다.

아이들이 소속감을 갖게 하는 것이 매우 중요하다는 것이겠지요. 아이들의 상태가 어떻든 우리는 위와 같은 7가지 준칙을 실천하기 위해 최선을 다하는 교사여야 합니다.

우리 교사들은 가정이나 성인들 간의 관계에서도 행복을 찾아야겠지만 본질적으로는 아이들과의 관계에서 행복을 찾아야 교사 본인의 성장도 가능할뿐더러 아이들도 행복하게 잘 성장할 것입니다.

"한 청소년의 영혼을 구원하는 일이라면 악마에게라도 절을 하겠습니다. 멀리서나 가까이서나 저는 항상 여러분을 생각합니다. 제가 가진 유일한 소원 한 가지는 여러분이 이 세상에서나 저 세상에서나 항상 행복한 것입니다." 살레시오회 돈보스꼬 사제가 한 말입니다.

또 저는 감히 말씀드립니다. 우리 선생님들은 자신의 정체성에 가장 충실한 환경에 놓일 때 행복할 것입니다. 아무리 일이 많아도 이와 관련된 일을 하면서 여기에 의미를 부여할 때 힘들지 않고 신나 합니다.

저는 선생님들이 수업에서도 생활교육에서도 성공하는 전문가가 되기를 간절히 원합니다. Lortie는 이렇게 말했다지요. "교사들은 자신이 가장 공들여 준비한 수업에서 학생들이 협응할 때 가장 강하게 동기화된다."라고요. 맞습니다. 이 동기화는 즐거운 자기 연찬으로 이어질 것이고 그러면 신나고 행복하게 되는 것이지요.

잘하고 계시는데 노파심에서 몇 말씀 드린 것이고 걱정이 많은 교직 선배의 불필요한 요구면 좋겠습니다. 파이팅합시다.

학교민주주의, '민주주의 연습'으로 성숙한다

안녕하세요. 학부모 총회 영상 인사 후 처음이군요.

코로나 상황으로 인해 우리 아이들의 건강과 학업에 대한 걱정이 많으실 것입니다. 이런 상황에서 학부모회 대표와 학급 대표 여러분을 만나게 되어 뜻깊습니다.

지난번 3학년, 2학년 학부모 대표와의 만남은 나름 성과가 있다는 평가를 받고 있습니다. 오늘은 더 좋은 자리가 되길 바랍니다.

오늘 이 자리는 학교민주주의의 중요한 출발점입니다. 최근 교육부와 서울시교육청의 학교자치 정책과 맥락을 함께하는 것이지요.

철학자 누스바움은 "민주주의란 존경과 관심을 기초로 세워지며, 존경과 관심은 다른 사람들을 단순히 대상으로서가 아니라 인격체로서 인식할 줄 아는 능력에 기초해서 세워진다."라고 하였습니다. 한편 듀이는 『민주주의와 교육』에서 민주주의를 '마음의 습관', '공동의 양식'이라고 했습니다.

누스바움은 더 나아가 "타인의 관점에서 세계를 볼 수 있는 능력을 개발하기, 가까이 있든 멀리 있든 타자에 대해 진심으로 큰 관심을 기울이는 능력을 개발하기, 모든 아이들을 책임 있는 아이로 대하기, 그렇게 하여 아이들의 책임감을 진작하기, 반대의 목소리를 내는 비판적 사유에 필요한 기술과 용기 및 비판적 사유 자체를 활발하게 진작하기와 같은 '민주주의 연습'이 필요하다."라고 하였습니다.

다시 말해 교원, 학생, 학부모가 학교 안팎에서 서로 관심과 애정을 가지고 서로 관여하며, 함께 성장하는 관계를 형성하게 하는 것이 민주주의입니다.

학교민주주의는 우리가 주인의식을 가질 때 멋지게 피어납니다. 우리는 가정과 우리 학교 교육과정에서 이와 같은 '민주주의 연습'에 힘을 쏟아야 할 것입니다. 이러한 노력은 학교 공동체 의식과 실천으로 발전할 것입니다.

서울시교육청에서는 마침 학부모자치조례를 만들어 학부모들이 학교 운영에 적극적으로 참여하도록 지원하고 있습니다. 아울러 최근에는 학교교육을 지원하기 위한 교육 거버넌스를 강조하고 있습니다. 열심히 소통하고 협력하여 우리 상봉교육을 좀 더 진전시켜 나갔으면 합니다. 오늘 이 자리가 의미 있는 자리가 되길 기대해 봅니다.

우리 학교 운영 전략은

우리 학교가 선생님들의 노고 덕분에 외부 지역사회에서 좋은 평가를 받고 있다는 얘기를 학부모님들을 통해 듣고 있습니다. 정말 감사드립니다.

기말시험 준비로 다들 바쁘시겠지만, 다음의 글을 꼭 읽어 주시길 당부드립니다.

저는 '학교가 무엇을 위해 존재하고, 우리 선생님, 주무관들이 학교에서 왜 일하고 있는지'에 대해 일상적으로 성찰을 할 수 있는 기회를 가져야 한다고 생각합니다. 또 성찰의 구체적 결과가 있으면 어떤 단위에서든 공유하기에 게을러서는 안 된다고 봅니다. 우리가 아무리 잘하고 있어도 늘 이 화두(話頭)는 부둥켜안고 가야 합니다. 그래야 우리가 교육 본래 의미를 놓치지 않고 따라갈 수 있습니다.

'나의(학교의) 목표'와 '우리의 사명'이 매우 중요합니다. 이는 교육 활동의 기준이 되고, 하루하루의 학교생활을 인도하며, 우리가 달성하길 바라는 것을 담고 있기 때문입니다. 목표(Vision)와 사명(Mission)을 함께 만들어서 실행합시다.

우리는 교훈과 학교교육 방향, 학교 목표(Vision), 교육공동체 운영철학을 갖고 있습니다. 학교가 지향하는 가치와 의미를 담고 있는 비전과 전략을 갖고 있다는 것이지요.

이는 우리 교육(행정)활동의 당위, 일정한 방향성과 실천적 방략을 제시하는 것임에도 우리의 것이 아닌 것 같습니다. 왜냐하면 우리는 많은 토론과 고민으로 이것을 결정하지 않았기 때문입니다. 어쩌면 그냥 죽어 있는 문서에 불과한 것입니다. 대부분 학교가 그렇습니다. 실제가 그렇다면 이런 것들이 무슨 소용이 있겠습니까? 차라리 없는 게 낫지요. 왜냐하면 연구부장을 비롯한 부서장을 힘들게만 할 뿐이기 때문입니다.

우리는 지식인 집단 속에 있습니다. 우리는 소중한 아이들의 영혼을 다루는 사람들입니다. 그러니 적어도 차년도에 아이들을 어떻게 기를 것인지에 대한 핵심 가치와 이에 터한 교육과정, 교육활동이 나와야 할 것입니다. 하지만 어느 학교든 이게 잘 안되고 있지요. 학년 초에 안 되었으면 최소한 우리가 추구하는 핵심 가치라도 귀납적으로 추론해 냅시다. 그래야 우리가 가는 방향이 보입니다.

올해에는 교육가치 확정에서 교육활동까지 연역적으로 만들어 보지 못했습니다. 내년에는 꼭 해봅시다.

아마도 학년 초라면 우리가 함께 합의해서 공유했을 차년도 교육 가치와 우리 학교운영 전략 세 가지를 다시 강조해 봅니다. 지금까지의 제가 강조한 얘기와 중복되기도 할 겁니다.

첫째, 선생님들이 주인으로 서는 것입니다. 여러분들이 교육활동의 주체로 나서는 것이지요. 누구나 주인이 되는 것을 싫어하지 않습니다. 그런데도 익숙하지는 않을 것입니다. 선생님들이 하시는 일에서 주인의식과 책임감을 확실하게 갖고 일할 수 있어야 합니다. 저는 이를 최대한 도울 것입니다. 그리하여 자존감과 자기 효능감을 고양하도록 해야 합니다. 부족하다면 이를 지원하기 위해 학교가 새로 세팅되어 한다는 것입니다. 여러분들이 내가 주인이 될 수 있는 그런 시스템을 구축해 주십시오. 그래야 여러분들이 열정을 가질 수 있고 책임감도 늘어날 것입니다. 이 학교의 주인은 선생님들이고 우리 아이들임을 늘 염두에 두시기를 바랍니다.

둘째, 공동체를 만들기 위한 전략적 노력이 필요합니다.

나의 존재는 아이들과 동료가 있기 때문에 필요하고 의미 있을 것입니다. 우리의 존재 가치는 바로 옆 동료 선생님이 성공적 교육활동을 하도록 도울 때와 아울러 그 지원을 흔연히 받을 때 의미가 더 커집니다. 아이들의 경우에도 마찬가지입니다. 선생님끼리 서로 협의하고 토론하며 나누면서 이해의 폭이 넓어지고 깊어지도록 해야 할 것입니다. 아이들과는 서로 관심 갖고 인정해주고 정확히 평가 지도해 줌으로써 가능합니다.

그리하여 신뢰와 존중의 문화를 꼭 만들어 주세요. 공동체는 그냥 만들어지는 게 아닙니다. 공통의 가치와 목표, 전문가적인 자세, 몰입, 공통의 표준 등에 헌신할 때 특히 더 공고해진다고 합니다. 공동체는 친목 모임을 활성화하는 것으로 되는 것이 아니라는 학자들의 얘기를 참고할 필요가 있습니다.

셋째, 교육활동을 하거나 업무를 처리함에 있어서 과정의 민주성을 구현하도록 해야 합니다.

교육기본법의 교육이념을 굳이 인용하지 않더라도 미래사회에는 '자주적 생활능력과 민주시민으로서 필요한 자질을 갖추게 함이 매우 중요합니다.

또 AI 사회에 대비하여 어떻게 살아갈 것인지에 대한 힘인 미래역량을 길러 주는 것도 중요합니다.

AI 등 미래사회의 콘텐츠를 연구하는 학자들은 우리 학교 교육에 대한 걱정이 참 많습니다. 우리나라의 초·중등교육 시스템이 이래서는 안 된다는 것이지요. 자세를 가다듬고 에너지를 끌어올려야 합니다.

아무리 훌륭한 교육활동과 행정 업무도 교장이 일방적으로 결정하는 조직은 구성원의 에너지를 끌어올리기 어렵습니다. 이는 사회심리학자들의 공통된 주장입니다. 익숙하지 않고 힘드실 겁니다. 그래도 해야 합니다. 자꾸 하다 보면 익숙해지고 민주적 효능감도 가지실 겁니다. 민주성이 때로는 비효율적일 수는 있으나 효과성의 첨경입니다.

따라서 선생님들이 어떤 단위에서든 모여서 토론하고 협의하면서 학교 교육과정에 적극적으로 개입하도록 해주세요.

영원히 살 것처럼 배우자

상봉중학교 친구 여러분!

사람은 누구에게나 힘든 시기와 아픔이 있답니다. 청소년 시기는 그것이 더 크고 깊습니다. 하지만 여러분은 이 시기도 배움의 시기임을 명심하고 극복해야 합니다.

여러분이 잘 아는 성인 간디는 "영원히 살 것처럼 배우고 내일 죽을 것처럼 살아라."라고 했습니다. 현재 지금의 시기에 최선을 다하는 생활을 해야 합니다.

현재 여러분은 벅차고 어려운 공부를 하면서 힘든 청소년 시기를 헤쳐나가고 있지만 이때 더 필요한 것은 이겨내는 용기와 극복하는 모험 정신입니다.

"가시에 찔리지 않고는 장미꽃을 모을 수 없다."라는 말이 있지요. 또 "거북이는 머리를 내밀지 않고는 앞으로 나아갈 수 없다."라는 말도 있고요. 그뿐인가요. "두려워하는 일을 한다면 아무 일도 하지 않을 때보다 성공에 훨씬 가까워진다."라는 말도 있습니다.

두려워하지 말고 건전한 모험을 즐기는 청소년이 되기를 바랍니다. 여러분들이 새롭게 하는 것들은 힘들지 않은 것이 없을 겁니다. 그러니 청소년 시기에는 이를 이겨내기 위한 무엇인가가 있어야 합니다.

교장 선생님이 보기에 이것 중에 대표적인 것은 타인을 위한 봉사 활동이 아닌가 합니다. 특히 내 주변에서 마음의 어려움을 겪고 있는 친구가 있는지 찾아봅시다. 내 주변에 나보다 힘든 친구가 있다면 이들을 조롱하거나 장난삼아 놀리지 말고 관심을 갖고 도와주세요.

"누구에게나 고통스러운 때가 있다고 합니다. 그럴 때는 더 큰 아픔을 겪고 있는 다른 사람의 고통을 자신이 덜어 주고 있다고 생각하라고 합니다."그러면 나의 고통이 조금이라도 줄어든다는 거지요. 멋진 말입니다.

상봉 친구 여러분!

또 여러분들은 교과서든 직·간접 경험에서든 열심히 공부해야 합니다. 왜냐하면 열심히 배우는 것은 나중에 어른이 되었을 때 세상에 대한 두려움을 갖지 않도록 하고 자존감을 갖고 살아가는 힘을 갖게 하기 때문입니다. "교육하는 것은 우리 마음속의 두려움을 이겨내도록 하는 것이다."라고 말하지 않습니까.

교장 선생님은 여러분이 머리와 가슴 속에 세상을 살아갈 용기와 지혜를 심기 위해 공부를 하고 있다고 생각합니다.

무엇이든 좋은 것에 대한 배움을 게을리하여 청소년 시기를 낭비하지 마세요. 여러분은 성장과 변화를 추구해야 합니다. 자신의 끊임없는 변화를 위해 노력하세요. 열심히 노력하여 뒤처지지 않도록 해야 합니다.

다시 한번 말하지만, 나의 변화는 성장함으로써 가능함을 명심해야 합니다. 이를 위해 두려움을 이겨냅시다. 목표를 분명히 설정하여 나아가면 두려움은 사라집니다.

상봉 친구 여러분! 매일 매일 최선을 다하여 공부합시다.

우리 아이들이 위험하다

저와 선생님들은 나름으로 일을 열심히 하고 있습니다. 이는 우리의 사명과 목표가 분명하기 때문이 아닌가 싶습니다. 아이들을 우리에게 맡기신 국민들에 대한 책임감까지 보태어져서 우리의 어깨가 참 무겁습니다. 우리는 대한민국 교사라는 긍지와 사명으로 잘 이겨내고 있다고 봅니다. 함께 좀 더 힘을 내어 보도록 하십시다.

제가 방학 때 읽은 책 중에 『눈떠보니 선진국』이라는 것이 있습니다. 우리 사회가 빠른 압축 성장을 하면서 야기한 문제도 많지만, 이제는 세계인의 삶과 국가경영의 기준으로써 우리가 선도하는 것이 많다고 합니다.

작가가 우리 교육이 아직도 세계의 표준이 되고 있지 못하다고 하여 좀 우울하지만, 함께 공유할 필요가 있겠다 싶어서 소개해 봅니다.

이 저자는 한국교육이 안고 있는 치명적인 결핍으로 3가지가 있다고 합니다. 참고할만하다 싶었습니다.

첫째, '기본'이 안 되어 있다는 것입니다.

우리의 성인 야구에서는 시속 150㎞ 이상 던지는 투수가 거의 없다고 합니다. 이는 어릴 때부터 엘리트 체육에서 성과를 내기 위해 투수 아이들의 어깨를 혹사하였기 때문이라는 겁니다. 성장 속도에 맞게 운동을 시키지 않는다는 것이죠. 가르치는 것이 무엇이든 기본기부터 선수 아이들의 나이대에 맞게 차근차근 가르쳐야 합니다.

둘째는 생활 속에서 움직임이 적다는 것입니다.

세계 보건기구가 2016년 146개국 11~17세 학생을 대상으로 신체 활동량을 조사한 바에 따르면, 한국 청소년의 94%가 운동 부족이라고 합니다. 『운동화 신은 뇌』를 써서 화제를 만든 하버드 의대 존 레이티 교수는 "운동이 학생들의 뇌를 활성화해 공부를 더 잘하게 만든다."라는 사실을 과학적으로 입증했다고 합니다. 존 레이티 교수는 "온종일 앉아만 있게 하는 한국식 교육은 학생들의 뇌를 쪼그라들게 만들 수 있다."라고 경고했습니다. '아이들을 좁은 교실에 가두어 놓고 몇 시간씩 움직이지 말고 공부하라는 것은 뇌를 죽이는 일'이라는 것입니다. 아이들을 공부에서 해방시켜서 운동을 많이 하게 해야 합니다.

셋째, 우리는 근거가 없이 주장하거나 이에 의거하여 교육활동을 하고 있다는 것입니다.

레이티, 골린코프와 허쉬-파섹 교수, 토드 로즈 교수, 시카고 교육구의 연구가 말한 바와 같이 "온종일 앉아있으면 공부에 방해가 된다.", "이기적이고 배려할 줄 모르는 아이들이 오히려 임금과 교육 수준이 낮다.", "다양한 체험활동, 참여활동, 자기 주도적 활동 등의 프로그램에 참여한 아이들의 학업성적이 더 좋다", "학교성적, 표준화 시험의 성적(SAT)과 직업 생활의 성공 사이의 상호 연관성은 약하다."라는 사실은 연구 결과에 의한 객관적·과학적 명제입니다.

그런데도 우리는 과학적·합리적 근거로써 주장하거나 교육활동을 하는 힘이 많이 약합니다. 그냥 관행에 의해 맹목적으로 달려가고 있지는 않은지 진지하게 살펴봅시다.

선생님들은 전문가입니다. 우리가 알고 있는 교육 이론과 가치, 경험들이 있으면 이를 우리 학교 등의 공론의 장에 펼쳐 놓고 적극적으로 논의하고 실천해야 합니다. 주변도 설득해 가야 합니다.

특히 미래사회라는 화두를 내걸고 있지만 우리의 교육과정 속에서 실제로 얼마나 준비하고 있는지에 대한 지식인다운 고민이 구체화 되어야 합니다. 예를 들어 '디지털 유목민', 'Phonosapiens'라고 불리는 우리의 아이들에게 이런 디지털 사회를 능수능란하게 살아갈 능력인 컴퓨팅 능력, 문제해결 능력, 적응 능력을 얼마나 기르고 있는지를 우리는 진지하게 성찰해야 합니다.

선생님! 저는 감히 말씀드립니다. 늘 제가 얘기해 왔듯이 우리 아이들의 수업과 생활교육 속에서 행복을 찾으시기를 바랍니다. 이는 지식인의 정체성 속에서 행복을 만드는 것입니다. 힘을 합쳐 우리가 모두 행복한 학교를 만들어요.

오늘보다 좀 더 나은 내일을 위하여

아이들이 많이 등교하니까 학교에 생기가 돌고 선생님들도 좀 더 분주하신 것 같군요. 코로나가 빨리 진정되어 모든 아이들이 함께 생활하기를 기대해 봅니다.

선생님! 저는 요즘 이런 생각들을 하고 있습니다. 한번 공유해 보십시다.

어느 사회나 조직은 오늘 보다 내일, 올해보다 내년에 좀 더 발전하기 위해 노력하고 있습니다. 우리도 마찬가지고요.

1학기 교육과정 평가에서 부족한 부분이 일부 반영이 되었지요. 그중에서 원격수업의 내실화를 위한 노력이 바로 그것입니다. 우리 선생님들이 전문성을 가진 교사로서의 정체성을 보다 더 확고히 하면서 학부모들의 신뢰를 더 높였다고 생각합니다.

내년에 더욱더 나은 교육과정을 운영하기 위한 우리 선생님들의 준비가 미리 필요할 것 같아서 이에 대해 오늘은 조금은 길게 얘기하려고 합니다.

어떤 일을 할 때 의사결정 시기가 임박해서 준비하기보다는 미리 시간을 두고 좀 여유있게 준비하면 결정의 질을 높일 수 있습니다.

1학기 학교평가 설문조사 때 내년의 상봉중학교 교육과정에 제2외국어 도입, AI 교육과정 편성, 미래사회의 핵심역량 관련 수업 강화를 해야 한다는 의견을 주셨습니다. 특히 이런 역량을 기르기 위해 각 교과 수업은 어떻게 조직해야 하며, 학생 자치 활동은 어떻게 해야 하고, 생활교육의 관점과 지도 방식은 어떤 것이어야 하는지, 이외 교육활동은 어떤 것으로 좀 더 업그레이드할 수 있는지 등에 좀 긴 시간을 두고 준비해야 하지 않을까 합니다.

부연하자면 각 교과에서 올해에 관심을 많이 갖고 준비해 왔던 과정중심 평가가 미래사회에 어떤 의미가 있고 어떤 인재를 기르고자 하는 것인지에 대한 확고한 관점을 정립해야 합니다.

내가 맡은 교과 각 단원에서 어떻게 수업하면 어떤 미래역량을 기르는 것인지에 대한 고찰도 필요하고요.

전문가들은 미래역량을 말할 때 하드 스킬(hard skill), 소프트 스킬(soft skill)을 얘기합니다. 하드 스킬은 전문적인 지식, 기술 등의 능력이고 소프트 스킬은 사회적 관계 역량입니다.

콜린코프는 미래 핵심역량으로 6C를 말합니다. 이 중에서 전문 지식(contents)을 제외한 5C가 소프트 스킬입니다. 미래학자들은 미래사회에는 이런 소프트 스킬을 갖추어야 한다고 이구동성으로 말하고 있습니다. 학자들이 어떻게 분류하든지 간에 우리 아이들이 살아갈 사회는 창의력(creativity), 소통 능력(communication), 협업 능력(collaboration), 비판적 사고 능력(critical thinking), 자신감(confidence) 같은 역량이 필요합니다.

우리의 교육활동을 들여다보면 실은 이런 역량을 기르기 위한 노력이 수업과 교육활동의 곳곳에 있습니다. 그런데도 우리는 이에 대한 명확한 방향성과 목표, 이에 따른 수업 방법의 재구조화, 체계화에 다소 소홀합니다.

청소년 단체나 연구기관, 심지어 학원 같은 곳에서는 이런 능력을 자신들의 교육지표 또는 비전으로 잡고 교육하고 있다고 많이들 홍보하고 있습니다.

여기서 우리가 곰곰이 성찰할 부분은 무엇일까요. 공교육 기관인 우리가 이런 역량 함양을 주도해야 하지 않을까요. 적어도 가장 기본적인 것 정도는요.

가보지 않은 미래에 대한 얘기니까 그냥 무시하고 갈 수 없을 정도로 세상은 너무 빨리 변하고 있습니다. 지금 우리의 준비는 아주 절실합니다. 그런데 우리는 한가합니다. 길러야 할 몇 가지 미래역량을 앞에서 언급했지요.

첫째, 우리 아이들이 성인이 되어서 자기들끼리 서로 존중할 줄 아는 대화 능력을 몸에 착 달라붙을 정도로 익히도록 해야 하고, 또 상대의 감정을 읽고 이해하는 능력도 길러줘야 한다는 것을 늘 유념해야 합니다.

둘째, 서로 협력해서 과업을 수행하는 비판적 사고력, 문제를 해결하며 급변하는 사회에 적응해 가는 자기 주도성을 가진 인재를 길러야 한다는 인식도 가져야 합니다.

셋째, 21세기 디지털 전환기에는 해결해야 할 많은 난제를 만날 수 있습니다. 우리 아이들이 이를 지혜롭게 헤쳐 나갈 수 있는 자신감을 길러줘야 합니다.

이런 인식에 터하여 우리는 교과 수업과 생활교육, 각종 프로그램 운영에서 실천적인 노력을 해야 하지 않을까요. 위에서도 말했지만 지금도 우리의 수업과 프로그램 운영에서 이런 역량을 기르고 있지만 다소 체계화 되어 있지 않은 면이 있습니다. 체계화가 필요합니다.

이를 위해서는 위의 관점에서 교과협의회, 교원학습공동체를 좀 더 활성화하여 차년도를 준비해야 한다고 봅니다. 또 교과 외의 교육활동 프로그램은 좀 더 전문성이 있는 선생님들로 TF팀을 구성하든지 해서 미리 준비해야 하지 않을까 싶습니다.

내년 신학기 준비기간에 임박해서 상봉중 교육과정을 좀 더 나은 것으로 만들기 위해 고민하면 너무 늦습니다. 하지만 큰 욕심 내지 말고 '지금보다 조금 더 나은 내일!'을 슬로건으로 하여 움직이면 될 것 같습니다.

이런 노력이 우리의 인텔리겐차(intelligentia)성을 찾는 것이라고 긍정적으로 해석해 주시길 당부드립니다.

마디에 마디를 더하여

우리는 자연의 나뭇가지를 늘 보면서 살아갑니다. 특히 여름에는 하루가 다르게 나무가 커가는 것을 볼 수 있습니다.

그런데 그 나뭇가지의 마디마디에서 먼저 만들어진 가지가 나중에 나온 가지를 계속 하늘로 밀어 올리면서 성장하고 있다는 사실을 우리는 알 수 있습니다. 생명은 늘 성장하는 것인데 이는 옛것에 새로운 것이 끊임없이 보태어지는 것입니다.

『도덕경(道德經)』을 쓴 노자는 이를 두고 "시작과 끝은 붙어 있어서 경계 지우기가 어렵고 서로를 살게 해준다"고 했습니다. 끝이 끝인 것 같지만 또 다른 시작인 새로움과 보탬으로 이어져 있고, 시작이 시작으로만 있지 않고 거기에 더하고 계속 이어져서 끝 또한 예고되는 것임을 우리는 자연의 이치에서 배울 수 있습니다. 이를 두고 '마디가 마디로 이어진다'라고 말할 수 있습니다.

이런 시작과 끝의 이어짐은 성장으로 모습을 바꿉니다. 『책길』을 만들어온 지가 몇 해가 되었다고 합니다. 『책길』의 마디마디가 해를 거듭할수록 새로운 마디를 밀어 올리며 튼실한 '성장길'을 만들어 가고 있습니다.

『책길』은 바로 '성장길'입니다. 우리 상봉인 모두는 '성장길'인 『책길』에

동행하고 있습니다.

　나는 상봉중학교에 와서 상봉 친구들과 선생님들의 성장하는 모습을 지켜보면서 많은 감흥을 받았습니다. 특히 도서관에서 아침 시간을 쪼개어 책을 읽는 상봉 친구들의 모습에서 우리의 미래를 보았기 때문입니다.

　수업과 교육 활동에서 읽은 다양한 독서 경험이 이번 『책길』 출간으로 결실을 보았습니다. 그동안 열심히 독서 활동을 해온 선생님, 학생 여러분의 열정을 존경하고 사랑합니다.

　『책길』이 나오기까지 노고를 아끼지 않으신 김용문 선생님에게도 감사드립니다.

책 읽기로 미래를 준비하기

21세기는 창의적 능력과 문제 해결력을 갖춤과 동시에 도덕적 품성을 가지며, 사회적 네트워크를 만들 줄 아는 다양한 능력을 갖춘 인재를 요구합니다.

공자의 『논어(論語)』라는 책을 들어보셨나요. 거기에는 우리에게 많은 배움을 주는 내용이 있습니다만 여러분들에게 특히 들려주고 싶은 금언(金言)도 있습니다.

'위정편'에 있는 군자불기(君子不器)라는 구절입니다. 글자 그대로 해석하면 요즘에는 이해가 잘 안 되지만 의미를 부여하여 풀어보면 '군자'는 '훌륭한 사람'을, '불기'는 '융통성 있는 인재'를 뜻합니다.

"군자는 그릇이 아니다."

글쎄요! 이렇게 풀어 보면 도대체 재미가 없습니다.

그러나 이 금언(金言) 속에는 우리에게 삶의 좌표가 되는 멋진 뜻이 담겨 있습니다.

그릇(器)에는 국그릇, 밥그릇, 술잔 등 각기 용도가 다르고 모양도 다른 것이 많이 있습니다. 그런 각각의 그릇은 그 용도로만 쓰일 때 가치가 있는 것입니다. 그러나 '군자라는 그릇'은 위의 이런 그릇이 아닙니다. 한 가지 용도에만 쓰이면 '안 되는 그릇'입니다.

어떤 직업을 갖더라도 또 다른 새로운 일을 할 수 있고, 어떤 어려운 상황에서도 문제를 풀 수 있는, 창의적이며 도덕적인 그런 사람이 '훌륭한 사람'인 군자인 것입니다. 이를 공자는 군자불기(君子不器)라고 하였습니다.

여러분이 살아갈 21세기에는 평생직업 개념은 없습니다. 과학기술이 급속히 발전하고 사회가 디지털로 무장하면서(digital native) 현재 내가 가진 지식과 정보는 금방 낡은 것이 되어버리고 새로운 것이 대체합니다. 여러분은 이런 시대적 변화를 주도할 인재가 되어야 합니다.

이런 사회에서 여러분이 군자불기가 되기 위해서는 평생 자신의 능력을 가꾸어 가는데 게으름을 피워서는 안 됩니다. 금방 낡은 것이 되고 마는 지식을 바이블(bible)로 삼는 자세보다는 새로운 지식과 정보를 생산하고 가공할 수 있는 능력을 갖추어야 합니다.

지금부터 평생학습 하는 자세를 온몸에 체득하는 훈련을 해야 합니다. 또한, 고기 잡는 법을 평생 학습하는 그런 사람이 되어야 합니다.

아울러 능대능소(能大能小)한 사람, 즉 일정한 틀에만 매이지 않는 유연한 마인드를 가진 불기(不器) 같은 그런 사람이 되도록 노력해야 합니다. 그런 사람이 바로 군자불기인 것입니다.

군자불기와 능대능소한 사람이 되기 위해서 가장 중요한 것은 쉼 없는 책 읽기입니다. 책을 읽어야 합니다. 많이 읽고, 많이 생각하면서 미래를 준비하는 그런 청소년이 되어야 합니다. 그런 사람은 반드시 군자불기, 능대능소를 이룰 것입니다.

독서하는 습관을 기르기

안중근 의사는 여순 감옥의 교도관들에게서도 존경받은 우리의 자랑스러운 독립열사이십니다. 이분이 여순 감옥에 투옥되어 있을 때 교도관들이 지필묵을 가져다주며 글씨를 부탁하자 54편 정도의 글을 썼는데 그중 하나가 논어(論語), 추구편(推句編)에 나오는 "일일부독서(一日不讀書), 구중생형극(口中生荊棘)"입니다. '하루라도 독서하지 않으면 입안에 가시가 돋친다.'로 해석됩니다. 그런데 이 문장은 어떤 의미를 담고 있을까요.

대부분의 사람이 공통으로 알고 있는 의미는 아마도 '독서를 열심히 하라'정도일 것입니다. 예전의 독서는 주로 독송으로 했으니 책을 많이 읽으면 입에 아무것도 생기지 않겠지요. 입안이 아프면 독송을 할 수 없으니까요. 책을 많이 읽으라는 것입니다.

하지만 어떤 사람들은 '독서를 열심히 해야 사람이 교양을 갖게 되고 교양이 높게 쌓이면 사람을 존중하고 기품있는 고운 말을 하게 되고 그래서 서로의 관계가 좋아지며 평화가 온다'로 해석합니다.

나는 이들의 해석에 동의하면서도 달리 이해해 봅니다. 안중근식으로 말이죠.

안중근의 당시 처지에 비추어 해석하는 사람들도 있습니다. '책을 많이 읽으면 생각이 깊어지고 교양미를 갖추게 되며 실력을 좋게 하여 개인의 성장은 물론 나라의 부국에도 기여한다'는 것이지요. 안중근이 애국 열사였으니 이렇게 해석했을 법합니다.

이 문장은 우리나라 보물 569-2호로 지정될 정도로 소중하게 소장되어 있습니다.

하지만 어떻게 해석되든 이 문장은 '독서를 많이 하라'는 권고문이지요. 여러분들이 자꾸 익혀서 독서에 집중하는 한 동기로 삼았으면 좋겠습니다.

또 우리가 잘 아는 빌 게이츠는 "하버드 졸업장보다 소중한 것이 독서하는 습관이고, 책 속에 돈과 명예가 있는지는 확실히 말할 수는 없지만 적어도 책을 안 읽는 사람과는 대화하기가 참 별로인 것은 사실인 듯하다."라고 말했습니다. 사람에게는 돈과 명예보다 더 중요한 것이 책 읽기라는 것을 강조하고 있는 것이지요.

특히 하버드대학교 학생들은 소설을 많이 읽는다고 합니다. 이는 소설 속의 faction[46]이 소설을 읽는 독자들의 상상력을 많이 자극하기 때문이라네요. 여러분들이 소설책을 많이 읽는 것도 독서에의 동기부여는 물론 창의력과 상상력을 키우는 것이므로 이 또한 힘썼으면 좋겠습니다.

---

46) fact(사실) + fiction(허구)의 합성어

내 인생의 책이 뭐지

우리 학교 『책길』에 실을 '내 인생의 책'에 대한 원고 청탁을 받고 곰곰이 생각을 해봤습니다. '내 인생의 책'이 있을까. 있다면 단 한 권일까 여러 권일까를 말이죠. 단 한 권이 아니라 여러 권의 책과 지은이가 떠올랐습니다. 시기별로도 책이 좀 달랐던 것 같습니다. 청년기의 책, 장년기의 책으로 나눌 수 있었으니까요.

내 인생의 책이라고 할 때 이는 현재 나의 identity에 영향을 주었을 책일 것입니다.

현재의 나는 어떤 사람일까를 생각해 보았습니다. 나는 이런 사람인 것 같습니다. '나는 내 나이 또래보다는 좀 더 진보적일 것이고 탈권위적일 것이며 평등주의적일 것이다. 아마도, 역사결정론적 세계관, perfectionism 사고를 한 적도 있는 그런 사람일 것이다. 현재는 생활 속 내 안의 파시즘을 도려내려고 노력하고 있는 사람일 것이다.'정도로 정리가 되더군요.

리영희 선생님의 명저들은 나의 청년기의 인식 지평에 반제국주의, 민족주의, 탈냉전의 씨앗을 뿌린 책들이었습니다. 거짓의 공부에서 진실의 배움을 준 책이죠. 바로 『전환시대의 논리』, 『우상과 이성』, 『베트남전쟁사』,『새는 좌우의 날개로 난다』 등입니다.

또 내 가슴 속의 파시즘과 역사결정론적 사고를 깨뜨린 책들도 있었답니다. 자본주의 일면의 도구적 합리성을 비판한 비판사회철학과 자유주의정치철학들이지요.

자유주의 정치철학과 비판사회철학은 나의 융통성 없는 경직된 진리관과 합리성 관점에 문제의식을 던져 주었습니다. 칼 포퍼의『열린사회와 그 적들』, 서병훈의『자유의 본질과 유토피아』, 하버마스의『의사소통행위이론』등이 대표적입니다.

또한 유교문화권의 잠재적 교육과정에서 배운 경직된 도덕관념과 유교덕목의 실행을 완화하는 데 도움을 준 책도 있습니다. 최진석이 쉽게 풀어낸 노자의『도덕경』입니다. 여기서 나는 유연한 관계 개념을 얻어서 몸에 익히기도 했습니다.

내 인생에 도움을 준 책이 어린 시절에는 왜 없었겠습니까. 있었지요. 그러나 그때 많은 고전이 알게 모르게 내게 영향을 주었겠지만, 딱히 지정하기는 어렵습니다. 국민(초등)학교 시절에 고전읽기 군 대항 학교 대표로 나가면서 많은 고전을 읽었는데 그것이 내 성장의 자양분이 되었을 것으로 확신합니다.

꿈을 품으십시오

청소년기는 여러분의 꿈을 이루기 위한 기초를 다져가는 시기입니다. 그 꿈은 크고 웅장한 것일 수도 작고 아름다운 것일 수도 있지만 소중히 키워가야 할 여러분들의 미래입니다.

여러분은 이러한 미래를 가꾸기 위해 '꿈을 품는 사람'이 되어야 합니다. 꿈꾸는 자는 꿈꾼 만큼 이룬다고 합니다.

미국 일리노이 대학에서 재미있는 실험을 하였습니다. 이 대학 농구팀 선수를 세 그룹으로 나누어, 어떤 그룹 선수들에게 매일 30분 동안 자신이 공을 던져 득점하는 장면을 마음속으로 그려보면서 실력이 늘어나는 것을 상상하는 이미지 트레이닝을 시켰다고 합니다. 결과는 어떻게 되었을까요. 매일 생각 훈련을 한 그룹의 선수들과 실제 슈팅 연습을 한 그룹의 선수들의 성적이 같았다고 합니다.

학업성적이든, 인격도야든, 훌륭한 사람이 되는 성공의 이미지를 마음속으로 매일 새기면 그렇게 될 수 있음을 말하는 것입니다. 매일 성공하는 사람이 되는 꿈을 품으십시오.

그러면 그렇게 될 것입니다. 또 꿈을 이루기 위해 '습관을 들이는' 사람이 되어야 합니다. 아리스토텔레스는 "사람은 반복적으로 행동하는 습관을 통해 우수성이 길러진다."라고 말하였습니다.

여러분이 잘 아는 건축가이자 화가인 미켈란젤로의 유명한 일화가 있습니다. 미켈란젤로는 어느 영주의 정원사였습니다. 미켈란젤로는 영주의 정원 구석구석을 열심히 아름답게 손질할 뿐 아니라 틈틈이 자기가 관리하는 화분에 꽃을 정성껏 조각 하였습니다. 이에 영주가 미켈란젤로에게 물었습니다.

"자네는 화분에 꽃을 조각한다고 해서 급료를 더 받는 것도 아닌데 어째서 그렇게 정성을 다하는가?" 미켈란젤로는 대답하였습니다. "저는 이 정원과 조각하는 것을 매우 사랑합니다. 그래서 정원을 더욱 아름답게 꾸미려고 화분에 조각을 하지요. 그러다 보니 틈만 나면 화분에 꽃을 새겨 넣는 버릇이 생겼습니다."

이 말을 들은 영주는 미켈란젤로를 기특하게 여겨 조각 공부를 시켰고 이에 르네상스 시대의 최고 조각가이자 화가가 된 것입니다.

늘 책을 사랑하며 읽는 습관을 들이고 여기에 여러분의 꿈을 새겨 넣어 보십시오. 책 속에서 자신의 꿈을 향한 이미지 트레이닝을 하십시오. 그 꿈의 크기만큼 여러분은 자신의 미래를 만들게 될 것입니다.

참고 및 인용자료

1. 박태웅, 『눈떠보니 선진국』, 한빛비즈, 2021

2. 오연호, 『삶을 위한 수업』, 오마이북, 2020

3. 차동엽, 『무지개 원리』, 위즈맨비즈, 2007

4. 마이클 풀란, 『학교개혁은 왜 실패하는가』, 21세기 교육연구소, 2017

5. 윌시저, 『10대들의 사생활』, 곽윤정 역, 시공사, 2011

6. 김주환, 『회복 탄력성』, 위즈덤 하우스, 2019

7. 콜린코프와 허쉬-파섹저, 『최고의 교육』, 김선아 역, 예문아카이브, 2018

8. 토드 로즈저, 『평균의 종말』, 정미나 역, 21세기북스, 2019

9. 김인희, 『학교교육혁신론』, 한국학술정보, 2008

10. 한홍진, 『학교의 미래를 바꾸는 비전혁명』, 두남, 2010

11. 한홍진, 『학교조직을 살리는 통합경영』, 두남, 2018

12. 요하임 바우어 저, 『학교를 칭찬하라』, 이미옥 역, 궁리, 2009

13. 존 레이티, 에릭 헤이거만 저, 『운동화 신은 뇌』, 이상헌 역, 녹색지팡이, 2009

14. 김용, 『교육개혁의 논리와 현실』, 교육과학사, 2012

15. 류태호, 『4차 산업혁명, 교육이 희망이다』, 경희대출판문화원, 2017

16. 김성천 외 3인 공저, 『학교를 바꾸다』, 우리교육, 2010

17. 크리메코그리아노 저, 『살아있는 학교 어떻게 만들 것인가』, 조용주 역, 민들레, 2005

18. 다니엘 핑크 저, 『새로운 미래가 온다』, 김명철 역, 한국경제신문, 2006

19. 칩 히스 ·댄 히스 공저, 『스위치』, 안진환 역, 웅진지식하우스, 2010

20. 학교란 무엇인가 제작팀, 『학교란 무엇인가 1, 2』, EBS, 중앙 books, 2011

21. 조벽 저, 『조벽 교수의 인재혁명』, 해냄, 2010

22. 박영숙 저, 『미래교육연구보고서』, 경향미디어, 2010

23. 최진석, 『도덕경』, 소나무, 2001

24. 조윤제, 『천년의 내공』, 추수밭, 2016

25. 정병태, 『내인생을 변화시키는 소통의 기술』, 넥스웍, 2014

26. 정창권, 『정조처럼 소통하라』, 사우, 2018

27. 김용, 『학교자율운영 2.0』, 살림터, 2019

28. 후지사와 구미, 『최고의 리더는 아무것도 하지 않는다』, 21세기북스, 2016

29. 김혁동 외, 『지방분권화시대의 단위학교자치 구현 방안』, 2018 경기도교육연구원 기본연구 2-18-02, 2018

30. 백병부 외, 『학교민주주의의 개념과 실행조건 연구』, 경기도교육청, 경기도교육연구원, 2019

31. 홍섭근 외, 『교육지차 시대 학교자치의 성과와 과제』, 경기도교육연구원, 현안보고 2020-04, 2020

32. 김성천 외, 『학교자치를 둘러싼 다양한 시선 학교자치』, 즐거운학교, 2018

33. 경기도 학교자치 조례(2019), 전라북도 학교자치 조례(2019), 광주광역시 학교자치 조례(2019), 인천광역시 학교자치 활성화 조례(2020)

34. 백병부, 『학교민주주의 개념과 실행조건 연구』, 경기도교육연구원, 2019

35. 강수영, 『초연결성 사회 진정성 리더십』, 칸전략경영연구원, 블로그 글, 2021

36. 강대성, 『솔선수범의 리더십』, webzine.daesoon, 2015

37. 이인철, 『서번트 리더십』, 성공클럽, 블로그 칼럼, 2021

38. 서울초중등교육정책연구회, 『미래사회를 선도하는 성공적인 학교 경영 방안』, 2011

39. 존 코터 저, 『기업이 원하는 변화의 리더』, 한정곤 역, 김영사, 2007